妫川骄子

郭东亮 主编

北京出版集团
北京出版社

妫川文集

图书在版编目(CIP)数据

妫川骄子 / 郭东亮主编. — 北京 : 北京出版社，2021.12

（妫川文集）

ISBN 978-7-200-16734-4

Ⅰ. ①妫… Ⅱ. ①郭… Ⅲ. ①名人—生平事迹—延庆区 Ⅳ. ①K820.813

中国版本图书馆CIP数据核字(2021)第260028号

妫川文集

妫川骄子

GUICHUAN JIAOZI

郭东亮　主编

*

北　京　出　版　集　团
北　京　出　版　社　出版

（北京北三环中路6号）

邮政编码：100120

网　　址：www.bph.com.cn

北京出版集团总发行

新华书店经销

北京汇瑞嘉合文化发展有限公司印刷

*

787毫米×1092毫米　16开本　21印张　289千字

2021年12月第1版　2021年12月第1次印刷

ISBN 978-7-200-16734-4

定价：58.00元

如有印装质量问题，由本社负责调换

质量监督电话：010-58572393

序

飞雪迎春到

2022年，四年一度的冬奥会即将在北京举行，届时大会将上演一场拥抱冰雪的激情盛宴，而最令人感奋的高山滑雪等精彩项目是在延庆境内北京第二高峰海陀山上举行。为迎接冬奥会来临，中国国际文化交流基金会妫川文学发展基金管委会、延庆区作协联手北京出版集团编辑出版了这套大型丛书“妫川文集”，以之作为盛会文化礼品，这是一个非常值得称赞的文化创意。

延庆，古称妫川。28年前，我任北京市副市长的时候主管科技、教育，多次到过延庆，结识了一些文化、科技、教育工作者。特别是1997年兼任北京控股集团有限公司董事局主席时，吸纳八达岭旅游公司加盟北控在香港成功上市，进而收购龙庆峡、开发玉渡山风景区之后，跟延庆的联系就更紧密了。延庆是个被历史文化深深浸润着的地方，缓缓流动着的古老妫水，炎黄阪泉之战的古战场，春秋时期山戎族遗迹，古崖居遗址，饮誉海内外的八达岭长城，厚重的历史人文和钟灵毓秀的山川，滋润着这片土地，也滋润着这里文化的传承和发展。

一转眼快30年了，无论我在北京工作，还是后来到香港工作，我对延庆的文化、科技、教育发展始终投以关注，也相知、相识了一批默默推动文学艺术发展的有志之士。延庆乡土作家孟广臣同志是个代表人物，20世纪50年代曾出席过全国文联代表大会，受到过毛泽东主席和周恩来总理的接见，出版过许多颇有影响的文学作品，他影响和培养了一大批文学爱好者，对当地的文化发展做出了卓越贡献。

而更重要的是，坚持推动地区社会主义文化艺术繁荣发展，一直为延庆区委、区政府所高度重视。据了解，延庆区作协成立较晚，但是最近5年，在党和政府的大力支持下，他们做了许多事情，在对重点作家进行培养、助力文学新人成长方面，打造了一种积极热情的社会氛围。特别是在挖掘弘扬延庆红色文化方面，做出了不俗的成绩。在这里，还要特别提到一位也曾在延庆工作过的乔雨同志，他当时是我们北京控股集团有限公司董事局最年轻的执行董事、八达岭旅游公司董事长，也是中国作家协会会员。乔雨在诗歌、散文、纪实摄影创作方面成绩斐然，先后在伦敦、巴黎举办了“行走中国”个人摄影展。更重要的是，他对延庆当地文学艺术创作的发展，发挥了承前启后的推动作用。

进入21世纪以来，当代文学创作多少受到了经济发展的冲击，延庆也一样。这个时候，在相隔10年的时间里，乔雨先后主编出版了《妫川文学作品精选集》《妫川文学作品精选集（2001—2011）》。前一套汇集了1950年至2000年80余位延庆籍作家的260余篇作品，后一套汇集了21世纪前10年的佳作，计有135位延庆作者的500篇作品选入。这两套书的出版，在当地产生了较大的影响，团结和发现了一批文学创作者，激励和调动了他们的创作热情，这些人中的佼佼者先后加入了北京作家协会和中国作家协会，成为当今妫川文学创作的中坚力量。

还有，在乔雨的积极奔走努力下，2018年夏天，中国国际文化交流基金会专门为延庆设立了“妫川文学发展基金”，资助延庆作家出版图书；设立妫川文学奖，每两年评选一次；激励、支持延庆作家和文学爱好者进行文学创作，冲击国内外大型文学奖，从而促进延庆作家创作出具有时代意义和世界眼光的精品力作。这对延庆的文学艺术发展，是一件功在当今、泽及后人的事情。据了解，这个基金成立后作用显著，已经有19位作家正式出版了个人文学专集或获奖。以上这些都为本次大型丛书“妫川文集”的诞生，奠定了坚实而重要的基础。

文学，作为文化重要的表现形式，在德化民风、善润民心方面发挥着不可替代的作用。延庆正是因为有了像孟广臣、乔雨、赵安良、周诠、谢久忠等一大批埋头苦干、默默耕耘者的无私奉献，才推动了妫川文学大发展、大繁荣。

本次编辑出版的“妫川文集”，是对延庆文学创作的一次大检阅和汇总，也是延庆经济和文化共同繁荣发展的一个标志，更是当代延庆文艺工作者留给历史的文学记忆。本文集精选了乔雨、石中元、陈超、华夏、远山、谢久忠、郭东亮、周诠、林遥、张和平、浅黛11位作家的文学作品，以个人单集的形式出版，汇成文集。石中元创作的报告文学《白河之光》，真实再现了“南有红旗渠，北有白河堡”的历史画卷，是记录妫川儿女在那个火红的社会主义建设年代中埋头苦干、默默奉献的群英谱；郭东亮主编的《妫川骄子》涉及古往今来41位延庆籍人物，从侧面反映了延庆的历史发展进程；周诠的《龙关战事》收录了近年来他创作并在《解放军文艺》等期刊发表的5部中篇小说，基本代表妫川小说的水平。“妫川文集”收录的作品包括诗歌、散文、小说、报告文学、摄影作品，大部分都是在全国文学期刊和报纸上发表过的，有不少曾结集出版，其中还包含了许多曾获得过全国奖项的作品。它不仅能够体现一个地区的文学水平，其中有的作品甚而达到了中国当代文坛的艺术水准。

伟大的时代需要创造伟大的业绩，伟大的业绩需要伟大的作品来讴歌和表达。新的历史时期，以习近平同志为核心的党中央高度重视社会主义文艺工作。习近平指出：“文艺是时代前进的号角，最能代表一个时代的风貌，最能引领一个时代的风气，实现‘两个一百年’奋斗目标，实现中华民族伟大复兴的中国梦，文艺的作用不可替代，文艺工作者大有可为。广大文艺工作者要从这样的高度认识文艺的地位和作用，认识自己所担负的历史使命和责任，坚持以人民为中心的创作导向，努力创作更多无愧于时代的优秀作品，弘扬中国精神、凝聚中国力量，鼓舞全国各族人民朝气蓬勃迈向未来。”引导广大文艺工作者，也包括入选本文集的延庆籍的作家们，应充分意识到重任在肩，时不我待，要结合实际，深入生活，扎根人民。为人民书写，为人民立传，为时代放歌，创作出更多无愧于时代的优秀作品，推动社会主义文学艺术繁荣，这不仅是我们的责任，更是我们的光荣使命。

古往今来，包含民族精粹的博大精深的文化和当代的文学艺术，都是推动社会发展进步的重要动力。我深信，这套大型文集的出版，无论是对宣传延庆、展示延庆，提升延庆的知名度和美誉度，还是对延庆文化的传承创新以及经济社会发展，都将产生积极而深远的影响，也为实现首都“四个功能”战略定位贡献一份力量。

是为序。

胡昭广

2021年金秋于北京

注：

胡昭广，北京市原副市长，中关村科技园区第一任主任，（香港）北京控股集团有限公司董事局主席，京泰集团董事长，中国国际文化交流中心顾问。

目录

战场归来的英雄

社会主义建设的楷模

改革开放弄潮儿

历史深处的妫川骄子

战场归来的英雄

史桂先，1927年出生于延庆镇八里庄。1942年，入伍参加革命，先后担任排长、连长、股长、营长、团长、师参谋长、副师长、中国人民解放军第32师第一任师长、中国人民解放军第14军副军长等职。在数十年的革命斗争中，先后参加了抗日战争、解放战争、抗美援朝战争、藏青甘南平叛肃反运动、中印边境自卫反击战、中越边境自卫反击战，多次立功受奖。他在部队作风建设、思想建设、军事训练和戍边守疆等方面做了大量工作，为国防事业建设做出了重要贡献。1984年，离休后定居北京，享受少将待遇。2017年5月27日逝世。

史桂先夫妇

从抗日战争到对越自卫反击战

——记原中国人民解放军第14军副军长史桂先

在现代延庆的英雄行列中，有这样一位英雄，他参加了从抗日战争到对越自卫反击战的5次大规模战争，其中4次是反对外敌入侵取得胜利的民族战争，可谓出生入死，身经百战，屡建战功。这位英雄的名字叫史桂先。

少年抗战打老蒋

1927年，史桂先出生在延庆镇八里庄村。10岁左右时，他上过几年小学。上课时，老师经常讲一些历史故事、革命故事和革命道理。这在史桂先幼小的心灵中埋下了革命的种子。史桂先后来回忆说：“当时延庆还没有八路军，那个老师可能是我党的地下党员。”

1942年，15岁的史桂先被日军抓去修炮楼。其间，繁重的体力劳动和非人的待遇让他对日军充满了仇恨。后来的一个夜晚，八路军巧妙攻占了这个炮楼，把他和其他民夫救了出来。这时，史桂先没有选择回家，而是义无反顾地参加了八路军。当时在平北一带打游击的是八路军的老十团，团长叫王亢。那时部队武器奇缺，史桂先刚参军没有配枪，部队只给他发了两颗手榴弹。后来打游击遇到了敌人，两颗手榴弹还被一个老兵拿去了。直到后来部队打了胜仗，从敌人那里缴获了枪，史桂先等新战士才分到了枪。

当时敌众我寡，条件特别艰苦。日军进攻时，部队就只好撤退进大山，有时一连几天趴在山头上隐蔽，什么东西也吃不上。史桂先回忆说，那时，他们就像贺绿汀《游击队之歌》中唱的那样：

我们都是神枪手，每一颗子弹消灭一个敌人。
我们都是飞行军，哪怕它山高水又深。
在密密的树林里，到处都安排同志们的宿营地。
在高高的山冈上，有我们无数的好兄弟。
没有吃，没有穿，自有那敌人送上前。
没有枪，没有炮，敌人给我们造。
我们生长在这里，每一寸土地都是我们自己的。
无论谁要抢占去，我们就和他拼到底！
……

这也是史桂先最喜欢的革命歌曲之一。史桂先说：“都说中国革命靠的是‘小米加步枪’，我们那个时候连‘小米加步枪’也没有保障。”

史桂先在平北打游击，一打就是3年，直至日本投降。其间，史桂先参加了军分区教导队的学习，并参加了八路军解放第一个大城市——张家口的战斗。

1945年秋，史桂先随部队支援东北。他永远记得当时的情景：部队从康庄绕道二道河，经永宁转古北口，通过承德入东北。当部队行军到康庄直奔二道河的路上时，史桂先忍不住朝北望了望巍巍海陀山，那是他们的老根据地，此时山顶上已经可以看到延庆的独特景观——海陀戴雪。此时他想起了家里的亲人，想到不知道什么时候才能回来，还能不能回来看到父母家人，还能不能看到魂牵梦萦的海陀山。想到这些，他不由得眼泪夺眶而出……但他甩了甩头，擦干眼泪，义无反顾地跟上部队，踏上了北上的征程。

在东北，史桂先参加了无数次战斗，其中最惨烈的是辽西战役。

1948年10月15日，东北野战军攻克锦州。蒋介石急忙部署从东北总撤退，强令廖耀湘率“西进兵团”经黑山、大虎山西进，意图在锦西“东进兵团”的配合下，夺回锦州，打通北宁路，使东北国民党全军退入华北，同时以1个军迅速抢占营口，保证海上退路。

东北野战军根据敌情确定了将廖耀湘兵团歼灭于沈阳、锦州之间的方针，如廖耀湘兵团向营口撤退，全军主力则迅速渡辽河，力求在营口、牛庄地区歼灭敌人。

敌人为了突围成功，集中优势兵力和密集火力，铺天盖地地向我军阵地疯狂进攻。

当时史桂先任连指导员，他和连长指挥全连180多人，依托阵地殊死抵抗。敌人距离远，他们就用枪射击；敌人靠近了，他们就拼命扔手榴弹；敌人冲上阵地，他们就和敌人拼刺刀。随着战斗的白热化，连长牺牲了，副连长也跟着牺牲了，全连剩下不足20人。史桂先毫不畏惧，独自继续指挥战斗。他和战士们高喊着“人在阵地在”的口号，一次次打退敌人的疯狂进攻，准备战斗到最后一人，流尽最后一滴血。

突然，一颗炮弹在附近爆炸，一块弹皮打中了史桂先的脸部，他顿时失去了知觉。当他醒来时，已经在我军的野战医院了。幸运的是，弹皮穿过腮帮打中了舌头，虽然让他破了相，但却保住了命。

辽西战役我军歼灭东北国民党军10万余人，取得了辽沈战役的决定性胜利。这其中有史桂先的一份贡献。

辽沈战役后，伤愈归队的史桂先坚决要求随部队入关，不久参加了著名的天津攻坚战。这一仗，300多名延庆籍战士英勇牺牲。

1949年4月，史桂先跟随百万雄师过大江。在湖南衡宝战役中，他和战友们痛击白崇禧部，打得“小诸葛”损兵折将、丢盔弃甲。随后，史桂先随部队进入广西，开始了艰苦的剿匪工作。

一天晚上，史桂先带领部队通过一个土匪盘踞的地区。当部队接近这个地区时，土匪在山头上虎视眈眈。当时部队人员少，硬冲肯定过不去，还会造成伤亡，因此史桂先决定利用夜色和敌人摸不清我军底细的有利时机，让战士们兵分两路，拉开距离，大摇大摆地前进，通过虚张声势迷惑土匪。快接近土匪时，两路战士突然一起向土匪猛烈开火。土匪们一看要被包围，于是放弃山头，迅速逃跑了。史桂先则命令战士们缩短距离，快速通过了这一地区。

三次参加自卫战争

雄赳赳，气昂昂，跨过鸭绿江。

保和平，卫祖国，就是保家乡。

中国好儿女，齐心团结紧。

抗美援朝，打败美国野心狼！

……

1950年深秋，已经是营长的史桂先奉命随部队入朝作战。在朝鲜的3年中，史桂先参战无数，他最难忘的是1953年的金城战役。

1953年6月8日，朝鲜停战谈判关于战俘问题达成协议。但南朝鲜李承晚集团竟以“就地释放”为名，强行扣留朝鲜人民军被俘人员2.7万余名（含志愿军被俘人员50名），并且宣称南朝鲜准备单方面继续打下去。为此，志愿军决定推迟停战协定签字时间，以金城以南地区的南朝鲜军部队为主要攻击目标，发起金城战役，确保停战协定签字和停战协定的落实。

由于金城战役决定着停战协定后双方利益，因此战役开始后，双方展开了激烈的攻防拉锯战。著名的“奇袭白虎团”就是这次战役的一个经典战例。最后，史桂先和战友们笑到了最后，取得了金城战役的胜利。

1958年，史桂先奉命撤回国内。可战斗就像他军旅生涯不能分割的一部分似的，不久他就和战友们参加了青海、甘肃、西藏的平叛战斗，狠狠打击了民族分裂分子的嚣张气焰。

1962年，在印度当局不断占领我国领土并进一步制造摩擦的情况下，我国决定组织自卫反击战。时任炮兵团团长的史桂先有幸参加了这次彪炳青史的反击战。在战斗中，史桂先和战友们用炮弹告诉狂妄的印度侵略者，中国已经不是1860年的中国，绝对不允许火烧圆明园的悲剧重演。史桂先和战友们经过英勇战斗，俘印军第7旅旅长季普·达尔维准将及手下3968人。

1968年，史桂先出任54军161师副师长。1969年年初，我军在云南成立11军，史桂先任32师首任师长。

1978年，史桂先被任命为14军副军长。1979年2月，年过半百的史桂先带领部队参加了对越自卫反击战。

2月17日清晨，史桂先指挥32师在云南金平县十里村向越南封土县35千米长的边境线发起了猛攻。

时任32师政治部群联科干事孙纯福曾有过这样的回忆：

32师发起总攻激战4天后，全歼越军411师2个营1001人。28日上午，32师前指进入到越南25公里处（河北县）的一片开阔地，师前指准备进入右侧朗勒的树林里设指挥部。就在这时，14军一个参谋跑来向师长姚永富传达军长命令：因前面战斗激烈，阵地还没完全攻下来，要求32师前指推迟两个小时前进，减少敌人炮兵的威胁。师长不以为然，命令我们继续徒步前进。这时，14军副军长史桂先站在没有敞篷的吉普车上，冒着越军的炮火，急速向我32师临时指挥所跑来。史桂先见到姚永富后，厉声说道："你姚永富给我听着，没有我的命令不许前进，你可要对全师1万多弟兄的生命负责，我不想在越军的报纸上看见中国的一个师长被活捉或死在战场上！"看到史桂先亲自前来，姚永富只好服从命令。原来，作为几十年的战友和搭档，史桂先深知姚永富是个有名的蔫大胆，敢于抗命，因此才不顾危险亲自传达命令。看到老首长，32师将士们非常感动。有的责备他说："您怕我们危险，自己怎么还在枪林弹雨中穿梭？"

1984年，史桂先在离休前又参与指挥了14军的对越自卫反击战，一举收复云南边境重要骑线点老山地区，攻占大小60多个阵地，重创越军步兵313师122团，歼敌1300余人，胜利完成了上级交付的作战任务。随后，58岁的史桂先离职休养，享受少将待遇，为自己42年的兵戈铁马的军事生涯画上了一个圆满的句号。

不忘初心　目标如一

在史桂先将军书房的墙上，挂着苏州"吴门画派"一代名师沈彬如送给老人的一幅画，画上是一匹水墨写意的战马，旁题：临望关山千里雪，将军战马不知寒。这可以说是史桂先将军戎马一生的生动写照。一个农家少年，不堪压迫，毅然从军参加革命，赤胆忠心、视死如归，这是何等从容与豪迈！

史桂先经常说："人，一是不能忘本，二是这一辈子总要有一个总目标。"他说，共产党能够从弱小走向强大，建立新中国，每一步都离不开人民，人民群众为中国革命做出了巨大牺牲。史桂先印象最深的是：当年，在随大部队进入东北的路上，看到许多年迈的老人站在队伍边上，举着牌子叫着儿子的名字，却不知道他们的孩子已经牺牲了……他说："想想那些牺牲的战友，活着的人应该很知足。"

"一个人没有志气，遇到点困难就会想逃避。在艰苦的环境中，要是没有目标，没有勇气，就更不行。只有那些目标明确、意志坚定的人，才能有所作为。"这是史桂先对人生的概括总结。

2017年5月27日，史桂先因病逝世，享年90岁。

（吴桂春　郭东亮）

黎晓初，1915年1月出生于延庆镇东关村。1933年，参加革命。同年6月，加入中国共产党。他参加过薄一波领导的太行决死一纵队三十八团，参加过百团大战，并创建了郭尔罗斯前旗蒙古独立骑兵团。中华人民共和国成立后，他任广东省地委书记，而后在商业部、一机部等部门任职，1984年，离休前任上海市建材工业管理局党委书记，享受副部级待遇。1998年5月，黎晓初在上海逝世。

黎晓初夫妇（前排）

《开国将士风云录》中的妫川骄子
——记原上海市建材工业管理局党委书记黎晓初

2009年夏天的某日上午，北京市延庆县档案局（馆）接到县信访办的电话：有一封非常重要的群众来信亟待档案局的同志协助处理，请速派人来取文件。

文件的前两页是县委领导的批示和信访办的意见，第三页是一封写给当时中央某领导同志的信，落款人是田铁军，联系人是柴先生。信的主要内容是：

你叔黎晓初和我多年来积存的个人档案和资料，想存到北京市延庆县的档案馆。延庆是你叔的家乡，你见了北京的同志给请示一下……

收信的这位中央领导很重视这件事，把信直接转给北京市信访办，北京市信访办又立即转给了延庆县信访办。

通过阅读来信，延庆档案局（馆）的领导提出了一系列疑问：信中提到的黎晓初是延庆人吗？他为什么不直接和档案馆联系？联系人柴先生又是何许人也？保存档案这样一件个人私事为何会惊动中央领导？从信的内容可以看出，黎晓初、田铁军是夫妻，而收信的那位中央领导是他们的侄子辈。黎老夫妇已经到了离休年龄，想在人生晚年为自己珍藏多年的个人档案“找个家”。他们选择了家乡——延庆县档案局（馆），但由于不了解延庆的情况，所以才请这位在中央当领导的侄儿帮忙，同时也有向他咨询这些档案资料能不能捐献出去的意思。这位领导把信转给北京，说明他同意了黎老夫妇的做法。

延庆人由此发现了一位让人肃然起敬的延庆革命前辈——黎晓初。

投笔从戎谋抗日　出生入死搞兵运

黎晓初，原名黎毓恭，祖籍延庆镇东关村。1931年九一八事变爆发时，黎毓恭还是延庆县乡村师范学校的一名学生。当他知道此事后，开始深深地为祖国的命运担忧。他原本想遵照父命，毕业后当一名小学教师，养家糊口。但是，东北不断传来日本人侵占各大城市的消息，令他和同学们经常彻夜难眠。就在他读乡村师范二年级的时候，日本人已经占领东北大部，正虎视眈眈觊觎山海关内。

国家兴亡，匹夫有责，位卑未敢忘忧国。一天，毓恭向父母表明了心声，投笔从戎，尽忠报国。那时候，在农村供养一个孩子上学十分不容易。如今眼看孩子可以挣钱养家了，却要远走高飞，父母不同意毓恭的决定。孩子是爹娘身上掉下来的肉，战场上子弹不长眼，他们为毓恭的生命安全担忧不已。毓恭看父母不同意，就“掰开了，揉碎了”地给二老讲抗日救国的道理。最终，父母理解了毓恭的一腔报国热情，再三嘱咐他一定注意保护好自己。

1933年，不愿做亡国奴的黎毓恭投笔从戎。同年5月，他和几个同学加入孙殿英的部队，当上了一名学员。6月，他经地下党员康北耕、刘冲介绍，在学生大队加入中国共产党，并改名为黎明。此后，他又在傅作义部436团当兵，在内蒙古骑兵纵队当军需官、文书，同时开始参加党领导的地下工作。

在内蒙古大草原，20岁的黎明第一次经历了生与死的考验。1934年冬天，刚刚参加革命一年多的黎明来到伊克昭盟（今鄂尔多斯市），以税卡子开票员的公开身份进行党的地下工作。当时，初出茅庐的黎明干劲十足。他利用公开身份做掩护，暗地里和同志们组织起了一支30多人的骑兵游击队，这让他很是骄傲和自豪。由于年轻、缺乏革命经验，革命队伍中混进了坏人，但他并没有发现，更不用说防备了。一天凌晨，他被人从梦中叫醒，睁眼一看，冷冰冰的枪口已顶住了他的脑门——几个骑兵游击队员逼他叛变。黎明临危不惧，义正词严地痛斥他们：“背叛革命，自绝于人民，是不会有好下场的！”有人恼羞成怒，想当场打死他。

幸亏其中一个人平时和黎明关系比较好，就说：“要枪，要马，就别要他的命了吧，马上让他滚蛋就行了。”

当时，茫茫草原，黎明孤身一人，一无所有。一位战友骑马偷偷把他送到包头火车站，他只身一人乘坐火车返回山西。后来，他再次北上，在内蒙古蒙旗保安骑兵纵队从事地下工作。

1937年，黎明从内蒙古来到太原，改名为黎晓初，先后在山西新军决死1旅38团任连长、训练参谋、作战股长等职。

与狼共舞得胜利　创建蒙古骑兵团

2021年4月，《郭尔罗斯蒙古骑兵团》巨型画卷在吉林省松原市前郭县展出。长卷共计20幅，每幅画长5米、宽1.6米。每幅画既是独立篇章，又隐含因果，形象展示了骑兵团成立、新庙保卫战、围困长春、解放沈阳、赴京受检阅等骑兵团经历和参加过的重大事件、重要战役。画中的人物形象栩栩如生、独具风貌，战斗战役场面宏大、气势磅礴，给人以强烈的视觉冲击力和心灵震撼。在这些画面中，就有黎晓初的身影。

1945年8月日本投降后，国民党立刻通过海陆空向东北运送军队，还积极收罗地方的日伪残余势力。对此，中共中央针锋相对，派出10万大军、2万干部火速赶赴东北。黎晓初夫妇便是其中的两位，他们从太岳第四军分区调到东北工作。

黎晓初夫妇的工作单位是曹里怀、郭峰领导的吉黑纵队。纵队政委郭峰接待了他们，并给他们讲了郭尔罗斯前旗复杂的斗争形势。当时郭尔罗斯前旗有两股重要力量，一股是与国民党相勾结的700多人的治安队，由伪警备队改编，队长为陈达利；一股是由蒙古族进步青年组成的200多人的蒙古革命军。两股势力立场相反，势同水火。

上级的意见是利用吉黑纵队在郭尔罗斯前旗的有利条件，迫使陈达利部与蒙古革命军改编成蒙古骑兵团。曹里怀、郭峰任命陈达利为骑兵团长，黎晓初为中共郭尔罗斯前旗旗委委员、骑兵团政委兼团党委书记，高万宝扎布任团副政委兼政治部主任。

接到任务后，黎晓初确定了“团结蒙古族兄弟、改造伪警备队”的工作原则。他的搭档陈达利，曾经担任前伪警备队队长，抗战时期是日本人的爪牙，干过许多欺压百姓的事，道德败坏，五毒俱全。群众对治安队的抵触情绪很大，没什么好印象。将其争取过来并和这样一个人共事，可谓与虎谋皮，工作难度可想而知。

更危险的是，陈达利虽然接受了改编，但心里却想着勾结国民党，与共产党为敌。1946年3月，国民党发动全面内战，并逐步控制长春周围地区，逼近郭尔罗斯前旗。1946年5月，按照党中央“让开大路，占领两厢”，在“距离国民党占领中心较远的城市和广大乡村”建立巩固的东北根据地的指示，我军于5月19日从四平撤出，接着又主动从长春撤出。于是，郭尔罗斯前旗成了国共双方争夺的前沿阵地。

看到时机一到，陈达利的反共气焰顿时嚣张起来。他采取了“先八路，后中央；明八路，暗中央”的伎俩，企图阴谋杀害黎晓初，控制骑兵团。

一次，骑兵团进驻陈达利的老家后，陈达利马上派人在房子上、墙头上布置了岗哨，并谎说防备国民党“中央军”。一天，当黎晓初正在床上休息时，陈达利突然带着几个警卫员闯进屋子，面带杀机地说：“黎政委，你不要害怕，我们心善，不会杀你！”黎晓初脑海中马上闪出第一次进草原时遇到的惊心动魄的一幕。他镇定而有威慑力地说：“我们共产党人多得很，你杀了我一个容易，可是吉黑纵队会答应你们吗？八路军、新四军会答应你们吗？”他的话像重锤一样砸在陈达利心上。陈达利害怕了，抹去脸上的杀机，赔笑说：“黎政委，这是哪里话？队以上干部已经集合好，请你去讲话。”黎晓初整整军容，轻蔑地看了看陈达利，大步走到院子里。

此时，院外的革命军和原治安队相互对峙，内斗一触即发。黎晓初从容地走到队伍面前，威严地环视一下全体人员，说：“共产党是主动撤出长春的，不是打败仗，而是战略转移……国民党注定要失败，只是早晚的事，最后的胜利必定属于共产党。郭尔罗斯前旗是你们的家，你们的家眷都在这里，等国民党失败后，你们还有什么脸面回来？”

听了黎晓初的话，在场的原治安队员都放下了枪。陈达利见势不妙，立刻见风使舵地叫道：“他奶奶的，谁要是投降国民党，我就敲谁……”

一场风波平息了，但黎晓初心中的那根弦却没有放松。他知道，陈达利是靠不住的，需要尽快解决。黎晓初的妻子田铁军是智勇双全的女英雄，时任郭尔罗斯前旗首任公安局局长、县委委员，也是我党第一位县级女公安局长。关键时刻，她帮了丈夫一个大忙。第二天，田铁军的部下抓获一名从长春潜入的国民党特务，并从一个钱褡子的夹缝里搜出了国民党长春党部写给陈达利的委任状——陈达利被委任为骑兵旅长。次日，陈达利谎报军情，准备以召开大会的名义，杀掉骑兵团的我党干部，阴谋叛乱。

黎晓初及时向郭峰政委进行汇报，请示行动。经过商量后，他们决定调虎离山擒贼擒王。于是，他们以开会的名义叫陈达利到军分区司令部接受任务，参加慰问宴会。陈达利自以为没有过硬把柄被我党掌握，于是按时来到司令部开会，他没想到的是屁股刚坐定，军分区参谋长一声令下：“警卫员，倒茶！”几名战士立刻用冲锋枪顶住了陈达利的脑袋。在铁证面前，陈达利不得不交代了勾结国民党阴谋叛乱的事实，并且被迫写手令把其余参加叛变的营连干部一个一个缴械扣押。

当年农历五月初六拂晓，血债累累的陈达利被枪决。黎晓初度过了至暗时刻。

粉碎陈达利叛变后，团政委黎晓初在全团发展了30多名党员，建立党委，并在各连成立了党支部。为顺利改造陈达利的部下，骑兵团有意任命陈达利原部下骑兵团二营营长包青俊为副团长，同时对他进行考验。

可是，“江山易改，本性难移”。1946年8月，骑兵团驻扎在大老爷府。一天夜里，田铁军匆匆赶到黎晓初处，说抓获了一个武装特务——包青俊的心腹白参谋。战士们从其身上搜出了包青俊和国民党联系的亲笔信。信上说：

今夜12时，以三声枪响为信号，里应外合，消灭蒙古骑兵团。

黎晓初立即组织召开党委会，研究对策。这时，国民党步兵营和乾安的两股土匪正聚拢过来，形势十分危急。黎晓初当机立断，立刻命令高士哲带一个班立即将包青俊缴械扣押，同时部署防御来犯之敌。高士哲通过看门的舅舅打开了包青俊所住大庙的门，迷惑对方说自己是参谋长。包青俊的警卫员发现不对劲，开枪抵抗，被高士哲一枪击毙。睡梦中的包青俊惊醒后，伸手从枕头下掏枪，也被一名小战士当场击毙。

如何解决包青俊几个连的兵力是当务之急。黎晓初随即召集各连指导员回连队，连夜宣布包青俊叛变被击毙的经过。各连队听闻之后，都拍手称快。天快亮时，侦察员来报，国民党军队和两股土匪得知包青俊已经被消灭，都悄悄溜走了。

骑兵团战功卓著　国庆阅兵受检阅

蒙古骑兵独立团合编工作顺利完成，对“稳定郭前旗形势，发动群众，建立基层民主政权，解散治安维持会，建立郭前旗民主政府”创造了有利条件。

蒙古骑兵独立团合编后的第二天，大老爷府土改工作就开展起来，紧跟着又席卷了整个内蒙古西部。后来，骑兵团党委对包青俊的三营进行了整顿，编成两个连，充实了新的党员干部，建立了党组织。蒙古骑兵团经过一段时间的训练，面貌焕然一新。这支队伍纪律严明、作风硬朗、士气高昂，多次奉命赴农安、长岭、乾安一带剿匪，先后消灭了旗内猖獗的40多个土匪绺子，杀得敌人闻风丧胆。1947年7月，黎晓初胜利完成党组织交给他的任务后，调到郭尔罗斯前旗任副旗长。此后，蒙古骑兵团改为辽吉军区第二军分区19团，开赴八郎地区整训、整编、扩充兵员。不久，19团奉命配合主力部队参加了三下江南、四保临江、围困长春等战役，经历大小战斗40余次，被称为“常胜铁骑部队”，为东北的解放立下了汗马功劳。

1950年10月1日中华人民共和国成立1周年之际，19团代表中国人民解放军骑兵部队参加了国庆阅兵式。

这些成绩的取得和黎晓初最初的付出密不可分。

三次受到国务院任命

中华人民共和国成立前夕，黎晓初随干部大队南下。1949年10月至1950年10月，他先后任广东省曲江县县委副书记和从化县县委书记。其间，他率领部队粉碎了多股反动武装的反扑，彻底解放了粤北地区。之后，黎晓初又领导当地人民开展支前、清匪反霸、恢复国民经济，以及进行土地改革、支援抗美援朝等工作，有效地巩固了人民政权，推进了社会主义革命和现代化建设。

不论是枪杆子还是笔杆子，不论是抓组织还是抓宣传，不论是抓党建还是搞经济，不论是骑马打仗还是治国安邦，黎晓初都是干一行爱一行专一行。他深得上级首长的器重和地方群众的拥戴，其坚定的党性、卓越的才能和高尚的人格，为同事所称道。

最值得一提的是，中华人民共和国成立后，黎晓初曾3次接到国务院任命书。

第一次是1954年7月9日，中央任命他为广东省人民政府工业厅副厅长。

第二次是1956年5月25日，中央任命他为农产品采购部（商务部前身）生产企业管理局副局长。

第三次是1960年3月28日，中央任命他为第一机械工业部机电设备成套总公司副经理。

接到任命书后，不论是南下还是北上，不论职务高低、待遇薄厚，也不论条件有多艰苦，黎晓初总是服从组织安排，从不退缩畏难。

1960年10月，黎晓初被调到上海工作，并在上海定居。20世纪60年代，他主要在中央华东局工作，曾任国务院物资部华东物资局党委书记、局长。1967年，黎晓初被错误打倒，受到不公正待遇，1970年才得以平反。70年代，黎晓初主要在上海机电局和上海市建材工业管理局工作。1978年至1983年，在上海市建材工业管理局任局长期间，他为上海市的建筑材料产供销一条龙管理立下了汗马功劳。

上海市建材工业管理局成立于1977年，主管全市的重点建材工业企业，旗下有上海市建材一、二公司和上海水泥厂等11家大型企业，有干部职工11.54万人。上任伊始，他就主持制订了《1978—1985年上海市建材工业发展规划》。他注重科教工作，倡导成立了建材学校、局党校和建材科技情报所；领导下属企业开展建材生产防尘、除尘技术创新；为一线职工设立劳动保护费，维护一线工人的身体健康和切身利益。上海市建材工业管理局还采取拨款和贷款的方式对上海水泥厂等几家大型企业进行包装改造，促使各企业粉尘危害大幅降低，为根治粉尘奠定了基础。

平生塞北江南　水墨丹青晚年

曾经枪林弹雨出生入死，解放后又搞党建、抓生产，但黎晓初的艺术情结却始终深埋心底。学生时代，他就喜欢舞文弄墨，还曾立下从事绘画的志向，所画树木山水曾被选作展览品。离休后，黎晓初把全部身心都投入到学业中，报名参加了写作班、《易经》班和国画学习班，向专家学者请教学习。晚饭后，他把自己关在书房，铺开宣纸，挥毫泼墨。从铺纸到收笔，他常常一连几个小时研习画艺，乐此不疲。

黎晓初对国画非常痴迷。他的画作既有传统内容，又有革命新意。闲暇之余，黎晓初和田铁军还到国外和国内各地观光旅游，寄情山水之间，寻找创作灵感。离休13年里，他潜心创作了70幅画作，篆刻10方，其中不少作品都参加了市级以上展览，并多次获奖。1995年4月，为纪念抗日战争胜利50周年，黎晓初特意创作一幅《百团大战太行山行军图》，捐赠给了上海市档案馆。

黎晓初晚年最骄傲自豪的事情就是经过11年创作积累，成功地在上海美术馆举办了个人画展。时任上海市委常委、宣传部部长的陈沂为他题写了展名，原上海市委书记夏征农称赞其画作"宜人景色画中看"。

身在大都市，黎晓初却十分思念远在几千里外的家乡延庆。生前，他曾3次回到家乡，接走父母小住。他曾跟老伴儿坦言，想叶落归根。

黎晓初堪称一位传奇人物。据他的好朋友柴律师讲，他的事迹曾打动了著名电影演员陈道明，甚至酝酿以他们夫妇的事迹拍一部电影。后来，由于黎老不幸病逝，这个事情自然也就搁下了。

黎晓初一生多次受到上级的表扬和嘉奖。2005年，他和田铁军被认定为开国将士，其事迹载入中共党史人物传编委会和中国老年杂志社编撰的《开国将士风云录》(第二卷)。在延庆县档案馆，一面精致的铜牌上镌刻了他的生平简历和主要业绩，称赞他"为推翻三座大山建立新中国立下了功劳，建国后，仍一如既往地奉献出了自己的光和热。他爱憎分明，廉洁奉公，一身正气，两袖清风，保持和发扬了党的优良传统……"

2009年7月，田铁军因病去世。同年9月，遵循黎晓初夫妇的遗愿，其亲属将两位老人珍藏多年的证书、书信、字画、日记、照片和书籍等十二大类共1236件革命文物史料捐献给延庆县档案馆。这是目前该馆馆藏人物档案行政级别最高、门类最全、数量最大、艺术作品水平最高的一组。为此，延庆县档案馆特藏室还专门设立了“黎晓初田铁军革命史料专柜”，以纪念他们光辉的一生。

（郭东亮）

张成海，1925年出生于有“平北红色第一村”之称的大庄科乡沙塘沟村，参加过抗日战争和解放战争。曾被调到延安军委警卫队，担任胡耀邦同志的内勤班长。后主动调到一线部队参加战斗，多次和死神擦肩而过，屡建奇功。解放后，张成海先后担任某坦克团政委和北京军区总医院副政委，为部队的正规化建设做出了积极贡献。1982年，张成海离休。2017年正月，张成海逝世，享年93岁。

张成海

从平北红色第一村走出的虎胆英雄
——记北京军区副师级离休干部张成海

1938年，八路军宋时轮、邓华四纵队经过延庆深山沙塘沟村时，在这里播下了革命火种——平北地区第一个农村党支部在沙塘沟村诞生了。从那以后，在中国共产党的领导下，这里的人民同敌人进行了艰苦卓绝的斗争。游击队支援前线，妇救会做军鞋，儿童团站岗放哨，为抗日战争和解放战争做出了突出贡献。

就在这英雄群体中，有一位特殊人物，他的名字叫张成海。

14岁参加游击队　17岁给首长当警卫

1925年，张成海出生在延庆县大庄科乡沙塘沟村。在那个“城头变换大王旗”的年代，中华大地到处是军阀割据，民不聊生。

由于家境贫寒，张成海从8岁开始便给村里的富户放牛，每年只有1块钱的工钱。

1938年，邓华和宋时轮的部队经过大庄科乡。13岁的张成海见这次来的部队不进村、不扰民，吃睡都在山脚下，心里很纳闷儿，一打听才知道是八路军。想想自己在家也三天两头吃不饱，他就想参军。没想到去报名时，一个战士拍着他的头说：“小兄弟，你还小，等大了再说！”

张成海参军不成，心里不服气，就自诩为“北七村”成员，偷偷加入了这支当地的游击队。提起“北七村”，大庄科地区的老人并不陌生。当时，沙塘沟、慈母川和铁炉等7个村的壮年村民组织到一起，哪个村来了土匪，大伙儿统一行动对付土匪。那会儿，张成海主动当起了王二小式的放牛娃。

张成海家位于沙塘沟村后，较为隐蔽，因此游击队经常在他家里开会，他家也成了有名的抗日堡垒户。有一次干部们正在开会，恰好赶上日伪军进村“扫荡”。张成海的母亲闫来荣赶回家里，及时掩护干部出村，顺便把会议文件藏进了烟囱洞里。张成海对母亲的举动耳濡目染，深为敬佩，并主动参与到抗日地下工作中去。

14岁那年，张成海还没有步枪高，但是参军的决心却更加坚定了。母亲了解他的志向，含着泪水对他说：“去吧，走吧，到部队好好干，听领导的话。”1939年5月，张成海加入了平北抗日游击队4支队，跟着老红军刘国梁开展地下工作。张成海回忆说：“那会儿工作，上不传父母，下不传邻居，拍脑袋3下就是组织开会，虽然年纪小，但还算懂事，老红军老表扬我工作做得好。”

日伪军听说“后七村”有抗日游击队，就进山进行“扫荡”。游击战士们选择好地点进行还击。张成海人小胆大，冲到山头上寻找射击目标，没想到一颗子弹从头顶上飞过，身边的老红军一把把他拽了下去。张成海的“虎胆”出名了。

一个偶然的机会，小有名气的张成海被当时的冀热察挺进军司令萧克看中。老 人对那次偶遇记忆犹新：“萧司令当时亮着嗓门说，小鬼，你跟着我吧，到侦察科，专门侦察平西地区的敌军活动。”

从那时起，张成海从一个游击队员进入了正规军序列，开始了真正的戎马生涯。当了一年多的侦察员后，1942年春天，机敏灵巧、才能出众的张成海被中央总部调到延安中央军委警卫队，担任胡耀邦的内勤班长，内勤班工作主要是首长的贴身警卫。这段时间，在张成海的脑海中留下很多美好的回忆。“我当时主要就是负责中央军委开会的保卫工作，给领导站岗，有时还能和领导一起学跳舞。”他回忆说，有时碰见毛主席开完会出来，毛主席亲切地跟他打招呼：“小鬼，来几年了？想家不？”张成海的驾车技术也是跟朱德总司令的司机学会的。“当时我学车，开的就是朱总司令的车。”每每提起这些往事，老人眼中都会闪过自豪。

1945年抗日战争结束后，胡耀邦先后担任晋察冀野战军第四纵队、第三纵队政治委员、华北军区18兵团政治部主任、第一野战军政治部主任等职。张成海继续担任胡耀邦的警卫员，其间他多次经历炮火的生死考验。

枪林弹雨见证虎胆英雄

张成海保卫工作干得得心应手，深受领导赏识。但是，他的理想是上前线带兵打仗，建功立业。最后，他通过“闹罢工”的方式获得了领导的同意。张成海从纵队警卫营指导员干起，开始了枪林弹雨的战斗生涯。

张成海下连队后参加的第一仗是察南战役。当时，他们连队负责攻打花哨营子。战斗结束后，张成海心疼得直掉眼泪：全连148个人，战后只剩下57个人了，2个排长、1个副连长都牺牲了。张成海的大衣上也被敌人的重机枪子弹打了好几个窟窿，幸好人没受伤。

纵队司令郑维山安慰张成海说："你下去打的头一仗还不错。"胡耀邦也说还像个样子。这次战斗，张成海指挥的那个连除击毙很多敌人外，还抓了100多个俘虏，缴获了8挺重机枪。

石家庄解放后，国民党调集2个军的兵力准备反扑。当时，我军增援部队尚未到达，掩护我军南下、拖延国民党行军时间的重任交给了张成海所在的部队。张成海的连队是据险死守宣化一处关隘，用138人牵制敌军的1个师，相当于1个人要顶住八九十个敌人。

那时节，大山里寒风刺骨、滴水成冰，战争异常残酷。这次被张成海称为一生最难忘的战役相当惨烈，他的连队有138名战士，最后牺牲了135人，子弹剩下11颗，手榴弹只剩1颗。战斗中，张成海的棉裤被打烂了，幸运的是没有受伤。即使这样，张成海和其他两名幸存的战士还在不停重复着自己的阻击口号：战死沙场，不当俘虏！

为了完成最后的任务，张成海和另外两名战士绕着山头，挨家挨户敲门，动员附近的乡亲们帮助打击敌人。

最后，他们三人和乡亲们组成了45人的敢死队，每人一把大刀，准备和敌人殊死搏斗。敌人久攻不下，困饿难耐，一些国民党士兵竟然偷偷跑到张成海这边投降了。没想到刚见到张成海等人，他们就惊得张大了嘴巴："就……就这几个人?！"最终，在张成海的带领下，敢死队硬是在规定的时间内死死顶住拖住了敌人的一个师，为成功保卫石家庄赢得了宝贵时间。

解放北平时，部队步行到了石家庄附近的获鹿县（今石家庄市鹿泉区）。中午12点上火车前，张成海专门到石家庄看望了胡耀邦的夫人李昭。李昭说："好长时间没见你了，我真担心你，你什么事都敢干。"张成海说："我没事，子弹一见我就拐弯。"

但是后来的一次战斗再次让他和死神擦肩而过。当时，张成海带领战士们往一个小楼上冲。敌人的子弹打在冲在第一个的战士头上，这个战士随即倒在那里。紧接着，第二个战士也胸部中弹，倒在张成海的怀里，还没说半句话就牺牲了。张成海在两个战士的后面，子弹从前面两个战士的身体里穿过打在他的棉裤腿上，擦了个边，把裤子的棉花划开了。但他不顾这些，硬是带领战士攻下了这个小楼。

部队建设再立新功

1955年授衔时，张成海被授为大尉。授衔返回部队后，他感觉到自己是个“土八路”，距离知识化现代化要求相差很远，急需补充理论素养，于是申请到学校深造。随后至1960年，张成海到刘伯承元帅担任院长的南京军事学院进行刻苦学习。虽然此前从没上过学，但他还是以惊人的毅力按照要求完成了学业。

1960年，张成海被分配到位于河北的某坦克团。从主任到政委，张成海在这里用自己的战斗经验和所学理论，训练出了一批批技术过硬的干部战士。

在坦克团工作的10年间，张成海总结出一套“四会”（会吃、会走、会打、会学）训练方法，带出的兵一个比一个优秀。张成海介绍说，这“四会”虽然土得掉渣，但带起队伍来非常实用，吃好了才能进能退，有速度有移动才能灵活作战，不断学习才能战无不胜。张成海的这套理论在当时非常流行，他也因此经常被其他部队请去做报告。

1969年10月，跟枪杆子打了几十年交道的张成海从河北调到北京军区总医院任副政委。在这个全新的岗位上，张成海干得有声有色。当时，北京军区总医院的硬件设施相当落后，缺少病床，医生护士没有专门的宿舍，夏天苍蝇蚊子满天飞，冬天脸盆冻在地上端不起来。

这种情况让张成海看得触目惊心，于是他决定立刻从硬件和软件同时着手进行医院的改革。后来他介绍说：“当时，我规划了一栋楼，解决病房问题，但全国物资都比较紧张，材料非常难弄。”于是，他不辞辛苦，亲自跑了许多省市，经过多方联系，终于盖起了军区总医院首批门诊楼、病房楼和宿舍楼，重新恢复和重组了科室，为医院后来的大发展奠定了基础。在抓硬件的同时，张成海还巧抓软件建设，特别是在解放思想上下足了功夫：“当时，国家处于特殊时期，我也是干思想工作的，主要是千方百计调动干部职工积极性，解放思想，干出业绩。”

1982年，张成海从医院离休。这位从小山村走出、在枪林弹雨中洗礼、在社会动荡中成长的英雄，给自己的革命生涯画上了一个完美的句号。

2017年正月，张成海走完了光辉的人生，享年93岁。当年的清明节，沙塘沟村为他召开了追悼会，乡亲们和其家属含泪送别老英雄最后一程。随后，老英雄的骨灰被安葬在他深爱的家乡土地上。

张成海生前总说：“沙塘沟是我的家乡，也是我革命的摇篮，始终是我魂牵梦萦的地方。如今开发成红色旅游基地，让很多人走进平北红色第一村，希望延庆的红色传统永远传承下去，希望乡亲们的日子越过越好。”

（郎丰杰）

姜国亭，原名周德先，1921年2月出生于旧县镇北张庄村。1940年8月，参加革命，不久入党。1941年，担任昌延联合县六区区委书记。1945年，担任中共延庆县委书记。姜国亭经历战斗434次，多次死里逃生。中华人民共和国成立后，姜国亭为我国的水利建设立下了汗马功劳。1994年离休，2018年2月2日在北京逝世。

姜国亭

与党同龄　传奇一生

——记原水电部天津勘测设计院党委书记姜国亭

英雄少年多磨难

1921年7月31日，中国共产党第一次全国代表大会在嘉兴南湖胜利闭幕，宣告了中国共产党的诞生。此时，远在千里之外的延庆县北张庄村，姜国亭还是5个月大的婴儿。谁也没想到，这位党的同龄人，以后的命运会与党紧紧地联系在一起。

1921年2月，周德先出生于旧县镇北张庄村。由于母亲多病，周德先出生后，没喝过一口母乳，全靠米汤和玉米糊糊活了下来。小时候，周德先得过天花、水痘、麻疹、鼠疮等多种传染病，没想到竟奇迹般地长大了。村里老人说，这个孩子命真大，将来肯定有作为。

7岁那年，父亲一个人在外谋生，母亲病得卧床不起，周德先端屎端尿伺候着，娘儿俩相依为命。9岁那年，31岁的母亲带着不舍离开了这个苦难的世界，伤心欲绝的周德先一个人望着冰冷的墙壁发呆。父亲是个见过世面的人，砸锅卖铁也要让周德先读私塾。周德先知道父亲的苦心，就在私塾里如饥似渴地学习。穷人的孩子早当家，13岁那年，周德先主动到村里小学当勤务工，做饭、摇铃、扫院子。先生看他是个可造之才，就拿出《隋唐演义》《岳飞传》等书籍，让他读了一个遍。14岁那年，周德先也当先生了，不过有的学生年龄比他还大。

1937年卢沟桥事变后，村里的学堂撤了。周德先到永宁的一家店铺当伙计。不久，一肚子墨水的周德先，又被请回村里当记账员。

1940年4月，昌（平）延（庆）联合县派田梦熊等人到旧县一带秘密开展抗日宣传工作。8月，田梦熊找到周德先，鼓励他参加革命。出于保密需要，周德先从此化名姜国亭，并且沿用了一生。

参加革命不久，姜国亭就入党了，是全村的第一个共产党员。入党的程序很简单，他撕下半块窗户纸，写了几句简短的入党申请书，让田梦熊看过之后，塞到老房子的顶棚里保存了起来。

“坟墓”办公斗敌顽

1941年，昌延县六区（旧县）书记田梦熊在旧县村突围中壮烈牺牲，姜国亭接替他担任六区书记。此时，正是延庆地区抗日最艰难的时期。日寇为了“以战养战”，对延庆进行了时间最长、次数最多、手段极其野蛮毒辣的“扫荡”。党组织和抗日武装力量受到巨大损失，大批革命干部倒在了日寇的屠刀之下。面对异常严酷的抗日环境，姜国亭和干部们夏天到青纱帐里去开展工作。青纱帐没了，他们就到老坟地挖一座新坟做掩护，坟头上插一个白幡，搬开供桌，跪着爬进洞里，用秸秆挖空插进坟墓用来呼吸。10多人的吃住就在这座新坟里。通过这种“坟地办公”的办法，姜国亭带领大家躲过了敌人一次次的搜捕。

有一次，姜国亭正在盆窑村开展工作时，村支书郭存田慌慌张张地跑了进来：“敌人来了，快进洞吧！”姜国亭刚刚钻进郭存田家的隐蔽洞，日伪军就进了家门。日伪军进了郭存田家后，要吃要喝要休息。郭存田强装镇定，招呼着乡亲们给一个营的日伪军做烙饼，最后，好说歹说才把敌人糊弄走了。敌人走了一会儿，郭存田瘫坐在门前说：“出来吃饭吧，敌人走了。”姜国亭后来回忆：“在洞里都听见了日伪军说话的声音和马蹄声，那3个小时就像过了3年一样煎熬，多亏了咱们党群关系好。”

攻心为上拔据点

姜国亭做抗日统一战线工作很有一套。面对日伪军的政治诱降、欺骗宣传、奴化教育等卑劣手段，姜国亭总是“棋高一着”。他对昌延六区各村日伪人员情况摸得很透，积极通过各种关系巧妙瓦解日伪势力。

三里庄村的一位老太太拥护抗日，可她的亲戚却在古城据点当了伪军头目。姜国亭得知后，就让老太太把劝降信放在裹脚布里，悄悄地送了进去。看到这封信之后，这位伪军头目就不再死心塌地给日本人办事，也不再欺压老百姓了。

抗战时，日伪军在白草洼村建了一个据点，驻有60多名伪警察。这个据点居高临下，易守难攻。平北老十团和县大队进驻白草洼村后，姜国亭找来爆破大王李明等民兵，大摆地雷阵，封锁了据点的所有通道，并派人送信，劝说这伙伪警察投降。不久，这伙伪警察乖乖投降，并交出了所有武器，有的人还参加了八路军。白草洼据点就这样不费一枪一弹地被拔除了。

旧县伪乡长苏某是姜国亭长久以来争取的对象。1943年冬天，姜国亭带着干部随十团进驻旧县村，对这里的伪军据点形成了包围，子弹上膛，瞄准据点。姜国亭和干部们轮流喊话，要苏某立刻出来。伪乡长苏某既不敢不出来，又怕城门打开后我军冲进去，于是只好坐在大筐里让人从城墙上把他送了下来。姜国亭警告他："别看现在跳得欢，小心将来拉清单。你是中国人，要给自己留条后路。"经过警告教育，苏某答应不再欺压百姓，尽量去应付日本人。

拿下一个伪乡长，瓦解一片伪政权。永宁的伪乡长"韩半城"，势力很大，但在姜国亭的政治攻势下，也开始秘密为八路军办事，还曾送给姜国亭一把手枪。攻心为上，不战而屈人之兵，这是姜国亭政治攻势的明显特色。

掌舵延庆求解放

对于那些顽敌，光靠嘴皮子是没用的。在抗日战争中，姜国亭带领县大队配合十团，先后参加了古城伏击战、太子沟战斗、双营歼灭战等重要战斗，并在1945年9月21日夜晚配合攻城部队解放了延庆县城。1945年12月，姜国亭开始担任延庆县县委书记，这是首任延庆籍中共延庆县委书记。姜国亭根据上级指示，在解放区开展了清算复仇和减租减息运动，同时积极发展党组织。一段时间后，延庆246个行政村中的138个村已经建立党支部，发展党员2165人。

1946年6月，国民党反动派撕毁《停战协定》和政协决议，发动了全面内战。9月，国民党军队疯狂进攻延庆解放区。此时，土改工作还未结束，姜国亭及时带领全县军民配合主力部队投入到解放战争中，打响了延庆保卫战。随后，姜国亭带领县大队转移到赤城境内继续开展斗争。1948年5月，延庆县城二次解放。12月，康庄战斗结束，延庆全境解放。解放康庄是平津战役腰斩长龙的关键一仗。为保证驻延部队的后勤，姜国亭带领全县干部完成了库存粮食200万斤、战柴1150万斤、战草30万斤和电线杆870根的重任。当时延庆只有12万人口和38万多亩（1亩＝666.61平方米）土地，姜国亭带领全县人民为支援解放战争做出了重大贡献。

1949年1月初，根据上级指示，姜国亭在新解放区开展土地改革，延庆农民终于实现了“耕者有其田”的梦想。同年3月，延庆召开了第一次党员代表大会，出席代表58人，列席代表43人，姜国亭做报告，传达察哈尔省党代会精神、研究干部思想问题和部署大生产任务。会后，党的活动开始由秘密转为公开。这是延庆历史上的第一次党代会，也是一次里程碑式的会议。

探水治水建奇功

1949年12月，姜国亭调任涿鹿县县委书记。上任伊始，他很快解决了领导班子的团结问题，并顺利开展了爱国增产、镇压反革命等运动。1953年3月，姜国亭调任张家口地委统战部副部长、地委委员。1954年7月，姜国亭由河北省委调任燃料工业部做水电工作。

1957年，受原电力工业部的委托，姜国亭率队同苏联代表团合作开展黑龙江综合利用勘探设计工作，成立了由他担任队长的电力工业部黑龙江勘测总队。在渺无人烟的大兴安岭北麓，勘测队冒着零下48摄氏度的严寒，在3米冻层的冰面上施工，按期完成了两国决议中规定的任务。姜国亭回忆说：“1959年以前，从黑河驻地到沿江要乘坐马爬犁，行程700多千米才能到工地，鞋底经常被冻到冰上拽不下来，帐篷刚刚扎上就被狂风吹走了。”

淮河历史上多水患，给人民的生命生产生活造成极大威胁。1951年，毛主席发出了“一定要把淮河修好”的号召。1971年，国务院成立治淮领导小组，姜国亭任水利处长。在近10年的治淮工作中，姜国亭踏遍了淮河流域180多个县市，写下了40多万字的治淮日记，为治淮做出了重要贡献。

1981年，姜国亭任水电部天津勘测设计院党委书记。他带领全院职工克服了居住条件简陋、交通不便等困难，在之后的13年工作中，为设计院的发展呕心沥血，使该院工作一直处于全国水利勘测设计系统的前列，多次受到中央领导的表扬。

修史存史育后人

1994年，为党工作了54年的姜国亭离休了，可他离而不休，始终把“为党的事业奋斗终身”作为座右铭。离休后，他多次走访战斗和工作过的地方，先后帮助延庆、涿鹿等地编写党史，参与编写淮河水利、松辽河水利等史志，总计编著了50多万字的书稿，为“存史、资政、育人”工作提供了宝贵的史料。

2018年2月2日中午，姜国亭逝世。他生前给儿女们立下遗嘱：“不开追悼会，不留骨灰，一切从简。”一位97岁的老人，身经百战，度过了枪林弹雨的硝烟岁月，走完了对党无限忠诚的一生，全心全意为人民服务的一生，一身正气、两袖清风的一生，热爱生活、孜孜不倦、刻苦学习的一生。

姜国亭，一个让延庆人民永远怀念的名字。

（郎丰杰）

刘双合，1928年12月出生于大榆树镇程家营村。1944年7月，参加抗日战争，随后全程参加解放战争，前后参加大小战斗150多场。1950年，进入解放军汉口高级步兵学校学习，毕业后先后在南京军区和国防部工作。1965年，任中国航天科工集团061基地302研究所副所长（副师级）。1981年离休，居住在北华航天工业学院干休所。2020年2月逝世。

刘双合

战场杀敌　航天立功
——记中国航天科工集团061基地302研究所原副所长刘双合

延庆沦陷　人民水深火热

1928年12月，刘双合出生于大榆树镇程家营村（现在的程家营，因修建官厅水库而搬迁至京张铁路附近）。1937年8月27日，延庆被日军侵占。同年9月初，日伪政权在延庆川区纷纷建立，延庆进入了日寇黑暗统治时期。

由于家境贫寒，刘双合11岁时才进学堂。当时日本人在学校实行的是奴化教育，不让中国孩子学习《三字经》、《百家姓》、《千字文》和“四书”、“五经”，老师被迫讲授“王道乐土”“东亚共荣”等美化日本帝国主义的内容。刘双合的父母虽然没有文化，但听说孩子接受亡国奴教育内容时，只让他上了3天学就让他回家了。辍学后的刘双合开始帮助父母干农活。农闲的时候，刘双合和小伙伴们玩儿打仗游戏。他们在地头分成两队，隐蔽起来之后，互相扔土块。双方约定，胜利的一方为八路军，失败的一方是日军。由此可见，刘双合他们幼小的心灵中很早就萌生了对日军的无比憎恨。

1941年12月8日太平洋战争爆发后，日本需要大量的战争物资，更加紧了对中国占领区的经济掠夺。刘双合的父亲多病，一家人本就挣扎在饥饿线上，除了要给地主缴租子，还不断地被日伪军催缴“公粮”。刘双合回忆说，延庆当地的伪警察还多少能通融一些，要是遇到延庆城里的骑兵三大队可就惨了。骑兵三大队是日伪势力从内蒙古一带收编过来的，前身是马匪，本就不是什么好人，又有日军在背后撑腰，什么坏事都干得出来。这些人进村后，常常是二话不说，见人就砍，连一只鸡也不放过。

1942年，刘双合的父亲去世后，母亲带着他们兄妹5人的日子更难过了。于是，刘双合向母亲提出自己要参加八路军。当时，刘双合的一位堂兄已经牺牲在抗日的战场上，因此母亲不同意他参军。

不堪压迫　坚决参加八路军

1943年夏天，只有15岁的刘双合被征去当民夫，到柳沟一带给日军修炮楼。虽说年纪小，但他也知道修炮楼是为了对付八路军的，可要是硬不去就面临着杀头的危险。无奈之下，刘双合和其他200多人还是硬着头皮去了。

等到了工地，刘双合他们傻眼了：工地就是住处，放几把干草就是褥子；日军从东北运来的高粱米早就发了霉，蒸熟的窝头实在难以下咽；干活还得长点眼色，稍有不顺从就会挨打。刘双合挺机灵，监工的来了，就使劲干活；监工一走，他就躲到树荫下。

一个多月后，日军的炮楼修好了，刘双合等人被放回了村里。到了秋季，刘双合又被日伪军抓去到佛峪口给日军修公路。日军修路的目的，是想通过这条路围剿在海陀山里的八路军平北军分区司令部。

刘双合和同村的几十个民夫还没到施工地点，刚走到张老营村附近，就被八路军给截了下来。这支队伍是平北军分区四十团，战士们将刘双合等人集中到一个大操场上，希望大家参加八路军，如果不愿意也不勉强。机会来了，岂能错过，刘双合当即报名要求参加八路军。没想到八路军领导看他长得瘦小，就没有答应，派人把他送回了村里。

回到村里不久，刘双合等人又被日军拽上车，拉到延庆城里火神庙街附近的操场上，给大家上“体育课”。日军想通过测试，看谁的体质好，扣下来当伪警察。刘双合看穿了敌人的阴谋，等到喊他出列的时候，他就一瘸一拐地走了出来。日军问他为什么这么走路，他说天生就这样。于是，刘双合没被“录取”，幸运地回到了村里。

可是，这只能瞒得了一时，一旦被日军发现，后果不堪设想。1944年6月里的一天，刘双合正在河边洗澡。母亲把他喊了回去，偷偷告诉他：“北山的八路军到村里要两个兵，你要是愿意，就去吧。”于是，16岁的刘双合终于参加了八路军。

缴获三八枪　解放张家口

1944年7月，刘双合加入了平北军分区第十团，也就是后来被人们习惯地称为老十团的部队。临走的时候，亲戚劝刘双合说：“你年纪太小了，到部队最好干些炊事员的工作。”可是一到部队，刘双合就把亲戚嘱咐他的话抛到了脑后，主动要求下连队参加战斗。当时八路军武器不足，新兵只能领到一把大刀和三颗手榴弹。看看老兵们手里有枪，刘双合很是羡慕。不过，部队领导说了，谁能在战场上缴获武器就归谁使用。

两个多月后，机会终于来了。在崇礼县西湾子镇，刘双合所在连队把熟睡中的日伪军堵在了屋里。刘双合第一个冲进屋子里，抢到一支三八大盖①和40发子弹。几十个日伪军还没来得及反抗，就都被赶到了院里。刘双合和三八大盖比了个个儿，发现枪口刚好到自己的耳朵边上。得了一支三八大盖，刘双合如获至宝，晚上睡觉也搂着它。从此，刘双合带着这支三八大盖，跟随部队在平北地区参加了多次战斗。

1945年8月9日，毛泽东主席发表了《对日寇的最后一战》，号召“八路军、新四军及其他人民军队，应在一切可能条件下，对于一切不愿意投降的侵略者及其走狗进行广泛的进攻”。接着，朱德总司令于10日接连发出了7道反攻作战命令。抗日战争终于迎来了大反攻。

1945年8月12日，刘双合所在的老十团正在围攻赤城时，忽然接到上级命令，由于驻守张家口的日伪军拒绝向八路军投降，老十团要配合四十团和苏蒙联军迅速攻打张家口。

抗战时期，张家口是伪蒙疆政权的中心，因此解放张家口的战略意义和政治意义不言而喻。8月15日，日本天皇宣布无条件投降后，驻守在张家口的日伪军仍然拒绝向八路军投降。

20日清晨，收复张家口的战斗打响了。刘双合所在的老十团很快歼灭了负隅顽抗的日军荒井指挥部，随后控制了榆林飞机场，将兵力全部推进至火车站周围。经过数小时激战，老十团于下午3点左右占领了火车站。21日下午3点，1000多日军从狼窝沟方向向老十团驻地东窑子退了过来。老十团团长李荣顺、政委吴迪、参谋长郭远则等人见敌人行为慌张，判断这股敌人是要逃跑，于是决定趁其不备，打敌人一个措手不及。急于逃命

① 机匣上刻有“三八式”的汉字的手动步枪，俗称三八大盖。

的日军见老十团阻其退路，便全力进攻。战至深夜，日军丢下物资装备，偷偷地逃走了。22日上午，收复张家口战斗再次打响。战至11时左右，一列满载着日军的火车，由几辆装甲车开道，从大同方向朝张家口火车站慌忙开来。老十团命令二连对敌车进行拦截。急于逃命的日军连忙下车，做困兽之斗，向二连阵地发起了反扑。老十团团长李荣顺见此情况，立即命令其他各连全线出击，掩护和配合二连的战斗。各连接到命令后，立即加入了战斗。五连将机枪架在屋顶上压制敌人的火力，一连和四连勇猛地冲向敌群，与敌人拼起了刺刀。在他们的配合下，二连趁机将捆好的手榴弹扔了出去，把敌人打回到了车上。8月23日夜，日军丢弃上千匹战马上驮着的许多重武器、弹药等军用物资，趁着黑夜逃离了张家口。我军立即向张家口发起第三次攻击，随即占领张家口，此役我军共歼灭日伪军2000余人，包括伪蒙疆自治政府副主席于品卿和伪张家口市市长韩广森在内共有700多人举手投降。

平北军分区收复张家口的消息很快传遍国内外。正在延安开会的晋察冀军区司令员聂荣臻给冀察军区发来嘉奖电，传令嘉奖所有参加收复张家口的指战员，并决定所有参战部队均冠以荣誉称号。

关于这次战斗，新华社于1945年8月25日有如下报道：

冀察我军占领察哈尔省会张家口。由于张家口系日本关东军准备长期反共防苏三道防线的战略储备中心，遗留军需甚丰，仅军用仓库不下60座；散落在兵营、阵地、车站、街垒的物资则更多，其中机步枪1万余支（挺），子弹500万发，大炮50多门，各种炮弹8万余发，汽油3万桶，骡马上万匹及大批军用物资。张家口作战，八路军共歼灭日伪军两千余人，收复了张家口市和涿鹿、尚义、康保、崇礼、万全等县城。张家口也因此成为八路军从日伪军手中收复的第一座省会城市。

收复张家口，刘双合所在的八路军平北十团做出了突出贡献。

解放张家口，苏蒙红军一同配合作战。张家口解放后，八路军还和苏蒙红军举行了联欢会。刘双合不会跳舞，但为了庆祝解放，也跟着生硬地跳起舞来。这个情景让刘双合终生难忘，每当看到中俄联合军事行动时，他都会回忆起这个历史时刻。

冲锋在前 解放延庆永宁赤城

张家口解放没多久，刘双合就跟随部队沿着宣化、怀来消灭日伪军的残余势力。1945年9月20日晚上，也就是农历八月十五，部队就打到了刘双合的家乡延庆城下。

解放延庆时，刘双合所在的一连是第一个打进去的。看到伪军头目张凤元带着残兵败将逃往永宁，刘双合跟随部队穷追不舍。经过战斗和政治攻势，永宁城的伪军宣布投降，延庆和永宁第一次解放。9月21日上午，延庆县委、县政府先后在延庆和永宁召开了群众大会，庆祝抗日战争的伟大胜利。延庆历经8年抗战，终于又回到了人民的手中。

刘双合回忆说，延庆解放，老百姓清水泼街，夹道欢迎八路军，敲锣打鼓扭秧歌，热闹着哩。更让他暖心的是，老百姓知道老十团一连作战勇猛，特意杀了大肥猪，指名道姓送给一连，部队不收，老百姓就追着送。

1945年9月，刘双合跟随部队二次围攻赤城。8月的围攻，让敌人惊魂不定。趁我军进攻张家口的时机，赤城敌人加强了防御工事，并依托有利地形准备做最后的挣扎。刘双合介绍说，赤城防御工事坚固，冲上去的战友纷纷倒下了，很多人难过地流下了眼泪。团长说，一定要拿下赤城，为牺牲的战友报仇，打进城里每个人的刺刀都要见血。攻城部队同仇敌忾，刘双合所在连队又是第一个冲进去的。

赤城解放了，我军也付出了巨大牺牲。在召开公审大会后，6名罪大恶极的伪军头目被押往北山松树梁处决。

南征北战　献身航天事业

抗战胜利后，刘双合随后参加了解放战争。在董存瑞牺牲的隆化战斗中，刘双合所在连队还是第一个冲进城去的。之后，他又跟随部队出山海关，北上辽沈，转战平津，渡江南下，南方剿匪。从1944年7月到1950年8月，刘双合先后参加大小战斗150多次，幸运的是只有手部和腿部受过轻伤。

1950年8月，刘双合被安排到解放军汉口高级步兵学校学习。1952年，他接到通知，要参加国庆阅兵。当时，阅兵部队在天坛附近集结。一天晚上，朱老总去看望了他们，这让刘双合激动得一夜没睡着。9月30日的晚上，他更是激动得一夜没合眼。10月1日，刘双合所在的由200人组成的方阵通过天安门广场，刘双合借着“向右看、正步走”的口令的机会，偷偷地往城楼上看了一眼，看见毛主席正微笑着向他们挥手致意。

1953年之后的12年，刘双合先后调到南京军区和国防部，担任营团级干部。1965年，他转业到航天部工作，光荣地结束了22年的军旅生涯。后来为了支持“三线”建设，刘双合又不怕困难到航天部西南基地工作，负责基地的行政管理和后勤保障工作。刘双合后来从电视上发现，他们基地生产的武器，出现在1984年的国庆阅兵仪式上，这让他十分骄傲和自豪。

战争年代，刘双合老人家中先后有6人参军，他的两位堂兄先后牺牲在抗日战场上。与他们相比，刘双合无疑是幸运的，也是幸福的。1981年，他离休到北华航天工业学院干休所休养。居住在廊坊的刘双合一家四世同堂，过着温馨快乐的生活。可他仍觉得心里缺点什么——想家。每次回延庆，看昔日的战场变成美好家园，他就会告诫晚辈：“不能忘记过去，要把延庆建设得更加美好。”

每次回到延庆小住之后，他就会去赤城烈士陵园看看，那里有他长眠着的多名战友。他轻轻地摸着石碑上的名字，一个个年轻的面容就浮现在他面前，一场场战斗厮杀的场景又如昨日重现……

2020年2月，刘双合逝世，享年92岁。

（申兵堂）

赵子明，原名赵庆亮，1928年2月出生于张山营镇靳家堡村。1943年5月入伍，1945年1月入党，参加过平北反“扫荡”、解放平津、解放太原、进军绥远等战役，后参加抗美援朝战争，荣获三级解放勋章、独立功勋荣誉奖章。曾担任宜宾军分区政治部主任（副师级）。1982年11月离职休养。

赵子明

小兵张嘎式的老英雄
——记宜宾军分区政治部原主任赵子明

12岁参军　战斗中成长

1940年，延庆北山上的八路军游击队积极开展抗日活动。由于山下靳家堡村的赵元家是游击队的秘密接待点，12岁的赵子明一有空就到邻居赵元家听故事。游击队员讲的是东北抗联打日军的故事，赵子明被惊险的情节和革命道理深深吸引，于是萌生了参加八路军游击队的想法。

一天，他瞒着父母和乡亲，孤身一人悄悄上了北山，在深山密林找到了八路军游击队。部队领导看着他那稚嫩弱小的身躯，实在不忍心让他上战场，于是对他的抗日热情表扬一番后，委婉地拒绝了他的参军要求。赵子明生性倔强，见部队不让他参军，他就坐在院子里不走，别人干什么他就干什么。部队领导见他意志坚定，最终答应让他留下。就这样，赵子明成了北山游击队里年龄最小的一名队员，被安排做勤务：行军背包袱，驻军搭高铺，打饭烧开水。虽说年纪小，可是赵子明聪明伶俐、手脚勤快，很多老战士都很喜欢他，还“小鬼长、小鬼短”地逗他玩儿。

1941年，敌人对平北抗日根据地开展大规模“扫荡”。为粉碎敌人的“扫荡”，八路军采取“敌进我退”的方法，跳出敌人包围圈，转移到外线作战。赵子明跟着部队，在支队长刘开锡的带领下，跨过长城到了黑河川，转战到独石口。经过侦察，了解到崇礼县狮子沟伪警察署防守松懈，于是八路军决定端掉它。

一天下午，赵子明所在的部队从独石口出发，向狮子沟摸索前进，边侦察边行军，连续走了100多里的夜路，于第二天黎明时分到达敌人据点附近。

狮子沟据点有日伪军和伪警察40多人，据点设在村东南角的一个寺庙里。赵子明所在的部队兵分两路，一路直奔狮子沟东南山马道梁，警戒张家口崇礼方向的敌人增援；另一路小分队负责袭击狮子沟据点。赵子明所在的小分队将据点包围后，部队领导指挥大家向庙内搜索前进。一位战士刚进庙门，说了一声“有敌人”，敌人就开枪了。这位战士当场牺牲，部队立即发动猛攻，一排排手榴弹扔进敌巢。

虽说战士们奋勇攻击，可是敌人拼命负隅顽抗，据点还是久攻不下。为了减少伤亡、节约弹药，战士们采取挖墙掏洞的办法，在房顶掏开一个大洞后，顺手就把手榴弹丢进屋内。敌人则向洞口处猛烈射击，手榴弹一时间派不上用场。战士们又找来一桶煤油，浇在木柴和房椽头上，房屋和碉堡内外顿时都燃起熊熊大火。战斗打了两个小时，赵子明和战友们击毙了日军指挥官渡边，侥幸活下来的伪警察举手投降。

1942年，延庆抗日斗争进入最困难时期。由于游击队与上级失去了联系，赵子明只好悄悄回到了村里，对外化名为赵三。此时，延庆川区的日军到处抓捕八路军，一些抗日人士被捕后壮烈牺牲。家里人为了保护赵子明，四处托人说情，把他安排到延庆县城里日伪警察队队长池静家里听差。赵子明本想逃走，可是又怕引起怀疑，就假装留了下来。当然，最危险的地方也是最安全的。

赵子明有当勤务兵的经历，很快就取得了池静的信任，他也因此摸透了池静的出行规律。1942年的一天，池静穿戴整齐外出了。赵子明一看逃跑的机会来了，就迅速从墙上拿下盒子枪和望远镜藏在衣服里面，骑上池静的自行车跑了出去。该走哪个城门呢？赵子明多了一个心眼。靳家堡在城北，池静发现他跑了肯定会往北追，于是赵子明决定走南门。

没想到，赵子明刚到南门，就被守门的伪警察发现了。他非常镇定，大喊一句：“我要出城办事！”守门的伪警察居然放行了。

离开县城后，赵子明怕被敌人发现，不敢走大路，只好扔了自行车，选择田间小路直奔北山而去。山路崎岖不好走，他也不知道摔了多少跟头，渴了喝点山泉水，衣服划破了，后背也划出了血，他都全然不顾。第二天凌晨，赵子明终于找到了驻扎在北山上的八路军队伍。

入朝作战　遭遇细菌战

1945年，17岁的赵子明迎来了人生的三喜临门。那一年，日本投降了，赵子明还被组织批准入了党，并被部队送到人民大学的前身——华北联合大学学习。农家娃终于有机会进校园了！

上学期间，解放战争爆发了。赵子明提前毕业后，被分配到晋察冀军区敌工部，负责审查改造训练俘虏，同时向敌军秘密派遣情报人员，并做好战场上的宣传工作。解放战争后期和新中国成立初期，赵子明负责审讯改造俘虏，工作异常复杂繁重，积劳成疾，终于病倒住进了医院。

入院不久，抗美援朝战争爆发了。当听说很多战友都去了前线后，还在住院的赵子明再也待不住了。他找到医院领导，坚决要求出院。医院领导说他身体没好利索，不能出院。赵子明的倔脾气又上来了，拔掉针头就去找部队。医院领导无奈，只好批准他出院归队。1951年6月19日傍晚，赵子明随67军政治部入朝作战。

在朝鲜，赵子明奉命带领英文翻译和朝鲜联络员开展工作。英文翻译来自上海，朝鲜联络员都是延边的朝鲜族同胞，一共15人。大家虽然热情很高，但对部队的情况却十分陌生，需要协调和指挥。而赵子明结合实际积极协调，很快将大家团结成一个高效战斗的集体。

1952年初夏的一天，上午9时左右，赵子明和干事赵旭光正在一孔半窑洞式的房内工作，忽然听到敌机的轰鸣声。赵子明等人还没来得及进入防空洞，敌机已经飞临上空，并投下了大量炸弹，正好落在房前。赵子明正等待惊天动地的爆炸，却久久无声。稍后，赵子明便发现房前的松树上、堡坎上趴着许多苍蝇，一动不动，过了好一阵子才能飞起来。

赵子明赶紧把这一情况向上级报告，后来得知苍蝇是美军投掷的细菌弹带来的。于是，团部和一、二营驻地随即被划为禁区，实施隔离。由于防治及时、处置得当，部队当时并没有遭到大的损失。但细菌感染有一定的潜伏期，其危害非常严重。

“我们的老军长、老红军李湘感染了敌人播撒的细菌，患了白血病，付出了生命的代价，才38岁呀，他的名字列在志愿军烈士名录册第一位。”说起美军发动细菌战这段往事的时候，赵子明久久不能平静。

赵子明所在的67军在抗美援朝战争中取得了辉煌战果：在历时两年多的抗美援朝战争中，共进行大、小战斗1858次，歼敌87847人，击落

（伤）敌机509架，击毁（伤）坦克143辆，为赢得抗美援朝战争胜利、保卫世界和平做出了突出贡献。

战地浪漫曲　军旅一生情

1953年7月27日，《朝鲜停战协定》签订，一切敌对行动停止。朝鲜停战后，在团首长及师组织科的撮合下，赵子明与师司令部的文化教员潘景湘相识。潘景湘了解到赵子明12岁就参加了革命，是位了不起的人物，于是和赵子明确定了恋爱关系。经师政治部正式报告军政治部，由主任张宗胜将军签署批准，二人于1954年6月15日在异国战地结婚。

战地上的婚礼，没有媒妁之言，没有父母之命，战友们就是家人和亲友。从野地里拔来两把野花，再弄来一个新脸盆和几块糖，战友们一起哄，就算举行婚礼了。1954年9月30日，已经在朝鲜战场上3年零4个月的赵子明携夫人胜利回国。

1958年，赵子明到中国人民解放军政治学院（国防大学前身）学习，毕业后留校工作。

1969年国庆节、1970年国庆节、1971年劳动节，赵子明3次登上天安门观礼台参加庆祝活动。

1972年，赵子明到四川省军区宜宾军分区工作，任政治部主任。1982年，赵子明离休到重庆警备区干休所，2009年入选重庆市委组织部编写的《重庆群英谱》一书，并被授予“时代楷模”荣誉称号。2011年，赵子明拖着病体，回了一次延庆，一来看亲人，二来为家乡教育做些贡献，为原来的靳家堡学校捐书捐款。

离休后的赵子明，每天读书写作打门球，日子过得忙碌而充实。他先后撰写回忆录《往事回想——一个小八路的故事》和《往事续想——一个老兵的故事》，给后人留下了珍贵的历史资料。

重庆距离延庆近2000千米，小兵张嘎式的故事在延庆很少有人知晓。然而，在山城重庆的一处民居里，就有一位满头白发的老人，通过网络时刻关心着延庆——他的家乡。

2021年5月18日，赵子明委托朋友将他的回忆录《往事续想——一个老兵的故事》捐给延庆区档案馆，表达了一个游子无尽的乡愁和拳拳的赤子之心。

（许 静）

冯得永，1930年出生于延庆镇自由街。1945年9月，参加儿童团任团长。1947年，加入华北野战军，先后参加过保北战役、绥远战役、太原战役和平津战役。1951年7月，随军入朝作战，任68军军部作战参谋，参加过文登里阻击战、鱼隐山防御战、金城反击战等战役。1954年回国后，先在北京军事测绘学院学习，4年后调到青岛警备区工作直到离休。2020年逝世。

冯得永

忠孝两全　淡泊名利
——记青岛警备区副师级干部冯得永

1953年7月，在朝鲜金城川一条被敌人炮火封锁的山谷中，一名年轻的志愿军军官正骑着一匹黑色烈马飞速奔驰。炸弹不时在马的周围爆炸，马匹受惊嘶鸣狂奔，一次次把军官摔下。军官就是不肯放松缰绳，摔下后，再次飞身上马。终于，军官克服重重困难，用一个多小时的时间，艰难地通过山谷，把作战命令送到了师部。这名军官叫冯得永。

战火洗礼　机智勇敢

1930年，冯得永出生于延庆镇自由街。他亲眼见过日寇的凶残，从小就痛恨日军，渴望民族解放。抗日战争胜利后的1945年9月，冯得永加入儿童团，并被推选为儿童团团长。在随后召开的延庆县庆祝抗日战争胜利大会上，冯得永带领数百名儿童团员上街游行，高呼口号，庆祝抗战胜利。那一刻的热血沸腾，在冯得永的心中埋下了家国天下的壮志情怀。

1947年1月，刚刚17岁的冯得永光荣地加入了中国共产党。同年8月，他报名参军，成为华北野战军第六纵队的一名战士。冯得永入伍后接受的第一个任务就是和战友一起，把一批文件、图书从察哈尔军区所在地涞源县李各庄村送到50千米外的晋察冀军区所在地阜平县，再领回新文件和图书。一身便衣，腰里插着两枚手榴弹，冯得永就这样出发了。一路上，冯得永路过不少敌我交界的危险区，来回100多千米的蜿蜒山路，共用了二十来天，顺利地完成了任务。

此后，他跟着部队转战华北，先后参加过保北战役、绥远战役、太原战役和平津战役，历经战火的考验。

战争让冯得永迅速成长为一名勇敢机智的战士。1951年7月，冯得永所在的志愿军68军开赴朝鲜战场。冯得永任军部作战参谋，先后参加过文登里阻击战、鱼隐山防御战、金城反击战等惨烈的战役。文章开头的一幕，就发生在金城反击战中。当时，军部所在地受到敌机的连续扫射轰炸，军部与某师指挥所失去通信联络，作战命令无法及时下达。

冯得永主动请缨，骑马穿过敌人封锁的30多里的崎岖山路，前往师部传达命令。让人难以想象的是，冯得永此前根本不会骑马。但是，为了战斗胜利，他凭着心中坚定的信念，成功地完成了任务。由于部署及时得当，全军上下密切协同、奋勇杀敌，取得了金城反击战的全面胜利。这场战役成功打击了敌人，将他们逼回到谈判桌前。而这场战役中的一个经典之作——“奇袭白虎团”，至今仍为国人津津乐道。

冯得永对党和军队忠心耿耿。他总是坚决服从命令、忠于职守，哪怕受到误会和委屈，也坦然自处，绝不因此耽误工作。1952年夏季反击战前，上级给部队补充兵员，军部拟定了分配给各师的兵员数目，具体工作由冯得永负责。深夜，为避免敌机轰炸，火车一到站，冯得永就逐个把车厢的新兵麻利地交给各师前来接兵的指挥员，并让他们迅速把新兵带离火车站。可是这样做却无形中得罪了补训团团长和政委。他们到军部告状说：“新兵下了车，我们还没见面讲话告别，就都直接分走了，一个参谋眼里还有没有团级领导？”军部为此批评冯得永“无组织，目无领导”。一个星期后，志愿军总部发了一个通报说，这次补充新兵大都遭受了敌军空袭，损失人员不等，唯独68军因为分配疏散迅速而没有任何伤亡。冯得永没受任何表扬，挨批评的事也不了了之。然而，冯得永对此类受委屈的事却从不计较，总是以大局为重，不计较个人恩怨，依然尊重领导、团结同志、认真工作，因此得到官兵的尊重。

孝顺父母　尽心竭力

1948年初冬的一天中午，冯得永回家探亲。推开大门的一刹那，老母亲激动得连碗都掉在了地上。当时，冯得永所在的部队正围困北平，在德胜门一带驻防，因此他才有机会临时请假，匆忙回家探亲。这天晚上，冯得永执意给二老洗了脚，和他们躺在一个炕上聊了半夜。冯得永用手摸着母亲因思念他而哭成一条缝的眼睛，眼泪也止不住地往下掉。母亲拉着他的手，哭着说：“三儿，娘一直以为你回不来了。这次回来，可别再走了！”冯得永含着泪微笑着说：“娘，北平战事正紧，还没解放，老蒋还没彻底打倒！今儿回来看看您，明天一大早，我就得返回部队！”临行前，冯得永把自己微薄的津贴全部交给了父亲。后来，家里用其中一部分钱买了一辆天津产的加重钢管自行车，农忙时往地里送粪，平时拉运东西，用了近20年。

20世纪70年代，冯得永的父母重病在身，他每两个月就往家里寄一次钱，差不多是他工资的一半。由于工作繁忙，其间他只回家住了一晚，第二天一大早就返回了部队，而这一去又是将近5年没回家。后来，冯得永的母亲病重瘫痪在炕上，只要冯得永有时间探家，一定亲自给母亲翻身、擦背、剪指甲，端屎端尿地伺候。

冯得永孝顺父母，也关心兄弟，爱护家里的孩子们。1954年年底，冯得永从朝鲜战场回家，被保送到北京军事测绘学院学习，这让他得以时常回家看望。每次回家后，冯得永总是天不亮就起床打扫整个院落、驴棚、猪圈和厕所。家里哥哥起大早做豆腐，他就帮着烧大锅做杂活。星期日，他就把家里的侄子侄女全叫到他的住处，带着六七个小孩子唱歌做游戏，给他们补习文化知识，给他们讲红军长征、抗日战争、解放战争、抗美援朝，还讲刘胡兰、董存瑞、黄继光等革命英雄的故事。孩子们听得津津有味，也在潜移默化中受到了爱国主义教育。

冯得永每次探家，都要抽空去看望街村干部，到贫下中农邻居家串门聊天，帮助一些儿童团时的发小解决生活中的实际困难。

淡泊名利　不计得失

1955年，部队实行军衔制，冯得永被授予大尉军衔副营级。有人替冯得永抱不平：“一起参军、一起赴朝的不少人都提到了少校、中校，你太亏了！”冯得永淡定地说：“想想那些或牺牲，或流血残废的战友，咱还能享受新中国安定幸福的生活，部队给我的信任、培养、荣誉和待遇已经很高了，我没啥可计较的！”

1970年，冯得永调到青岛警备区工作，历任科长、股长、处长等多项职务。工作中，他忠于职守，出色地完成了数不清的测量测绘、治安交通、防火防盗及各方来访接待等平凡而烦琐的工作。1983年，冯得永离休，享受副师级待遇。而此时，他的不少战友和老部下都升为正师级、副军级或军级。

1993年夏天，他突患心梗，经医院抢救转危为安。出院结账时，院方称输液时注射了两支进口的溶栓药，属于自费药物，共7000多元。院方建议，以冯得永的资格找部队领导特批一下，是可以报销的，但冯得永坚持将该自费的药费全款交齐。

冯得永的父母去世后，留下了县城西街路南一处老房产。20世纪70年代初县城扩宽街道，这处老房子被拆除，政府在北城墙墙基上盖了两处小院作为补偿，冯得永兄弟俩各继承一处。但冯得永执意不要，他愧疚地说：“为父母养老送终，我都没能守在二老身边，没尽孝道。侄子侄女姊妹多，留给他们好了。”就连后来侄子执意转给他的一处小院，他也以极低的价格转卖给了侄女。冯得永常说：“我现在这条件，虽说不上多好，但比很多人已经好多了。人家有钱的，是按政策勤劳致富，这是社会的进步，我根本不会攀比羡慕！”

经历了战争风雨，冯得永老人淡泊名利，知足常乐。2020年清明节，91岁的冯得永逝世，逝世时仍居住在二三十年前部队分给他的68平方米的老房子里。

（冯锋）

李明，1909年出生于旧县镇白草洼村。1939年，参加游击队，担任抗日民兵小队长。1944年，加入中国共产党。1950年，获得“全国战斗英雄”称号。李明分别于1950年、1960年两次参加全国民兵大会，被授予一支手枪和一支自动步枪。

李明

威震敌胆的爆炸英雄
——记全国民兵战斗英雄李明

民兵都是英雄汉
不怕艰苦不怕难
打日本，保家乡
地雷是咱好伙伴
拿起铁锤拿起钻呀
山崖石壁把药填呀
满山摆成地雷阵
炸得那鬼子飞上天
炸得那鬼子飞上天
……

上面这首歌，很多人都知道这是著名抗战电影《地雷战》的插曲，也知道故事说的是山东的抗战故事。但是，在长城脚下的海陀山麓白草洼村也有着这样的抗战故事。只不过这个民兵队长不叫赵虎，而叫李明。

参加游击队　地雷显神威

1940年夏天，日军为了切断延庆大海陀山区南碾沟平北军分区八路军与延庆川区人民的联系，先后在旧县镇白草洼村北太安山山梁上修了4个炮楼，并驻扎很多兵力，严密监视八路军和游击队的行动。在修建炮楼的过程中，日伪军还强迫村民为他们送水、送粮、送菜。村民们对他们恨之入骨，但又想不出对付他们的好办法。

1940年年底的一个晚上，党组织派六区区委书记田梦熊伪装成农民，赶着一头小毛驴，驮着三颗地雷，秘密来到白草洼村，向李明的抗日民兵小队传授地雷制作和使用方法。

一天，李明听说驻守永宁城的日军中队长松田要到白草洼村炮楼视察。这天夜里，李明就带领民兵偷偷地把地雷埋在日军去炮楼必经的山路上。第二天，3颗地雷当场爆炸，炸死了七八个日军，其中包括松田的副官。初战告捷，李明和民兵们欢欣鼓舞。

看到地雷的威力之后，李明开始带领民兵按照田梦熊传授的技术，自己动手做地雷。他们用瓶子、坛子做壳，制作出瓶子雷、坛子雷，还就地取材进行创造，制作出石头雷、踏板雷、子母雷等。

后来，李明带领民兵们用自制的地雷又炸死了不少日军。他还配合昌延联合县大区书记姜国亭，利用地雷阵和心理战围困白草洼村附近的敌人据点，让敌人不敢离开据点半步。在饥寒交迫的情况下，60多名伪警察被迫投降。

两次地雷阵　痛击日伪军

日军中队长松田听说李明和他的民兵小队的故事后，扬言要血洗白草洼村，对村民进行报复。

1942年9月的一天，松田带着200多个日军和伪军从永宁出发，经香营、旧县，直奔白草洼村而来。李明得到消息后，先带领群众转移，然后大摆地雷阵，在通往村子的各个路口和每家每户的院子里、门口处都埋上地雷，准备用“铁西瓜”好好“欢迎”日军。

日军的人马刚走到村口，“轰隆隆，轰隆隆……”一颗颗地雷在村头炸响，炸得日军鬼哭狼嚎，胆战心惊。敌人战战兢兢进村后，硬着头皮去搜民兵和游击队。然而村里到处都埋着地雷，“轰隆隆”的爆炸声此起彼伏。

敌人没搜到一个民兵，反而被炸死不少。松田气急败坏地大喊道：“烧，烧，统统地烧！”一阵阵炙人的烈焰在村子腾空升起，村里170多间房子，不久就变成了一片废墟。

松田指挥日军烧累了，想坐在碾盘上休息。刚一坐下，“轰”的一声巨响，松田坐着“土飞机”回了老家。剩下的日伪军见了，无不胆战心惊，赶忙抬着松田等人的尸体，灰溜溜地滚回了永宁城。

从此，敌人说起白草洼村是又恨又怕。他们说，白草洼村是要命洼，李明是雷阎王。

但是，屡次挨炸的敌人并不甘心失败，他们总是想报复的机会和办法。1944年8月16日，延庆城里集结了92名伪军和276名伪警察。他们准备夜里对白草洼村进行报复性偷袭，妄图一举消灭李明率领的游击队。

敌人的阴谋还没有实施，便被隐藏在延庆城内的地下党组织得知了，并迅速派人将情报送到太安山（这里是地、县、区党政领导办公地），交给了平北八路军第十团团长王亢和政委曾威。王亢和曾威经过商定，决定让李明回到白草洼村，继续用地雷战的方式狠狠教训敌人。

但敌人并不知道我军得到了情报。当天夜里凌晨两点钟，敌人兵分三路，一路出延庆北门，经三里河、米家堡、古城，向北山根进发；第二路出东门，经双营、上郝庄，向古城的界碑石进发；第三路经七里墩、常家营、米粮屯、后河，顺黄土沟逼近，妄想实现对白草洼村的三面合围。

白草洼村位于延庆城东北13千米处。两个多小时后，敌人很快靠近了白草洼村。当时，天还没亮，到处是黑洞洞的，村内一片寂静。敌人见没有受到阻击，进攻很顺利，便得意忘形地进了村子。进村后，有的贴近矮墙，有的偷偷地摸上门槛，有的蹬梯准备翻墙入户，各自都怀着一份不可告人的贪婪欲望，眼看着一场烧、杀、抢的罪恶就要发生了。

就在这时，只听“轰轰”两声巨响，顿时弹片横飞，火光冲天。刚刚还得意忘形的敌人瞬间被炸得血肉横飞，鬼哭狼嚎。敌人知道地雷的厉害，顿时惊慌失措，狼狈逃窜。就在他们刚刚跑到村边时，大小路上的地雷接着也开了花。爆炸声此起彼伏，震天撼地，不绝于耳。敌人知道中了埋伏，不敢恋战，滚的滚，爬的爬，躲开路面，沿着地边田埂四处逃命。就在这时，早已提前隐蔽在青纱帐里的游击队打出了排子枪，扔出了手榴弹，直打得敌人胆战心惊，狼奔豕突，只恨爹娘少给了他们两条腿。

正当地雷显神威、手榴弹和排子枪密集响起的时候，转移到山上的乡亲们纷纷走出山洞和土窑，居高临下，遥望如同盛大节日鸣放烟花爆竹的地雷阵，拍手称快。

这次战斗，游击队和老百姓无一伤亡，而敌人却被打死、打伤100多人。其中，击毙日军4人，缴获战马1匹、步枪20余支、子弹千余发，以及其他战利品。此后，敌人很长时间龟缩在延庆城内，不敢轻易出动。

两次受到毛主席接见

解放战争时期，李明的地雷阵继续大显神威，让国民党军队闻风丧胆。

据统计，在抗日战争和解放战争时期，李明带领的游击队和民兵小队大摆地雷阵，多次痛击敌人，先后共炸死敌人118人。

李明大摆地雷阵的事迹传遍了平北地区和晋察冀边区。1949年，李明被察哈尔省记特等功1次。1950年8月，李明出席察哈尔省英雄模范代表大会，被省委、省军区授予“劳动模范”“爆炸英雄”称号。1950年9月23日，李明出席全国战斗英雄代表会议，获“全国民兵战斗英雄”称号，受到毛泽东主席和周恩来总理接见，并奖给其一支驳壳枪。1960年，李明作为特邀代表出席了北京市第一届民兵代表会议和全国民兵代表会议，又一次受到毛泽东主席接见。会议奖给他一支新式半自动步枪。

两次受到毛主席接见，在延庆县绝无仅有。

在社会主义革命和建设时期，他仍保持战争年代的革命干劲，为家乡的建设做出了突出贡献。1952年11月13日，他带头成立延庆县第一个初级农业生产合作社——五区米粮屯乡白草洼村李明农业生产合作社。

1982年8月24日，李明病逝，享年73岁。1986年6月，中共旧县乡党委、乡政府在白草洼村东南为李明竖立纪念碑。正面碑铭是“英雄业迹万古流芳”，背面的碑文镌刻着李明的英雄业绩。

该纪念碑为县级革命文物保护单位，建成后每年都有单位和个人前来祭拜扫墓。

（郭东亮）

社会主义建设的楷模

贺璋，1925年出生于张山营镇小河屯村。1945年参军，当过公安干部，先后任河北省崇礼县（今张家口市崇礼区）、怀来县县委书记，为两县经济发展做出了突出贡献。1983年离休后定居延庆。

贺璋

绿化崇礼泽后世　发展怀来留美名
——记寒窑洞里走出的县委书记贺璋

寒冬黑夜抓汉奸　深山养伤渡难关

1925年，贺璋出生在延庆县张山营镇小河屯村的贫苦农家。家中有兄妹4人，他排行老大。八九岁的时候，贺璋就跟着父亲贺占元干农活、赶大车、搬麻袋，挣点零花钱贴补家用。

1945年，贺璋跟着三叔给村里地主毛老四家当长工。4月里的一天，他从地里干活回来，听说村里来了共产党，延庆快解放了，共产党的部队前来招兵。

当时，贺璋刚从地里干完农活回家，听说能参军，长期忍受日伪军欺负的他毫不犹豫地报了名。考虑到保密要求和家人安全，贺璋报名后没敢回家，直接从村口就跟着队伍走了。昌（平）延（庆）联合县公安科科长张俊英看贺璋长得人高马大，就直接把他留在了公安科，负责保护县政府和县农会的安全。

当时，延庆川区村子存有两面政权、亲敌政权和敌人政权。一些汉奸欺压百姓，为日军办坏事。那时候，共产党的队伍缺衣少食，大冬天只穿一条单裤。寒冬深夜，有时温度降到零下20多摄氏度，贺璋和同志们到山上去站岗，冻得浑身发抖。但是，越是这样滴水成冰、月黑风高的夜里，汉奸们越觉得安全，因而这也是抓捕他们的好时机。一想到能够将汉奸抓回来审讯，贺璋瞬间便觉得浑身热了起来。

1946年10月，按照上级的部署，延庆县政府撤到大庄科山区。贺璋跟随警卫队进了山，从此与家人中断了联系。国民党军队进驻延庆后，阻断了川区群众对山区的粮食供给。山区缺衣少食，开展工作异常困难。饥寒交迫加上紧张的战斗和工作，贺璋病倒了。1947年，他满身生了疥疮，被安排到大庄科乡东山岔村一户王姓老两口家里养病。老两口是抗日堡垒户，宁可自己吃树叶，也要给贺璋弄些小米稀粥。因为敌人的严密封锁，当时最难找的就是药品。实在没办法，贺璋只好打开一个手榴弹，抠出里边的硫黄抹在伤口上。毒疮破皮后，黄色脓水流了一大片。

在王姓老两口的精心照顾下，3个月后，贺璋痊愈了。随后，他跟随部队参加了解放延庆县城的战斗，之后在康庄永宁地区从事治安工作。

绿化崇礼结硕果　吃水不忘挖井人

1950年，贺璋被派到崇礼县公安局工作。在这里，由于工作能力出色，贺璋从一名普通警察一步步升迁到县委书记。

对当时的崇礼人民来说，最重要也是最艰巨的任务就是植树造林。

解放初期的崇礼县，用“穷山恶水”来形容，再恰当不过。坝上地区除了农业，就只有畜牧业了。牛羊一年四季啃草皮，使得当地的生态环境严重恶化。荒山荒坡荒滩，一眼望不到边。冬春时节，西北风呼啸而过，黄沙漫天，天地之间一片混沌，行人不敢睁眼。夏秋时节，暴雨来了更危险。崇礼县海拔高、地势陡，东西是山，南北是川，由于缺乏绿化植被，暴雨之后，洪水顺坡而下，发生泥石流是常有的事情。人民群众的生命财产面临着严重的威胁。

人命关天，灾情就是命令，灾区就是战场。每逢有泥石流灾害发生，贺璋就会带人在第一时间赶到事故现场，指导抢险救灾，恢复生产。有一次，司机一时大意，贺璋的吉普车陷在了泥坑里。老百姓听说后，纷纷从附近跑来，硬是把吉普车从泥坑里抬了出来。大家都知道，崇礼县就这一辆汽车，肯定是贺书记坐车来了。老百姓抬车的举动让贺璋感动，也让他羞愧：什么时候才能把路修好呢？什么时候才能阻止泥石流发生呢？

痛定思痛，贺璋决定花大力气，让全县人人参与，绿化荒山，植树造林，改变崇礼的生活生产环境。一开始，老百姓对这项工程并不认可。他们认为历史上崇礼就这样，何必费力气搞绿化？再说了，绿化有什么用？于是，他们偷偷把草籽、树种扔了，或是偷偷挖坑埋了。

对于这种情况，贺璋没有急躁，而是换了一种思路继续绿化。贺璋利用大公社的优势，像组织战斗一样，组织大兵团上山植树，明确种管护责任。几年后，荒滩荒山荒坡逐渐绿了起来。乡亲们看到变化后，也纷纷自愿加入到植树造林的队伍中来。

原崇礼县粮食局局长王忠介绍说，那时候植树造林是一项重大工程，现在崇礼区60%的树林都是人工林。松树、桦树生长速度慢，碗口粗的树木几乎都是那个时候种下的。北京—张家口冬奥会申办成功之后，来崇礼观光旅游的人络绎不绝。其中崇礼上百千米的“草原天路”更是让游人流连忘返，赞不绝口。王忠感叹：“现在崇礼举办冬奥会，如果是穷山恶水、荒山秃岭，哪里会有这么多游人，又怎么能举办冬奥会呢？这跟贺书记他们那一代人的贡献密不可分。吃水不忘挖井人，我们崇礼人永远感谢贺书记。”

“农民火车”进京津　葡萄产业富怀来

贺璋平易近人，没有一点架子，时常和农民同吃同住同劳动。走在大街上，如果没人介绍，人们分不清谁是县委书记，谁是老百姓。崇礼区前窑沟村民王永贵回忆说：“人家贺书记对农民可好了，见到我们都先上来和我们打招呼。他吃的穿的跟我们都一样，就有一样不一样，他说话一口延庆味儿，哈哈哈……”

“文化大革命”期间，贺璋受到不公正待遇。有一次，造反派召开万人大会批斗贺璋。当看到贺璋被推搡着押到台上时，台下的群众不干了，纷纷冲上台去。关键时刻，老天下起了大暴雨，冲散了这场冲突。多年以后，说起这件事，贺璋总是说：“多亏了那场大暴雨，双方要是打起来，我就真的对不起党，对不起人民了。崇礼人民对我太好了，到什么时候，都要相信群众，干什么事情都得依靠群众，我们干工作也是为了群众。”

“文化大革命”后期，崇礼县的社会秩序逐渐好转，干部群众齐努力，各项事业都开展起来。这个时候，紧邻延庆的怀来县发展滞后，组织上把改变怀来落后面貌的重任交给了贺璋。1976年正月初六，贺璋去怀来县上任，职务还是县委书记。

怀来县是一个半农半商的地区，很多农户种植果树，靠贩卖水果补贴家用。当时有句顺口溜：“西边买，东边卖，一天挣个十来块。”说的是怀来农民把水果卖到延庆，一天的收入很可观。可当时受计划经济的影响，怀来县的种植结构单一，只鼓励农民种玉米、种水稻，果林产业的种植规模受到了严格限制，农民并没有真正发家致富。

改革开放初期，怀来的发展迎来了春天。贺璋了解到北京、天津搞建设急需沙石料，怀来虽然有大量沙石料，但是用汽车跑运输的费用太高。怎么办呢？贺璋打起了京张铁路的主意。

怀来县人大常委会原主任闫润回忆说，贺璋书记经过调查研究，决定集资开办农民列车。他找到原铁道部，经过协商，这事居然成了。怀来方面出人出料做火车皮，铁道部负责派车头，并安排运行。就这样，怀来的沙石料源源不断地运往北京、天津。《人民日报》率先在全国报道了这条新闻——《怀来县开出了全国第一辆农民火车》。“怀来要想富，就走这个路。这是铁杆庄稼，风吹不了它，雹子打不了它。火车一响，黄金万两！”多少年后，说起农民列车，贺璋的喜悦之情溢于言表。

与此同时，贺璋指导怀来县大力发展葡萄种植业。凡是种植葡萄的农户，都可以享受政府一定的资金补贴，几年间，怀来县的葡萄种植面积就达到了4万亩。因品质卓越，怀来葡萄还被摆到了中南海的国宴上。

怀来县人大常委会原主任王建军说：“2014年，延庆联合怀来筹办世界葡萄大会，为什么能有今天的这个大会，怀来葡萄产业能有今天的规模，我个人认为跟贺璋书记当时奠定葡萄产业的基础，是有很直接的关系的。”

怀来县经济迅速发展，贺璋却积劳成疾病倒了。

那天，贺璋正在东花园下乡，突然两眼发黑，什么也看不见了。同行人员赶紧把他送往医院。经检查，他的眼底视网膜严重出血，右眼已经失去了视力，左眼只能恢复部分视力。

王建军说：“当时我跟他一起去的医院，他就是累的，那时候他经常加班熬夜，干工作比我们年轻人还卖力气。”

1983年，贺璋提前从怀来县办理了离休手续。组织上安排他到张家口市养老，可他在外工作多年，觉得亏欠家人太多了，就回到了老家延庆。

新婚洞房老窑洞　延崇两地见真情

贺璋的老伴儿路生莲的娘家在崇礼，老两口是1951年结婚的。当时贺璋还是一名警察，婚房是租的后窑沟村老乡家的一间半窑洞。如今，这处旧窑洞已经没人住了，但是门窗还在。

贺璋的二弟贺璟16岁那年，步行两天，到崇礼投奔贺璋。当时贺璋的工资只有30块钱，每月要拿出6块钱供弟弟上学。

“我现在也能拿到退休金养老，这都是我哥哥的功劳。我哥哥勒紧裤腰带供我上学，没有我哥哥就没有我。现在我哥哥想吃胡麻味儿的月饼，我每年都送回延庆去。”从崇礼县邮电局退休多年的贺璟每每提到大哥贺璋，都充满了无限感激。

贺璋在外工作期间，每年过年才回延庆老家团聚一次。爱人路生莲非常贤惠，家中的一切琐事都由她操持。公婆都是由她伺候，最后以高寿送走的。公婆去世不久，路生莲却病倒在了床上。爱人生病20年来，贺璋哪里也没敢去，每天就守候在老伴儿身旁，一直到老伴儿去世，因为他觉得相濡以沫的爱人太不容易了。

崇礼区后窑沟村张凤英老人回忆起贺璋时，言语中有无限感慨：“崇礼人听说您身体不好了，都挺关心您的，贺书记您要保重身体，崇礼人民现在过得都挺好，您就放心吧。”

（郭东亮）

许丛林

许丛林，1931年出生于康庄镇一街。18岁时参加工作，曾任延庆四区组织干事，后任靳家堡乡党委书记和大榆树公社书记。1970年任延庆县白河引水工程常驻副总指挥（总指挥由县长兼任）、党委书记。他带领干部职工学习红旗渠精神，愚公移山，用8年时间打通了14里（7090米）隧道，将白河水引入妫川大地。随后，他又带领干部职工修建了9060万立方米的白河堡水库。在白河的14年间，许丛林为延庆的水利事业做出了历史性贡献。1987年5月，许丛林任延庆县人大常委会副主任，1992年6月离休。2019年12月18日逝世。

让白河进入妫川的人

——记白河引水工程指挥部常驻副总指挥许丛林

被打倒停职反省　临危受命赴白河

解放初期，许丛林曾任延庆四区组织干事，后来还担任过靳家堡乡党委书记和大榆树公社书记。无论在哪儿，他都带头搞生产，积极改善人民生活，因此深受群众拥护。“文化大革命”爆发后，造反派闹了起来，他成了被打倒的公社书记。就是在这个时候，许丛林却接到了一个硬任务。

原来，为响应毛泽东主席“农业上以粮为纲，解决全国人民的温饱问题”号召，依照北京市委“发展农业，先修水利”的决定，时任延庆县主要负责人刘明、杨虎决定成立白河引水工程指挥部，学习红旗渠精神将佛爷顶后山的白河水引到前山600平方千米的妫川大地，灌溉几十万亩农田。这是延庆发展历史上仅次于长城修建的人工工程，难度之大，可想而知。

白河引水工程的总指挥由县主要领导兼任，那谁来担任常驻副总指挥呢？年仅39岁的许丛林被党组织选中了。接到调任通知时，许丛林正处于学习反省之中。可他没有丝毫犹豫，就决定“走马上任”了。

在政治风波中几经沉浮，许丛林始终认准这么个理儿：共产党员要听从党的领导，党分配去哪儿就去哪儿；党员干部更要真抓实干，如果不为人民谋福利，不为群众踏踏实实地干点正事，一辈子就白活了！于是，他把5个孩子和老父亲撇给了妻子高淑英，自己夹着一张铺盖卷，就赶到了白河一线。

8年凿山14里　死神几度擦肩过

1970年9月，白河引水工程正式开工。把水从河北引过来，必须先打通14里（7090米）的隧洞，这是整个工程的关键。为了加快工作进度，工程师建议在山坡上打通竖井，在山体内部增加劳动作业面，多个工作面同时施工，最后连成一线。根据实际情况，指挥部最后决定开凿出9个竖井。在当时的技术条件下，干这么大的工程，其间会遇到什么样的情况与艰险，谁都不清楚。许丛林做好了一切心理准备。他顶着巨大的压力，开始带领白河民工啃这块硬骨头。

劈山凿洞，最危险的就是遇到塌方。一天，许丛林刚从工地回到指挥部，还没坐稳，就接到报告说：“七号井塌方了！”许丛林心里“咯噔”一下，二话没说，就奔赴塌方现场。在路上，他一边走一边了解情况。他最关心的就是有无人员伤亡。当得知没有人员伤亡时，他提着的心才放下了一半。“这个洞口要停一停，等不再落石，消停了，再往外清理，跟工程进度相比，人命更重要。千万要注意安全！”看完七号井后，他又到其他洞口去巡视，提醒大家都要安全施工，加强警惕。

自从来到白河，许丛林就天天扎在工地，边干边学，积累了不少经验，摸透了塌方前的一些征兆。正是有了这些经验，他救了很多人的性命。许丛林回忆说：“有一次，我进口一看，咱们劈出来一个平面，就像个顶棚似的。这种平面的情况，看着越没问题的，就越容易出问题。于是，我当场就命令停工，先停两天。结果头一天停工，第二天就塌方了！”

最危险的一次，要数迎接质量检查的那一回。当时，市里派一位姓卢的工程师到白河工地检查工程质量。出于安全考虑，许丛林把自己的安全帽让给了他戴。卢工程师下到竖井底部察看，过了好一阵子，也不见他上来。许丛林非常着急，非要下去看一看才行。没想到刚下到井底，他就赶上了一场塌方。

“只听哗一声响，我赶忙躲开。那个卢工呢，没躲开，一下砸得什么都不知道了。我们把他拉上去以后，赶快送医院，还好没什么大事儿，最后健康出院了。他的安全帽外边是大坑，里头砸个大包。那天要是砸到我啊，尖石头一下子就完了。”许丛林回忆起当年的生死一线间，摸了摸自己的脑袋，打开折扇，哈哈大笑起来。

“白河渠水后山来，一头撞开佛爷崖。”1978年5月，白河输水隧洞胜利贯通，延庆召开万人庆祝大会。市委书记吴德、副书记王宪前来为输水隧洞竣工通水剪彩。在庆功会上，当领导宣布“通水啦”时，人们都欢呼雀跃起来，甚至激动地流出了热泪！

白河引水工程，隧洞全长14里（7090米），整整修了8年。隧洞里，夏天是水，冬天是冰，劳动环境极端艰苦。“吃窝窝头睡凉炕，电线杆下搞对象。”这是那时白河工地生活的生动写照。那时，民工们住宿的帐篷就搭建在河道边、山坡上。作为领头人，许丛林和白河民工一起风餐露宿，共同经历了几次洪水、一场地震、多次塌方。白河民工用自己的双手开创了一个奇迹。他们劈山凿洞，将白河引入了妫川大地。引水渠环绕延庆东、南、北三面半山而建，为几十万亩良田提供了灌溉水源，为延庆的粮食生产打下了良好基础。

白河工地宣传队　鼓舞士气聚人心

风餐露宿傍山村，想起当年老红军。
军民鱼水情谊深，山高水长迎亲人。

为了振奋人心、鼓舞士气，在许丛林的指挥下，白河宣传队成立了。当年，这首《白河赞歌》在很多延庆人的心里，深深地烙上了青春的记忆。

随着工程的不断推进，白河工地上涌现出不少先进事迹，需要及时地宣传出去，以此鼓舞全县各个公社团结协作、支援一线。许丛林给宣传队提出了一个要求：节目必须结合白河民工的生产生活创作演出。宣传队不但要下井眼给民工鼓劲，还要定期下乡去巡演，把工地上发生的大事小情，通过快板、河北梆子、大鼓书等群众喜闻乐见的文艺形式展示出来，以此凝聚人心、鼓舞斗志。很快，全县上下统一了思想，各公社都源源不断地从村里抽调年轻劳动力。一批又一批的青年人组建成民兵连，奔赴白河工地参与建设。

白河宣传队队员王金霞曾经是香营乡的一名人民教师，现在虽已退休，可回忆起当年跟着宣传队一起下乡巡演，仍然激动万分：“记得我第一次巡演去的是马匹营。那天大雪飘飘，可村里的观众非常多，所以我们就必须照常演出。台子下面的人就那么站着看，有的打着伞，有的就顶着雪，一直看到我们演完。我们回来的时候，坐车走在山路上，全体队员还在车上唱着《白河赞歌》，就那么大声唱。已经是晚上了，我记得那歌声回荡在白河水库的山谷里，回声特别的雄壮。那时候就是一种精神，好像是一种战斗似的！”

4000万元修水库　驻扎工地又6年

许丛林在白河工地的8年间，父亲变老了，5个孩子也都长大成人了，家里家外所有的大小事务一直都是妻子一个人扛着。眼看自己也是“奔五”的人了，头发熬白了不少，许丛林琢磨着：“引水隧道凿通了，自己是不是也该挪挪窝，多照顾照顾这个家了呢？”

正当他思想上发生动摇的时候，老领导刘明一句语重心长的话点醒了他：“你要是不干，这是半拉子工程，你给谁去？谁弄？你再叫上马，没法干了啊！所以说啊，你既然已经遭罪了，就必须修好！”听完这句话，许丛林也反复做了思想斗争：一头是国，一头是家，共产党的干部就要造福于民，一心为公，隧洞那么艰难的工程都搞下来了，再修个水库又有何难？就这样，许丛林决定留在白河，继续修水库。

修水库是大好事，可延庆没资金，北京市资金也不足。如何再从水电部协调出资金修水库呢？当时的市委第二书记、北京市市长焦若愚想出了一个好办法：让水电部部长亲自来延庆白河工地看一看实际情况，把修建水库的必要性跟领导汇报汇报，也许行得通。这汇报的任务，自然落在了许丛林的肩上。许丛林结合地形和形势，从实际出发，分析了白河堡水库的4项功能：第一是能向官厅水库输水；第二是能向十三陵水库送水；第三是还能向密云送水；第四是还可以解决延庆当地的农业用水问题。这是“一举四得”的惠民工程。许丛林这么一汇报，当时的水电部部长点了点头，现场就拍板说：“得嘞，通过！4000万，中央给你们拿了。”

就这样，许丛林又在白河工地坚守了6年。整个白河水利工程，先后历时14年，只用了国家8000多万元。延庆人民发扬艰苦奋斗、自力更生、勤俭节约办一切事业的革命精神，没浪费国家半分钱。1982年，按照改革开放政策，工程可以大包干。工程款有了结余，可以当作奖励分给大家。当时一共结余了10多万块钱，可是大家一个子儿也没分，都投入到国家的事业中去，买地盖了房。现在前山的白河堡水库管理处，就是那个时候盖下的。

1983年7月1日，延庆又召开了万人庆功大会。北京市委书记、市长和国家水电部部长等领导齐聚白河堡水库。白河堡水库通过7090米长的输水隧洞由河北向前山输水，并设有南北干渠、补水渠和3个小型水电站。白河堡水库总库容为9060万立方米，是北京市机械上坝的第一个水库。白河堡水库自1983年建成，到2020年止，已正常运行了近40年，有效地缓解了首都工业和生活用水的紧缺状况，也成了延庆的一道生态风景。

站在白河堡水库的大坝上，抚摸大理石条，许丛林感慨道：“乡党委书记、公社书记、区委委员，我都当过。可是呢，没这个干得实在。这个事儿，受群众的拥护，群众的确也得到了好处。对国家、对北京来说，也有贡献。这是干了一件实事，此生无憾……”

（付冬月）

孟广臣，1932年出生于刘斌堡乡周四沟村。中国作家协会会员，北京市第三届、第四届文联理事，延庆区作家协会名誉主席，参加过第三次、第四次全国文代会。50多年来，经他指导、培养的文学后辈达千余人。他是京郊跋涉最艰难、著述最多、成就最高的作家之一。2017年2月11日在北京逝世。

孟广臣

妫川文学引路人

——记京郊著名作家孟广臣

延庆区档案馆特藏室珍藏着一张毛泽东主席等党和国家领导人同第三次全国文代会代表合影的珍贵照片。这张照片是延庆区著名作家孟广臣老先生捐献出来的，凝聚着他1960年参加第三次全国文代会的珍贵回忆。

中国文学艺术界联合会代表大会是文艺工作者最高级别的大会，也是文艺工作者的梦想和追求。孟广臣参加第三次全国文代会，一直是延庆文艺界的自豪和骄傲。然而在这张令延庆文学界自豪和骄傲的老照片背后，孟广臣又有着怎样不为人知的经历？一个只有小学文化水平的山区小学教师，又是怎样一步步成长为京郊著名作家的呢？

深山写诗　初露锋芒

1932年，孟广臣出生于延庆县刘斌堡乡周四沟村。1947年，当时延庆的红色政权在四海地区成立了游击高小，从全县选拔学生上学。15岁的孟广臣就是被选中的学生之一。1950年孟广臣从游击高小毕业后，被教育部门派到大吉祥村教书，每月工资是100斤小米，自己生火做饭，宿舍就是村里破庙。1955年，县教育部门推荐孟广臣到宣化师范深造。1957年，从宣化师范毕业的孟广臣被派往延庆最偏远的深山区原花盆乡茨儿顶村教书。

1958年，“大跃进”运动开始，这也是孟广臣文学生涯的开始。当时搞诗歌运动，上面派任务，每人每天必须写多少首诗，他就是那时“跃”出来的诗人。孟广臣后来回忆说：“那时所谓的‘诗’，其实就是顺口溜。我因为有点文化底子，编得比其他人好些。后来，我把一些感觉比较好的诗歌寄给延庆文化馆，没过多久就发表了。虽然是油印刊物，但我也很高兴。”

随后，孟广臣抱着试试看的心态，给《北京文艺》(《北京文学》的前身)寄去了一大摞诗歌，却没有留下名字。编辑辗转与他取得了联系，说他的诗歌已经刊发，这使他大受鼓舞。此后，孟广臣的诗开始走出延庆，北京的《农民报》，河北的文学刊物《蜜蜂》《俱乐部》也陆续刊发了他的诗歌。

有人说，孟广臣是“大跃进”“跃”出来的诗人，这并不为过。那个年代，孟广臣在京郊文学界就大有名气了。

两次参加全国文代会

茨儿顶村是延庆县最边远、海拔最高、生活条件最艰苦的小山村。孟广臣文学创作初露锋芒之后，虽然精神充实，但是身体却逐渐扛不住了。“大跃进”后，国家进入三年困难时期。最困难的时候，学校食堂一点粮食都没有，棒胎子（玉米芯）面放在碗里都散了，所谓的菜就是弄点盐水蘸一蘸。

1960年，孟广臣病倒了，高烧38.9摄氏度，持续了七八天。但他躺在炕上还坚持给学生补课，后来发烧到40摄氏度都说胡话了，补课才作罢。

家人不在身边，山上缺医少药，村干部请来山下的“赤脚医生”给他看病。医生看过之后，啥药也没给开，临走的时候，留下一句话：“另请高明吧。”学生们慌了神，村干部急得团团转。最后，还是花盆小学的老校长给出了一个土偏方，用一种叫“醋不溜”的灌木根熬水喝。没想到，孟广臣的高烧居然退了。大家终于松了一口气，孟广臣的命捡回来了。

“大难必死，必有后福。”孟广臣醒来不久，收到了一封邮件，打开一看，连他自己都不敢相信，居然是第三次全国文代会的邀请函。

第三次全国文代会于1960年7月22日至8月13日在北京召开。由于路途崎岖遥远，等到孟广臣接到通知的时候，文代会已经召开了。

孟广臣安顿好学生，拖着病体火急火燎地赶往开会地点。在那个交通基本靠走的年代，孟广臣走了一天，先回老家周四沟村住了一晚。当他一进门，爱人国秀云差点没认出他来。只见他拄着一根拐杖，头发凌乱，面黄肌瘦，怎么看都不像是一位人民教师。那一刻，国秀云失声痛哭。

第二天凌晨，孟广臣紧急赶往40多千米之外的康庄火车站。由于坐的是马车，他紧赶慢赶还是误了车次，只好又在同事老家借宿了一晚。第三天早晨，孟广臣终于坐上了火车。3个多小时之后，他到了北京北站。那时延庆有一句歇后语：“傻小子进北京——两眼发直。”孟广臣也是平生第一次闯进北京城，一出北京北站立刻慌了神：开会的地点在哪儿呢？问警察，问行人，等他找到开会地点，已经是中午了。

门卫把孟广臣拦住，上下打量，感觉他怎么也不像是文代会的与会代表。当他拿出文代会的邀请函后，门卫才放行。工作人员赶紧给他安排了食宿，并告诉他一个天大的好消息，下午毛主席要接见与会代表，孟广臣幸运地赶上了这趟末班车。

下午，毛主席等党和国家领导人接见大家，并合影留念。当毛主席从孟广臣跟前走过时，他竟然激动得一句话都没说出来。这让他自责了很长时间。

参加第三次文代会后，孟广臣文学创作的热情更高了，写作水平也越来越高，并且受到著名作家浩然的赏识。两人成了一生相知的好朋友。

令孟广臣没想到的是，1979年改革开放后的第四次全国文代会再次邀请他作为代表参加。时任中共中央副主席、国务院副总理的邓小平到会祝贺，时任中国文联副主席茅盾致开幕词。孟广臣牢记大会精神，坚持文学作品为四个现代化建设服务，写出了《王来运经商记》《在长城那边》《三个属羊的男人》《阪泉儿女》等带有鲜明时代印记的优秀作品，让延庆的文学创作迈上了一个新的高峰。

赓续延庆文脉

延庆山川毓秀，人杰地灵，历史文化丰富。一山一岁、一乡一村、一草一木，都蕴含着浓郁的文化气息。然而，随着改革开放的步伐和谙熟这些老文化的“故事篓子”的逐渐凋落，这些珍贵的历史文化遗产也逐渐被人遗忘乃至消失。

作为一个有着文化情怀的延庆人，孟广臣看在眼里，急在心上。如果任由这些宝贵的历史文化遗产消失在历史的长河，那将是永远无法弥补的遗憾。

正是抱着这种强烈的历史责任感，孟广臣在进行文学创作的同时，开始花费巨大精力收集延庆口头文学资料。

1985—1991年，孟广臣的足迹踏遍了延庆的每一个角落。他发动业余作者、各乡镇文化干部、各学校老师学生，进行多方面搜集，最后整理编纂了延庆民间故事、歌谣、谚语3套书，共计2000多页100万余字。其中，《延庆民间故事传说》荣获北京民间故事一等奖，被联合国教科文组织誉为“长城工程”，为人类留下了宝贵的财富。

延庆境内的八达岭长城，是万里长城的精华和杰出代表。八达岭至南口的40里居庸关沟，一沟分开太行山和燕山两大山脉。关沟两侧崇山壁立，中间涧溪穿流，奇峰异石遍布，沟坡植被丰茂，河山壮丽，风光优美，自然景点众多。历史上，关沟七十二景声名远播，许多重大历史事件、名人逸事，包括政治、军事、文化、贸易活动均与这里的景物有关。从某种意义上说，关沟也是一条神奇的文化带。

但是，随着八达岭高速公路的修建，这些传说也逐渐淡出了人们的视野。有感于此，孟广臣和文友徐红年先生，不辞辛苦，多次到关沟进行采风，最终收集编写了《八达岭长城传说》故事集。他们的汗水换来了巨大的荣誉——《八达岭长城传说》成功入选国家级非物质文化遗产。

延庆区文化馆原书记孙钊评价说：“这件事，老孟没少受累，给咱们延庆立了大功了。孟广臣，就是孟功臣。”

著名诗人臧克家曾作诗《老黄牛》：“块块荒田水和泥，深翻细作走东西。老牛亦解韶光贵，不待扬鞭自奋蹄。”晚年的孟广臣就是这样一个人。他心脏做过手术，血糖还低，但为了延庆的文化事业，他废寝忘食，夜以继日。

抗日战争时期，延庆是我党平北抗日的主要地区。平北红色第一村，平北抗日第一仗，平北抗日军分区司令部遗址都在延庆境内。但是，随着岁月的流逝，当年的抗日老战士接连辞世，他们的抗战故事也随之成了绝响。

2014年5月，已经82岁的孟广臣，怀着对革命先辈的无比崇拜之情，组织平北抗战史学会深入东部山区，采写《海坨风云》续集。他叮嘱大家："今天，我们尽量要多收集一些，日本总想歪曲侵华历史，我们做的这些事情，就是披露他们的罪行。"

截至抗日战争胜利70周年，平北抗日纪念馆已经出版10集《海坨风云》，共计200多万字，填补了平北抗战书籍资料的空白，充实了平北抗日纪念馆的展览档次和内容。平北抗日纪念馆原馆长高德强说："我们馆已经评上国家级爱国主义教育示范基地，这跟孟广臣先生的努力是分不开的。"

培育文学新生力量

1971年，孟广臣调至延庆区文化馆工作，从事文学辅导工作直至退休。在那个交通不便的年代，他跑遍了延庆的乡村，精心培育刚刚破土的文学幼苗。他关注延庆每一个有文学梦想的年轻人；在通信不发达的年代，他写信"函授"辅导和鼓励他们坚持文学创作。孟广臣成为延庆众多文学爱好者有口皆碑的启蒙老师和引路人。

20世纪70年代，孟广臣到北京人民出版社参与编写报告文学集《坚定的脚步》。当时他住在东兴隆街，结识了很多大作家，并且与他们成为好友。1980年，孟广臣在作家刘绍棠、从维熙的介绍下加入中国作家协会，成为延庆区第一个加入中国作家协会的作家。

也因为这个，浩然、刘绍棠、从维熙、陈建功、林斤澜等知名作家，被他请到延庆简陋的教室进行文学创作讲座时，全都不计报酬。每次这些作家讲课，屋子里总是挤满人，有人还站在窗户外"旁听"。通过孟广臣的牵线搭桥，延庆文学爱好者如饥似渴地汲取着来之不易的文学营养，整体创作水平明显提高。

"新竹高于旧竹枝，全凭老干为扶持。"几十年来，孟广臣不遗余力地培养了延庆老中青三代作家。经他介绍，延庆已经有10多人加入了北京市作家协会，而经他指导走上文学创作道路的作家更是不胜枚举。连禾、周建强、郭强、张义等，都是在他的帮助指导下，走上文学创造的道路，并取得了很大成绩，为延庆文学事业的长足发展做出了积极贡献。

2007年，在首届“感动延庆”十大人物颁奖现场，评选委员会授予他的颁奖词是：延庆文学领路人，京郊文学的一面旗帜。主持人问他此时此刻最想说的一句话是什么，他拿起话筒略有所思：“我虽然老了，但是我还想用我手中这支笔继续为社会、为人民创作，直到生命终止。”孟广臣讲话从来都是慢条斯理，可现场观众仍报以阵阵掌声。

2013年，已经81岁高龄的孟广臣开始写作《吾土文心——延庆文学六十年杂忆》。这不仅是一部20多万字的著述，更是一部厚重的关于延庆60年来文学事业发展的著作。这位耄耋老人以惊人的毅力开始了这部书的写作，但他戏称自己是“80后”老作家，愿意全力以赴地完成这项工作。

令人动容的是，20多万字，都是他借助放大镜，一个字一个字地敲进电脑里，其中的辛苦可想而知。正是基于对延庆作家的深情与厚爱，他才义不容辞地完成了这部书的写作。也许，这就是书名“吾土文心”的含义吧。

《吾土文心——延庆文学六十年杂忆》全书分为9个章节，分别以诗歌、散文、小说、曲艺和民间文学等的发展史为纲，按不同时期的典型人物分类，全景式地介绍了新中国成立以来50多名延庆较有建树的作家和文学爱好者，梳理了延庆有影响的文学活动，并配以不同年代文学活动的珍贵照片。

从1958年开始，孟广臣的创作经历几乎与延庆文学的发展同步。2016年，孟广臣荣获北京市基层群众文学创作辅导终身成就奖、最高群众文学奖。

延庆著名作家连禾说：“孟老在组织业余创作队伍方面花费了大量心血；文学创作，他持之以恒；培育新人，他诲人不倦！”

著名作家董梦知说：“他把自己的成功，让给了众多学生。他牺牲了自己的成就，为延庆培养出了一支文学队伍。”

文化部原副部长、中国作协原党组副书记陈昌本说：“由农村知识分子到作家的路，是漫长艰辛的，成就卓著的孟广臣就是榜样。”

中国作协书记处书记、副主席陈建功说：“大家可以好好总结老孟的成功经验，推动北京的文学事业，沿着正确的方向前进。”

2017年2月11日凌晨1时40分，孟广臣逝世，享年85岁。

孟广臣先生的逝世，是延庆文学界的一大损失。人们纷纷发文悼念这位文学领路人。延庆诗词楹联学会敬献的挽联是：元宵风骤伤旗手，妫水声悲送业师。挽联精辟地概括了孟广臣对延庆文学发展和创作所做出的卓越贡献。

（周宝平）

刘荣之，1941年出生于旧县镇大柏老村。1958年入伍，后分配至沈阳军区空军疗养院工作。1987年，调任中国人民解放军烟台疗养院（总后勤部师级单位），先后任副院长、院长。1999年退休。

刘荣之夫妇

开创中国疗养学的延庆人
——记中国人民解放军烟台疗养院原院长、大校刘荣之

心疼父母　弃文从戎

刘荣之小时候家境贫困，对他来说，学习是一件很奢侈的事情。“当时很苦，可父母常说，砸锅卖铁也要供我上学。”提起往事，刘荣之的情绪仍然非常激动。

回忆起读书时的场景，刘荣之说，有一次，老师让背诵一篇又长又难记的课文，他一直念到晚上10点多也没记住。一次次用凉水洗脸都不管用，刘荣之想起了“头悬梁，锥刺股”的故事，背书时每打一次瞌睡，就狠狠拽一下头发，直到把课文背熟。

初三时，老师看刘荣之成绩突出，又肯吃苦，就动员他考高中。父母也拿出“破釜沉舟”的架势，说啥也要供他读大学。可这时，刘荣之的一个决定让大伙儿颇感意外。当时，部队动员学生参军，正准备考高中的刘荣之心里矛盾起来：继续读书，却不忍看着父母身上担子越来越重；放弃考高中，却又想起了儿时的大学梦……

来来回回好几天，刘荣之坐立不安。部队招人那天，他狠狠心，在报名表上写下了自己的名字。后来，当一身军装的刘荣之回到家，“通知”父母这个决定时，母亲怔住了。“娘，我参军了，部队也是个大学校，到那儿一样发展。”母亲心疼了好一阵子，可她尊重儿子的意愿，也相信儿子的话。

刘荣之在部队锻炼了一段时间后，因为是“学问人”，部队把他分到沈阳军区空军疗养院当卫生员。

康复医疗有绝招

沈阳军区空军疗养院是当时全国最有名的疗养院之一。从1958年到1987年，刘荣之人生最美好、最精彩的30年就是在这里度过的。

“疗养对军人来说很重要吗？”很多人对此并不清楚。刘荣之介绍说，国家培养一个飞行员，需要花费和他体重相近的黄金。飞行员精神长期紧张，患各种慢性病的非常多，这些病有可能毁掉他们的职业生涯，甚至给国家和军队带来重大损失。

刘荣之是疗养院有名的大夫，许多来疗养的军人都喊他“戎装天使”。南京军区空军五师有位叫胡振玉的老飞行员，飞了10多年，突然查出患有肾结石，如果选择去医院做手术，飞行生涯很可能就此结束。一天，同事小李见老胡一个人躲在宿舍闷闷不乐，上前问清缘由后，拍着他的肩膀说：“老胡，听说沈空的疗养院不错，你不妨试试。”就这样，胡振玉来到了沈阳军区空军疗养院。

对待每位特殊病人，刘荣之都有“秘方”：“老胡左、右肾各有三粒小石头。除了电疗外，我让他坚持水疗。”水疗就是除了海水浴、温泉浴，每天还要“无休止”地喝水。那段日子，老胡见了水就想吐。没想到，水疗果然有效，胡振玉不到两个月就恢复了。临走时，他拉着刘荣之的手，一脸深情又略显幽默地说：“刘大夫，水咱是喝够了，可你的招儿真管用啊！”

据刘荣之介绍，每年慕名到沈阳军区空军疗养院疗养的飞行员有近4000名，其中20%要到他所在的康复理疗科进行治疗。他们科室是空军总部确定的康复理疗重点科室，被评过一次集体三等功，经常作为典型被宣传。

填补“疗养学”空白

刘荣之在疗养界有两项全国领先的成绩：一是著书立说，推动全国第一部疗养学著作面世；二是在烟台疗养院期间，研究出了全新的脉冲短波治疗仪，可以治疗80多种慢性病。

1980年，56万字的《疗养学》一书面世，这标志着针对中国实际、适合中国人特点的第一本疗养学书籍正式出版。从此，中国告别了“疗养无学”的历史。

《疗养学》由刘荣之任副主编。“新中国成立后，我国疗养工作发展势头不错，但系统性、科学性欠佳，疗养理论基本上借鉴苏联。”回想起编书历程，刘荣之感慨颇多。当时，编委会面对两道难题，一是缺少4万元资金，再就是理论基础薄弱。

4万元！对编委会来说，这在当时是个天文数字，也令刘荣之愁眉不展。资金问题的解决，是在刘荣之4次进京之后。当时，看大家一脸愁闷，刘荣之想了一招儿："我进京跑跑吧，看空军总部那边能不能支持一把。"当天下班后，刘荣之坐夜车赶到了北京。"领导很支持这件事，可钱的数目还是有点多。"初次未果，刘荣之第二天夜里就回到了疗养院。

连续3次，编委会的人和刘荣之一样，进京时心气高涨，回疗养院时却一脸无奈。"俺再去一次，干大事儿都得过个沟沟坎坎的。"刘荣之第四次赶到北京。这次，空军卫生部的领导被他这种精神打动了，最后拍板说："我看你们这事儿能干成，部里支持！"听到这话，刘荣之竟呆呆地愣了几分钟，之后才"走出梦境"。

由于此前国内并没有相关著作，疗养学课题的理论基础相当薄弱。从1978年开始，刘荣之和编委们分别到新疆等10多个省、直辖市、自治区，调研沙漠、海洋和原始森林等不同地理条件对疗养效果的影响。

1980年，《疗养学》由吉林长春科技出版社出版。拿到书的当天，刘荣之睡觉都抱着这个"宝贝"。后来，刘荣之又和同事一起编写了《现代疗养学》《疗养院管理学》《疗养指南》等书籍，均在疗养界引起了极大反响。

1987年，刘荣之调到中国人民解放军烟台疗养院，先后任副院长和院长。在烟台疗养院的10多年间，最让刘荣之津津乐道的就是研发了脉冲短波治疗仪。在这之前，士兵遇到扭伤或其他慢性疾病时，常用的是短波治疗仪。这种仪器工作时发出的热量高，对身体的危害较大。脉冲短波治疗仪发明后，不仅解决了这些问题，还被中国人民解放军总后勤部评为科技三等奖。新仪器很快便在全军推广，刘荣之也因此荣立三等功一次。

1999年，刘荣之退休了，20年的退休生活，老人活得很充实。他平时的生活就是读点儿书，每年在北京和烟台各待一段时间。说起老家延庆，刘荣之无比自豪："这里是我的根儿，山清水秀，天蓝云白，空气比哪儿都好。我看哪里都没有家乡美，凭咱这条件，发展疗养事业那是得天独厚，前途无量……"

（郎丰杰）

马儒德，1944年10月出生于延庆镇西屯村。1965年，考入首都医科大学临床医学系。毕业后进入延庆县医院，后进入北京安贞医院工作，精通甲状腺、胰腺、乳腺、腹痛的治疗。医疗水平高，医德高尚。退休后任北京安贞医院腔镜培训中心秘书长。

马儒德

杏林春暖济世心
——记北京安贞医院外科专家、腔镜培训中心秘书长马儒德

宝刀不老　千余弟子播杏林

北京安贞医院腔镜培训中心的办学能力在全国当数一流。学员都是来

自全国各地二、三级城市医院的骨干医生。考虑到培训效果，培训班每学期只招10多人，学期为一个月。给大家做培训的这位老先生除水平高超外，一口抹不掉的延庆口音也让人印象深刻。没错，他是延庆镇西屯人，名叫马儒德。

1995年，北京安贞医院开展腹腔镜手术，以高起点、发展快、并发症少闻名国内外。2002年，安贞医院成立腔镜培训中心，2007年成为卫生部指定的全国首批内镜培训基地。2004年，马儒德从安贞医院退休后又被医院返聘，到腔镜培训中心担任秘书长，主要从事医院的教学培训工作。腔镜培训主要是培训医生在尽量不破坏人体结构的前提下，利用医疗器材显示器上的手术图像来做手术。这种手术的层次更清晰，距离感更好，降低了解剖难度，有利于人体功能和形态的保护。腔镜的视觉效果意味着更快更准的手术操作、更少的并发症和更高的安全性。当然，这也对医生的手术精准度提出了更高的要求。

“腔镜手术需要克服两个理念上的习惯，一个是三维空间变成两维空间，一个就是腔镜的杠杆作用，你要想往前去，手就得往后来，要想往左去，手就得往右来。这样呢，长期训练达到了下意识，就成为一个熟练的腔镜大夫。”马儒德一边介绍，一边解释，用三五分钟就娴熟地完成了模拟手术的缝合。他的精湛演示，赢得了学生们的啧啧赞叹。黑龙江省伊春市妇幼保健院妇产科主任隋立娟说：“马儒德先生结合临床经验，给我们做了一些总结和分析，特别是手术难点的突破，让我们确实很受用。”黑龙江省克东县中医院外科主任王春生说：“新型的医疗技术手段，通过马儒德先生的讲解，我们都能很好地吸收。我们这些基层医院的医生都非常敬重他，我要多学一些，回去为当地服好务。”

10多年来，北京安贞医院已经举办腔镜内镜培训班100多期。马儒德自豪地说：“从黑龙江到云南，从新疆到福建，包括上海、广州，甚至北京城里的协和医院、中医医院、胸科医院的腔镜大夫，都来我这里学习，现在我已经培养了1000多名学员，都已经是各地方医院的精英了。”

救死扶伤　医者仁心德为先

马儒德在退休之前，一直是安贞医院的门诊专家、主刀大夫。他从医45载，大约做了上万例手术。其中，让他记忆犹新的有两个手术。

20世纪90年代初，张家口市宣化区的一位患者在北京一家医院就医，被查出急性坏死性胰腺炎，患者随时有失去生命的危险。因为病情严重，患者家属跑过几家大医院都没人敢收留，最后来到安贞医院。擅长治疗胰腺炎的马儒德艺高人胆大，靠着精湛的艺术和多年的临床经验，成功地为这名患者进行了手术。直到今天，这名患者依然健在。

也是20世纪90年代的一天，马儒德在急诊值班。忽然，一群四川籍进城务工人员送来了一位生命垂危的工友。马儒德经过询问，得知这名工友从高空作业的17层高楼掉了下来，掉到8楼反弹了一下又摔到了地上。马儒德简单处置一下，立刻把患者送进了手术室。经过乙醚麻醉、表皮消毒，马儒德打开了患者的肚子。可是，眼前的景象却让他大吃一惊：肝碎了一块，结肠摔爆了，腹膜后大血肿，肾脏已经没有了轮廓，模糊不清。马儒德临危不乱，赶紧给患者做了右半结肠切除、回盲部造漏、胃导管等手术，总算是保住了这位农民工的性命。经过检查，发现这名工友还有多处骨折。一个月后，马儒德又为他安排了骨科手术。

事后，同事们估算，如果患者晚进手术室半小时，就会失去生命。当时，马儒德收治这名工友，并没有打听他们带没带押金。他只想着第一时间把患者送进手术室，因为自己固有的医德告诉他必须这么做。事后有人问马儒德：当时想没想过手术失败了怎么办？对方不交医疗费用怎么办？马儒德淡淡地回了一句："我当时哪有时间想那些，只想着小伙子20来岁，如果让他从我手上走了，我会内疚一辈子。"

实际上，这名工友出院时，他的同事们凑钱交齐了医药费，没欠医院一分钱。

治乳腺癌　妙手回春多美誉

人们对女性乳房健康越来越重视。擅长乳腺疾病治疗的马儒德被医院安排每周六出一天的门诊。虽说是周六，但很多患者和家属也会慕名前来。

“正常女孩子的乳腺摸着应该跟嘴唇似的，长乳腺增生摸着跟鼻子尖似的，要是肿瘤摸着就跟脑门似的，就是比较硬的，摸着像脑门似的，就高度怀疑是肿瘤。如果感觉像脑门似的，咱们就要给患者做手术了，如果它是良性的皆大欢喜。”马儒德通俗的言语，让患者倍感亲切。找他看病，更像是和一位长者聊天，很亲切，没有距离感，信息还能传达到位，这是很多患者找他看病的感受。

安贞医院的一名老护士，在20多年前偶然的一次体检中，发现乳房长有一块比黄豆粒还小的硬块。马儒德敏感地认识到这是癌变，所幸没有扩散，赶紧为她做了手术，这位护士一直健康平安地生活到现在。

北京城区的一位患者21年前做了乳腺癌的手术，而在之后的漫长康复过程中，多亏了马儒德的精心治疗。这位患者说：“有这么一位德高望重的老大夫，我感觉到得了这个病也不可怕，而且又恢复得这么好，我们全家都感觉到幸福，所以我经常向马老问候。祝他身体健康，永远长寿，这是我们全家的共同心愿。”

马儒德被患者称赞，除了其精湛的医术，还有其高尚的人品，以至于他行医多年，没有发生过一起医患纠纷，也没有遇到过任何投诉。北京安贞医院副院长孔晴宇说：“马老对患者非常好，视患者如亲人，把患者的困难当成自己的困难，这20多年来，从来没有跟患者发生过医疗纠纷，也从没有出现过医疗事故。特别是遇到一些农村来的，一些危重的患者，人家不明白的，他都耐心地解释。”

在马儒德看来，避免医患纠纷，还有一个准则就是对所有患者要一视同仁。马儒德常和年轻医生说：“我有副总理的朋友，也有扫地的朋友，不管熟悉不熟悉，贫的还是富的，胖的还是瘦的，丑的还是俊的，高的还是矮的，到医院他们都是我的朋友。咱们医生呢，既不问患者的出身，也不问患者的其他情况，医生最重要的是对患者的病情负责。”

虽说是一名大专家，可要是碰到自己看不了的病，马儒德也从不大包大揽，以免耽误患者病情。他一般会给患者指一条明路，推荐到其他医院去看。患者走之前的注意事项，甚至是交通线路，他都会一一告诉对方。很多患者都有一个共同感受，从马儒德的门诊室出来，他们都不再满面愁容，他们看到了希望。不论病情怎么样，这病是看透了，该怎么做心里有数了。

立志学医　治病救人脱苦难

1944年10月，马儒德出生在延庆镇西屯村，兄弟姐妹7人，他排行老四。由于当时农村医疗条件太落后，姊妹7人有4人先后夭折了。在他上高中的时候，母亲因病去世，父亲当生产队长，也顾不过来家里，因此照顾弟弟妹妹的责任就落到了马儒德的头上。砍柴、洗衣、做饭，什么家务他都干过。

家人的离世，家庭的不幸，让马儒德立志要当一名医生，用自己的医术来缓解患者的痛苦。1965年，马儒德报考了北京市第二医学院（首都医科大学前身），学习临床医学。上大学期间，马儒德格外用功，每个学期都能领到奖学金，没向家里要过一分钱。1970年大学毕业后，马儒德回到了延庆县医院工作。1972年，他到延庆深山区四海卫生院任院长。说是院长，其实还是一个一线大夫。当时延庆山区的医疗条件很差，大夫的出行要靠毛驴。一旦赶上大雪封山，就只好步行了。后来条件好多了，马儒德出诊的时候也有了自己的自行车。有了便利的交通工具，他经常在夜里被请去出诊。东部山区的农民都信马儒德，只要有他在，这病就能治好，心里也踏实。

让他尴尬的是，有户人家媳妇生孩子难产，指名道姓让马儒德去给接生。马儒德喊上了永安堡的赤脚医生任秀娥，让她去屋里接生，自己守护在堂屋进行指导。最后母子平安，一家人皆大欢喜。

1978年，因工作需要，马儒德被调回延庆县医院。1989年，他被调到北京安贞医院工作，开始有机会接触更为先进的医疗前沿知识。后来，刻苦钻研的马儒德自学了研究生的全部课程。

马儒德的同事说，他在医院为人低调，淡泊名利。退休前有些私人医院重金聘请他，他都没去，他认为那些以金钱为前提的医院不会把患者摆在第一位。他觉得钱一辈子也挣不完，够花就好。院领导得知这一情况后，返聘马儒德负责腔镜培训工作，把他留在了医院。

心系故土　家乡人民总代表

对于素不相识的延庆人打来的电话，或者是延庆人介绍来的患者，他都热心对待，在不违反医院规定的前提下，尽量给这些乡亲就医提供便利。马儒德说，从延庆医院转来的危重患者，家属在路上就把电话打给了他，而他也不顾白天黑夜，赶紧协调院方安排抢救方案，以保证患者能够在第一时间进入手术室。马儒德打开的绿色通道就是生命通道，并因此挽救了20多位延庆父老乡亲的生命。

马儒德年岁大了，不能上手术台之后，在培养医院其他延庆籍医生方面下了很大功夫，生怕延庆人进城看病找不到老乡。马儒德经常幽默地说道："我没当过什么大官，但是我给自己封了一个官，我是延庆人民驻安贞医院的总代表，也是他们在北京的老服务生，为家乡人民服务，我义不容辞。"

马儒德守护着父老乡亲的生命健康，也代表着老一代医生走过的心路历程。北京安贞医院行政副主任何力生说："我跟马老共事已经近30年了，在他的指导下参加过一些重大的医疗活动，从他身上学到了很多东西，这也是当下年轻医生所欠缺的。”

北京安贞医院副院长孔晴宇说：“马老对安贞医院的贡献，我们都看在了眼里，记在了心里，我们对他表示深深的感谢，希望他保重身体，为安贞医院做出更大的贡献。”

（申兵堂）

万绪德，1935年出生于康庄镇马营村。中国美术家协会会员，山西省美术研究会副会长，山西省民间美术研究所所长，山西省雕塑家协会第一届主席并兼任山西省城市雕塑办公室主任，山西省雕塑家协会名誉主席。

万绪德

誉满三晋的雕塑大家
——记山西省雕塑家协会第一届主席万绪德

艺术大手笔　雕塑满神州

迎泽大街是山西省太原市最繁华的街道，素有“山西长安街”的美誉。这条街道上有大型雕塑作品7件，均出自一位大家之手，他就是誉满三晋的万绪德老先生。

位于迎泽大街上的中国煤炭博物馆，是中国唯一的煤炭行业专业博物馆。每当游人走进博物馆大厅，讲解员就会这样介绍：“我们现在看到的这些古老神话故事的雕塑，展现的是人类开发利用煤炭的发展历史，是用玻璃钢仿制而成的，这是我省著名雕塑家万绪德先生精心制作设计完成的。”

说到煤炭，不得不说山西，而说到煤炭行业雕塑，不得不提山西的万绪德。

中国煤炭博物馆还藏有一件镇馆之宝——雕塑《矿工和太阳》，也是出自万绪德之手。

矿工们在井下见不到太阳，却在潮湿阴冷的矿井中为人类带来温暖，在黑暗中为人类送去光明。有感于此，万绪德曾多次深入井下，到最基层采访煤炭工人，创作出《矿工和太阳》，真实地展现了矿工艰苦作业的劳动场景，歌颂他们的奉献精神。《矿工和太阳》入选1989年第七届全国美展，并载入《世界雕塑全集》，曾在人民大会堂山西厅摆放展览。万绪德还有两件颇具山西特色的作品入选人民大会堂展览，分别是《牧童遥指杏花村》和《黄河铁牛》。

其实万绪德的作品远不止这些。打开他的简历，一尊尊惊世作品跃然纸上。

馆藏作品系列：《毛主席接见陈永贵雕像》展示在山西大寨展览馆序厅；大型石雕《晋国魂》陈列于晋国博物馆；《左权将军》站像立于山西省左权纪念馆序厅；《抗日前线》陈列于山西省军史博物馆；《刘胡兰胸像》陈列于刘胡兰纪念馆；《白求恩胸像》陈列于五台山白求恩纪念馆。

园林景区系列作品：石雕《追梦》立于太原市区广场；石雕《生命之源》立于太原市汾河景区；铜雕《开天辟地》立于大同市；石雕《金牛拉山》立于古交市金牛山；《介子推母子像》钢筋混凝土雕像立于绵山景区；大型石雕《九龙柱》立于云龙山森林公园。

纪念碑系列作品:《大禹雕像》立于山西永济市广场;《徐向前》铜像立于山西省临汾市;《古交解放纪念碑》立于古交市水泉寨公园;《郭太像》立于介休市林宗书院。

在中国许多名胜古刹，也留下了万绪德的很多雕塑作品。

此外，万绪德获得的重要奖项作品还有:《童年的梦》获山西省美术展览金牌奖，参加全国第七届美术展作品，获中国艺术节美展银牌奖;《小园丁》为中国首届城市雕塑设计方案展作品，立于山西太原市儿童公园;《赵树理笔下的人物》获山西省美术展览特别奖。

流浪少年　云冈开悟

1935年，万绪德出生于康庄镇马营村。在他刚刚记事的时候，父亲万明就在张家口、大同一带当铁路工人，在日军的逼迫下干苦力。母亲万李氏随着父亲四处奔波，拉扯着5个孩子。由于家境贫困，母亲积劳成疾，瘫倒在了炕上。懂事的万绪德就到铁路边捡煤球，帮助解决家里冬季取暖的问题。数九寒天，每次捡煤球回来，他的小脸和小手儿都冻得通红。母亲非常心疼，将他的小手塞进自己的腋下取暖。

万绪德8岁那年，母亲患肺结核去世，父亲还在日军的逼迫下做苦工。失去父母庇护的万绪德成了没人管的野孩子，开始了辛酸的流浪生活。

一次，他从大同城区跑到乡下，无意中来到云冈石窟。一刹那，他被石窟里那些精美的石雕佛像惊呆了。这些石窟是什么人开凿的？佛像坐在这里要干什么？他开始下意识地对照着佛像，在地上和泥捏起来。可不管怎么摆弄，他的“作品”都和石窟里的不一样。

云冈石窟像是黑暗中的艺术神光，一下子照亮了万绪德黑暗的生活。从此，他像着了魔似的，隔三岔五就去云冈石窟，面对着那些塑像一看就是一天。他时而发呆，时而高兴，时而沉默，时而自言自语，感觉那些塑像好像能猜透他的心思，总是笑眯眯地看着他，想要对他说些什么。太阳落山后，万绪德恋恋不舍地回到家，满脑子还是石像的样子，想着想着便进入了梦乡。他是多么希望能够得到高人的指点，成为一位名垂青史的雕塑艺人呀！

学习狂魔　名师高徒

“有志者事竟成。”1949年，中华人民共和国成立了，14岁的万绪德终于有机会上学了。在此期间，父亲万明一次无意的举动，深深地刺痛了他的心。

父亲不认识字，也不懂什么文化知识。有一次上厕所，从字典里撕下几页做手纸。万绪德问他：“为啥不撕别的书，单单撕我的字典？”父亲的回答是，这本书厚，撕下几页没关系。父亲的回答让万绪德哭笑不得。不过，他没有怪罪父亲，既然父亲没有文化，自己一定要多学文化，一定要出人头地。

1959年，万绪德以山西省第五名的成绩考上了山西大学雕塑系。选择雕塑系，主要是童年的梦想，还有就是雕塑的材料是泥和水，省钱。接到录取通知书不久，还没等到开学，万绪德就火急火燎地跑到学校。看门人问他：“还没开学，你来干什么？”万绪德说：“从今以后，学校就是我的家了。今天你让我进去我就进去，不让我进去我也得进去。”

看到他这么执着认真，学校就给万绪德临时安排了房间，还找来了被褥。那一刻，万绪德感觉自己有“家”了，距离梦想越来越近了。

1960年，由于学习成绩优异，万绪德被山西大学保送到位于沈阳的鲁迅美术学院学习雕塑。鲁迅美术学院的前身是1938年建于延安的鲁迅艺术学院，1938年由毛泽东、周恩来等人亲自倡导创建的。1945年学院迁校至东北，1958年发展为鲁迅美术学院。吴玉章、萧军等文化名人曾是这个学院的院长。

在鲁迅美术学院，万绪德一待就是6年，其间没有回过一次家，因为他完全沉浸在遨游艺术海洋的快乐之中。

万绪德如饥似渴地学习着，每天早晨四五点钟就来到教室，晚上就去“打短工”，帮助别人打磨雕塑作品，泥、水、石粉，弄得满身都是，活脱脱一个民工。凌晨校长来查房，几次都发现似乎已经走火入魔的万绪德，就亲切地拍拍他的脑袋说：“孩子，该睡觉了，老这么下去，你身体吃不消的。”

万绪德的刻苦用功引起了学校的注意，学校专门找来名师辅导他。万绪德有幸拜在了著名雕塑师郑惠南的门下。郑惠南师从日本清水多嘉示教授，而清水教授的老师为法国罗丹大师，如此算来，万绪德祖师当为一代雕塑大师罗丹。

师从名门，良好传承，严格遵循，万绪德受益匪浅。在郑惠南的悉心教导下，万绪德的雕塑技艺飞速进步。1964年，万绪德和恩师郑惠南创作了一座纪念碑——朝鲜共产主义抗日游击队纪念碑，后立于乌苏里江畔。这是万绪德第一次公开“发表”处女作。

1965年，万绪德从鲁迅美术学院顺利毕业。当时学校没有开设研究生课程，如果有，他还想继续学业。毕业的时候，长春电影制片厂和上海文化厅都来学校抢人才，恩师郑惠南也打算把他留在学校。吃水不忘挖井人，考虑到山西省把自己选送到鲁美学习，万绪德最终说服了恩师。他带着一丝不舍，回到了山西。回到山西后，山西省文化厅和教育厅也来抢人才，都要求万绪德到自己的单位工作，但组织上却把万绪德分配到山西省群众美术馆。

那个时候，山西省的雕塑水平在全国排名倒数第二，这也许是领导让他到这里工作的真正原因。如何摘掉这个落后的帽子？万绪德寝食难安。

山西牛人　震惊世界

山西省永济县（今永济市）绝对是文化的宝库，其境内的五老峰，因古代五老在此为帝王授《河图》《洛书》而名。盛唐王之涣的《登鹳雀楼》和元代王实甫的《西厢记》都产生在这里。然而，永济县还有一个世界之最被人忽略，那就是黄河大铁牛。

永济县境内的蒲津渡遗址，曾是古代中国北方的黄金渡口。开元十二年（724），鉴于这里的浮桥屡建屡毁，唐玄宗终于痛下决心：铸造铁牛，建设新桥。连接东西两岸总计5400米长的铁链用“铁人策之”的4尊大铁牛牵引，“其牛并铁柱入地丈余”。此后，伏卧在黄河两岸的铁牛，就像钢铁打造的臂膀，将蒲津渡浮桥牢牢扛住。这座创造性的铁浮桥，被桥梁学家唐寰澄誉为“世界桥梁史上唯我独尊的无价之宝”。而与之相对应的，却是黄河大铁牛的浮沉命运：从盛唐年间开始，黄河大铁牛扛起蒲津桥，熬过了数百年的惊涛骇浪。宋英宗治平三年（1066），蒲津桥再度毁于洪水。幸亏僧人怀丙用两艘载满泥土的大船拴住铁牛，利用浮力原理把西岸的三只铁牛拉了上来。这段典故，还被改写成了小学语文课文《捞铁牛》，影响了一代代中国孩子。1911年，在经历了一次次泥沙冲击后，这些曾经书写辉煌的黄河大铁牛再一次消失在了地下。

1989年8月，经过考古人员历经一年的艰苦打捞，在永济城西15千米处的蒲津渡遗址上，位于黄河古道东岸的4尊黄河大铁牛终于震撼出土。每尊大铁牛长3.3米，高1.5米，重75吨。

凭着职业的敏感，万绪德知道这是见证盛唐奇迹的伟大时刻。于是，他迅速赶到黄河大铁牛身边。就像少年时看到云冈石窟的雕像一样，他再次被深深打动了。在很多人看来，黄河大铁牛代表着当时世界上最先进冶炼技术和大唐的综合国力，印证了黄河地理水文千百年的变迁。而作为雕塑家的万绪德，则在认真观摩之后，感觉到黄河大铁牛的造型风格有别于中国传统雕塑，在保持秦汉厚重风格的基础上，吸收了外来的写实技法，堪称雕塑艺术和实用科技的完美融合，其独特的艺术工艺，见证了盛唐王朝海纳百川的胸怀。由此，他通过铁牛，领悟到中华民族的胸怀、坚韧、智慧，内心不由得涌起深深的敬意。

黄河大铁牛对于万绪德，如同洛神对于曹植。于是，年逾六旬的万绪德像着了魔一样，每天怀着激动的心情，冒着蚊虫的叮咬，站在泥水中用灵魂进行临摹。这次临摹连续10多天，临摹出的作品就叫《黄河铁牛》。不久，万绪德的《黄河铁牛》获中国艺术节金奖，在艺术界再次引起轰动。艺术家有国籍，艺术无国界。很快，他应邀带着《黄河铁牛》去意大利展览，引起100多家国外媒体的争相报道。向来以雕塑自豪的欧洲人，看了《黄河铁牛》后直发呆，嘴巴张得很大。1300多年前，这75吨重的铁牛是怎么做出来的？要知道，1000多年后，美国的自由女神像才达到200吨。随后，万绪德又带着《黄河铁牛》在多个国家展览，在为国家创造了大笔外汇的同时，也让外国人更多地了解了我国古代的灿烂文化。

给万绪德带来巨大荣誉的除了《黄河铁牛》，还有唐诗意境的《牧童遥指杏花村》。杏花村汾酒名扬海内外上千年，因此酒厂想做一尊雕塑《牧童遥指杏花村》。起初，他们请了很多人来做，结果都不太满意。后来经人介绍，酒厂领导找到了万绪德。等到万绪德拿出来初稿之后，酒厂当即表示："就这件了。"

万绪德所创造的雕塑《牧童遥指杏花村》，憨态可爱的小牧童，身背斗笠，骑在牛背上。牛为中国黄牛，温驯敦厚，一副悠闲的样子，既符合中国人传统的审美要求，又能很好地诠释杜牧笔下的《清明》一诗的意境。如今，《牧童遥指杏花村》这件雕塑已经成为山西杏花村汾酒酒厂的显著性标志和企业文化经典代表，还被做成酒器，摆在各大商场。购买汾酒的时候，仔细观察瓶盖儿，上边也印有这个图案。

正是在万绪德和同行们的努力下，山西省一举摘掉了雕塑水平落后的帽子，跻身全国雕塑水平的前列。山西省的一位领导了解了万绪德事迹后感叹地说："黄河铁牛真牛，万绪德牛上加牛。"

精益求精　心诚则灵

介休市位于太原南部约150千米处，是李世民和刘武周大战的古战场。刘武周为抵御李世民的大军，在此修建了张壁古堡，并留存至今。古堡集军事、居住、生产、宗教活动于一体，是"中国十大魅力名镇""中国历史文化名村""国家级重点文物保护单位"。2010年前后，张壁古堡被开发成旅游景区。2014年修复古庙的时候，万绪德受邀出山，担任艺术总监。

万绪德是一个爱"较真儿"的人。一次，学生们的表现让他很不满意，他发现释迦牟尼佛像身后的火焰走向有些不对，这样的小瑕疵，一般人还真看不出来。可是，他却非常生气："做佛像啊，必须静下心来，必须得心诚，心诚则灵。如果心不诚，则不灵嘛。如果不改过来，后人还会沿着这个错误错下去。"

虽说这些泥塑已经花了一个月的工夫，可他还是要求学生们敲掉重修。如果按照这个进度，上冻之前工程将不能完成。精益求精的万绪德一着急，出了意外，眼镜掉到了石灰盆里，他感叹自己老了。

看到学生们有些紧张，他开始给大家讲故事："有一次，我正在做一个作品，一手拿着泥，一手拿着饼，后来没注意把泥巴送进了嘴里，于是赶紧漱口，但是那件作品，我特别满意。"学生们听懂了他的话，笑过之后，专心地制作起来。万绪德给学生们打样儿，一把竹片塑刀，玩得游刃有余，泥和水在他手里得到了完美的结合，三两分钟，一尊完美的佛头就有了模样。

山西凯嘉张壁古堡生态旅游有限公司总经理张金祥说："万老先生不必事必躬亲，完全靠自己的无形资本做个顾问就行了。他这样做，不是对徒弟们不放心，更不是为了经济价值，而是为了艺术。"

雕塑家靠手活着，雕塑功底都在两只手上。半个多世纪长期和泥水打交道，万绪德双手已经严重变形。陌生人同他握手后，往往问他是做什么的，他总是风趣地说：“泥瓦匠。”

临摹名作　不昧良知

山西省是全国地上文物古迹最多的省份。古城古堡、庙宇寺观、泥塑壁画，这些都为雕塑艺术创作提供了丰富的营养。万绪德不顾年事已高，多次到古庙观摩创作。山西历代留下的雕塑作品，万绪德几乎都过了眼。但凡有些说头的雕塑，都在他的心里装着。

距离平遥古城西南6千米的双林寺，是全国重点文物保护单位，其雕塑作品被艺术家称为“神品”，是历代雕塑大师的艺术结晶。万绪德多次来到双林寺观摩，因为他担心泥塑年代久远，脱落严重，一旦哪天不复存在，那损失是不可估量的，于是他有计划地动手临摹起来，他想用自己临摹的这些经典，以备教学之用和不时之需。

万绪德临摹彩绘雕塑，是从大学毕业回山西之后开始的。那时，他就帮助文物部门修文物，什么年代、什么风格，已经了然于胸，其临摹山西古代彩塑艺术精品为山西艺术博物馆收藏并永久性陈列。

鉴于万绪德高深的美术造诣和崇高艺德，很多单位聘请他做顾问和艺术总监，其中就包括闻名全国的旅游景区平遥古城、乔家大院、张壁古堡、绵山景区、藏山景区等。他和儿子万东凯的作品在一些著名景区都能看得到。比如，山西省五台山普化寺文殊菩萨像，广东省华林寺6.8米高达摩铜像、莲花寺9.9米高千手观音像、鸡鸣寺20米高坐姿释迦牟尼铜像、汕头龙华寺释光镇大法师遗像、汕头长石寺释智成大法师塑像、新兴县禅宗南派创始人六祖慧能塑像等。不仅如此，他还被邀请到香港，依据传统手法为香港啬色园创作十二生肖像、妙法寺门神像、香港孔教学院孔子像，并被孔教学院授予孔教学院院士。

万绪德曾经临摹一尊唐三彩仕女图，几乎能以假乱真。一个商人偶然发现了，就找到万绪德想要买下来。万绪德不卖，对方坚决要买，答应按文物标准多给钱。耿直的万绪德告诉他：“这就是一件现代工艺仿品，不是文物，按照文物的价格卖给你，这不是欺骗你吗？别人看到这件作品，再以文物的价格买回去，那不是吃了大亏了吗？这样的事情，我坚决不能做。”

那位商人悻悻离去之后，万绪德赶紧将唐三彩仿品收了起来。他生怕这件仿品流向市场，并叮嘱儿子万东凯说：“以后千万不要和这样的人交往。”

汾河岸边　遥想妫川

在太原市中心有一条河，名叫汾河，是太原的母亲河，和延庆的妫河一样穿城而过，滋润着这里的每一寸土地。万绪德已经在这里居住了60多年，汾河岸边是他常去的地方。汾河公园摆着他的一件雕塑作品——《生命之源》，是一个可爱的幼儿在母亲怀里撒娇欢笑的形象。

看到这个作品，万绪德就会想起自己的故乡——妫河下游的康庄镇马营村。万绪德已经离家70多年，村里很少有人能记起他。现在的野鸭湖一带原来曾经是一片沼泽地，是他童年常去玩耍的地方。

故乡的亲人送给万绪德一个音乐光盘——《北京画廊》，内容歌颂的是延庆优美的风光。万绪德的爱人牛玉玲看后激动地说：“延庆真漂亮啊，歌唱得也好，谭晶是我们山西人，我们山西人和延庆真是有渊源。”当爱人转向万绪德时，他已经是热泪盈眶。因为听到“野鸭湖上等晚霞”时，他想到了距离野鸭湖公园不远处，埋着自己的父母和亲人。

2015年，万绪德在儿子万东凯的陪同下，终于回到阔别已久的延庆。优美的山水、亲切的乡音和浓烈的乡情，让万绪德兴奋不已。当他看到夏都公园的一件件雕塑作品时，当即表示，自己一定要为家乡留下一件雕塑作品。可惜由于健康原因，这个愿望最终未能实现，万绪德为此遗憾不已。

（申兵堂）

改革开放弄潮儿

詹万生，1948年出生于大曹营村（今东曹营村）。1977年，考入北京师范学院（现首都师范大学）。1982年，毕业留校开展德育教研工作。1991年，任中央教科所德育研究中心主任。现任中国伦理学会德育研究会会长。

詹万生

中国德育领军人

——记中国伦理学会德育研究会会长詹万生

2006年，《人民日报》、人民网均以《中国德育第一人》为题，报道了一位为当代学校德育工作做出突出贡献的名师，称赞他是中国德育科研的领军人物。这位名师就是延庆县八达岭镇东曹营人詹万生。在此期间，《光明日报》、《中国教育报》、《中国青年报》、《中国德育报》、中央电视台、中国教育电视台，以及各地电视台等众多媒体对詹万生进行过多次采访和报道。

外面世界 并不精彩

1948年，詹万生出生于延庆县大曹营村。后因修建官厅水库，詹万生一家搬迁到八达岭长城脚下新建的东曹营村。1966年，“文化大革命”爆发，学生变成了红卫兵，詹万生的读书梦被埋在了大山里。

在农闲的时候，詹万生就会爬上八达岭长城。望着蓝天白云，望着一座座青山，他困惑不已：山那边发生了什么？什么时候，自己也能走出大山，到外面的世界去看看？

20岁那年，詹万生终于下决心走出大山，跟随村里的两个发小到北京城里的一家面粉厂打工，干的是搬麻袋的苦力活儿。都说“外面的世界很精彩”，其实也很无奈。詹万生后来回忆说：“一个肩膀最多一次要扛8袋面粉，两袋面粉搭个十字架，一共4层，一袋面粉50斤，8袋子一共400斤。”这样的劳动强度，一个月下来能挣30块钱，他只能留5块钱，因没有在村里参加劳动，剩余的25块钱必须上交生产队。

从北京城往返延庆需要两块钱的车票。为了省下这两块钱，詹万生和工友们到西直门爬拉煤的火车，趁人不注意，偷偷地钻进车皮里。最难的是过隧道的时候，煤渣子吹不出去，都刮在脸上，只能拿衣服包裹着，整个人蜷缩在车厢里，等到了西拨子站偷偷跳下车。“满面尘灰烟火色”，还得趁人不注意，“灰溜溜”地逃回家里。走进家门的第一件事，就是洗脸漱口。

多年以后，詹万生回想起第一次进城务工的经历，依然是感慨良多。特殊的年代逼得人没办法，其中的心酸只有他自己知道。

初为人师　崭露头角

1970年，在中学班主任赵育民老师的帮助下，詹万生先后在八达岭小学、八达岭中学、红旗店中学担任代课老师。1971年，詹万生被原延庆县教育局推荐到延庆师范学校读书。经过短期培训后，他得以留校任教，并担任班主任。教书育人，这是詹万生梦寐以求的职业。

在延庆师范学校，詹万生教地理和政治。在教学过程中，他注重生动直观，强调理论联系实际。为此，他还成立地理课外小组，建立小气象站，组织学生观察风力风向，测试温度湿度，学做天气预报。他带领学生考察地形地貌，走遍了延庆的山山水水，还带领学生绘制中国地图。

在延庆师范学校工作的6年中，他始终注重学生的思想品德教育，注重培养学生干部。在他的帮助下，有很多和他一样有梦想的山区学生走出大山，接受了更好的教育，并走上领导岗位，为国家的发展建设做出了贡献。

大学苦读 德育先锋

1977年，我国恢复高考制度。詹万生抓住机遇，考上了首都师范大学的前身北京师范学院。当时，他的高考分数已经超过了北京大学的录取线，不过却没敢填报。他觉得，作为一个农家子弟，能够考上北京师范学院就已经很好了。他当时的想法是，毕业后还会回到延庆，继续教书育人。

1978年3月，詹万生告别父母妻儿，背上行囊，第二次走出大山，踏上了开往北京城的长途汽车，到北京师范学院报到。那一年，詹万生30岁，是班里年龄最大的学生，为了不辜负老师的信任和亲人的期望，“不给山里人丢脸”，詹万生暗下决心，一定要把耽误了10年的功课补回来。

那4年里，每天天还没亮，詹万生就起来背诵，晚上在教室里苦读，夜里12点以前没睡过觉。学校有规定：晚上10点以前，宿舍要熄灯。于是，詹万生就去教室里通宵达旦地学习。宿舍门关了，他就睡在教室里。那时，拼命学习的詹万生就像一个饥饿的人扑在了面包上。

詹万生所在的政教系，开设了中共党史、哲学、政治经济学等课程。詹万生古文基础比较好，因此把“四书五经”等经典国学作为业余研究的主攻方向。詹万生的老师和同学们介绍说，他字写得好，字如其人，有内秀，人又长得帅，口才又好，组织能力强，“就是一帅才”。

1982年，詹万生大学毕业。就在这个时候，北京师范学院刚刚成立了全国第一个德育研究室。于是，詹万生众望所归地被分配到了德育研究室，并因此成了中国高校的第一个专职德育教师。当时正值改革开放初期，大量的知青返城找不到工作，加上西方的许多思潮进入中国，很多老师和学生为此感到迷茫和困惑，有人发表文章说："人生的路啊，怎么越走越窄？"这些现象引起了詹万生的注意。凭着职业的敏感，他决定对症下药，主编出版了他的第一部著作《人生哲学》，接下来又主编了《人生哲理教学参考》，对人生的理想和价值做了正确的讲解和阐述，引导和鼓励年轻人走出困惑，树立正确的人生信念。很长时间里，这两本书被全国几十所高校选作德育教材。

詹万生的同学、新华社原副社长路建平说："他在大学期间就非常关心国家大事，提醒我们要关注对真理标准问题的讨论，要注意时局的变化。我当时就感觉到，这个人将来要做出一番大事业。"

德行神州　著作等身

改革开放大潮涌动的20世纪90年代初期，很多有才能的人下海经商了。深圳特区向詹万生抛来了"橄榄枝"，邀请他到南方工作；教育部邀请他去思想政治工作司任职；北京市教委想调他去某大学做行政工作……可他都一一谢绝了。他不为高薪、高官岗位诱惑，原因很简单，他热衷的德育教学和科研还在起步阶段，他不忍心半途而废。

1991年，教育部要选择一个全国德育科研的领衔人才，要求是大、中、小学都教过，专门从事过德育研究工作，有副教授以上职称。这些条件詹万生都具备，于是很自然地就被选中了。1991年12月26日，中央教科所德育研究中心成立，詹万生任中心主任。从此，他的德育科研工作跃上了高层平台，驶入了高速公路。

中央教科所德育研究中心原副研究员李书华说："我可以用一句非

常客观的话来描述当时的工作，紧锣密鼓，热火朝天。有人说我们德育研究中心的灯光就像中南海的灯光，彻夜不眠，那真是一个很好的写照。”

中央教科所德育研究中心原副主任胡筠若说：“詹万生是一个有勇气和智慧的人，这是一位有开拓精神、开放思想的人才。”

上任伊始，詹万生就主持了国家教委重点课题“我国各级各类学校德育现状调查研究”。时任国务院副总理的李岚清同志看到这个报告后，明确批示：“调查中的有些建议，可以纳入加强和改善德育工作的讨论稿。”后来这个“讨论稿”被日后颁布的《中共中央关于进一步加强和改进学校德育工作的若干意见》所采纳。

德育工作在学校应该怎么开展？詹万生一直在琢磨这个课题。后来，詹万生遇到了这样一件事，对他的触动很大。

有一次在班车上，一位年轻的家长带着小孩坐车。有的家长问孩子：“你今天上了思想品德课了，你这个德育都讲了什么？”这孩子很自豪地说：“共产主义，为共产主义而奋斗。”那位家长接着问道：“你知道什么是共产主义吗？”孩子哑口无言。

空洞乏味的说教并不能让孩子真正理解。可是，德育工作怎么才能贴近学生、贴近家庭、贴近实际呢？为了实现这一目标，詹万生和他所在的研究团队编写了大量的学校德育教材，如《好孩子、好习惯》《成长册》《当代家长》《一切为了孩子》《和谐成长》等。这些教材通俗易懂、紧跟时代，弥补了当时德育教材的空白。

詹万生认为，德育研究的第一步应从实践做起，要让学生参与进来。只有教育者，没有受教育者那是不行的，因为德育的最终落脚点是为了学生的健康成长。

为此，詹万生利用10多年的时间，带领他的学术团队先后在全国30个省区市建立了150多个实验区、6000多所实验学校。参加实验的老师达10万多人次，学生达500多万人次。其间，詹万生深入实验区考察培训

1000多次，足迹踏遍了长城内外、大江南北，行程60多万千米，相当于绕赤道15圈。

依托实验区和实验学校的优势，詹万生带领他的团队深入基层做调查、做讲演，答疑解惑、传道授业，让自己的学术成果更接地气，让国家的德育科研落地生根，为当地德育工作的开展“推波助澜”。

河南省开封县教育局原局长王家友说：“詹万生主任的敬业精神，他的学识理念、人格魅力，都对我们地区的教育产生了重要积极的影响。”

吉林省四平市教育局局长牛立坚说：“近几年来，我市中小学德育工作能有比较大的提高，是和詹主任的指导分不开的。”

新疆教科所德育学会秘书长刘国印说：“詹万生主任的课题研究实验，事实上是在引领着我们新疆德育科研工作进展，对整个新疆的德育工作产生了巨大推动作用。”

北京大学博士生导师魏英敏说：“在德育领域里，詹万生够得上一个大师的水平，他是新中国新时期德育的开拓者。”

2006年10月，中国德育科研第九届年会在人民大会堂召开。全国人大常委会原副委员长彭佩云到会祝贺，来自全国政协、中宣部、教育部、团中央、全国妇联等单位领导及德育实验学校的2400多名代表出席了大会。这是一次规模空前的德育科研盛会。詹万生致开幕词：

在这美好的季节里，在这庄严的人民大会堂，在这和谐的氛围中，我们从祖国的四面八方走到一起来，共同研讨德育科研之大计，让我们继续发扬团结和谐求真务实高效的优良作风，为整体构建学校家庭社会和谐德育体系做出新的贡献。

这是一次规模空前的德育盛会，詹万生满怀豪情地写下了《沁园春·盛会》一词：

艳阳高照，万山红遍，金风送爽。人民大会堂，庄严神圣，金色大厅，富丽堂皇。两千同人，六百精英，四面八方聚一堂。携起手，研和谐德育，激情飞扬。

天时地利人和，看群英荟萃好风光。忆八届年会，扶摇直上，京深开重，众德咸集。株无信伊，群贤毕至，而今盛会更兴旺。有道是，得道必多助，再创辉煌！

40多年来，詹万生出版著作100多部，发表论文100多篇，累计2000多万字，主持和参加国内国际研讨会60多次，先后到美国、英国、俄罗斯等国家举办国际学术会议。詹万生先后主持了“八五”“九五”“十五”“十一五”“十二五”“十三五”国家教委德育重点课题的研究。

德育是一个永恒的话题，德育科研任重道远。

反哺家乡 德沐妫川

2014年9月，延庆电视台励志专题节目《妫川骄子》以《从山村代课老师到中国德育领军人》为题，播出了詹万生的德育工作和德育成就后，在延庆地区引起了强烈反响。

延庆区教委对此格外重视，邀请詹万生为延庆的教育事业再次出力。詹万生欣然接受，不久延庆成立了詹万生德育工作室。工作室主要本着三方面来开展工作：培养德育名师，为延庆试点中小学“把脉”；根据各学校的办学理念和办学特色，构建校本德育体系；推进学校的文化建设和主题班会建设。

在延庆的中小学，詹万生的德育教育实践可以概括为“三立三成”，即立德、立功、立言，成长、成人、成才。为此，他还成立了“三立三成”奖学金，资助那些家庭贫困、品学兼优的学生完成学业，早日奔向

“三立三成”的彼岸。他经常这样教导学生：践行良好的家风家训，不要忘本，要做到胸怀祖国、放眼世界，做到“风声雨声读书声，声声入耳；家事国事天下事，事事关心”。

詹万生还有一个多年的夙愿，就是要在延庆成立一座中国德育馆，德育馆分为古代德育厅、近现代德育厅、当代德育厅、延庆县德育厅。他的这一夙愿在北京市和延庆区各方面积极努力配合下，从2014年开始，中国德育馆（延庆馆）在延庆区第五中学校园中开始建设。2018年11月13日，全国基础教育首家德育馆——中国德育馆（延庆馆）正式开馆。教育部原副部长、国家总督学柳斌受邀参加开馆仪式，并参观了展览。

中国德育馆（延庆馆）开馆后，面向各级各类学校和社会各界免费参观开放，已经接待参观者数万人，同时也为延庆德育与全北京市乃至全国德育教育专家学者、德育教育工作者相互交流学习打开了一扇新的窗口。

（曹欢欢）

段泽兴

段泽兴，1951年12月出生于延庆镇解放街。1965年，考入中国音乐学院附中。1973年毕业后，被分配到内蒙古自治区杂技团。1983年，考入上海音乐学院作曲指挥系，毕业后再次回到内蒙古自治区，成为国家一级作曲家。1989年，任内蒙古自治区杂技团团长，并兼任内蒙古自治区杂技表演艺术家协会第二届主席。1999年，任内蒙古艺术研究所正处级副所长，兼任内蒙古艺术学院客座教授。

一去妫川连朔漠　高山流水到黄昏
——记著名作曲家、蒙汉音乐文化使者段泽兴

1973年，22岁的段泽兴离开家乡，只身来到内蒙古自治区。从此，他的命运就和草原音乐紧紧地连在了一起，开启了富有传奇色彩的精彩人生。他就是延庆籍著名作曲家、蒙汉音乐文化使者段泽兴。

作曲翘楚耀草原

走进段泽兴的创作室，他随意拿出了一张光盘塞进播放机里，屏幕上

面就闪出了“内蒙古自治区第十届草原文化节晚会”标题，接下来便是段泽兴创作的宏大音乐序曲《天下黄河》，之后的《蒙曲汉赋》《风揽雪》等曲目，也是段泽兴的作品，他创作的曲目几乎贯穿了整场晚会。在内蒙古，像这样的大型晚会、音乐会等，主办方几乎都会选用段泽兴的作品。

段泽兴陆续创作不同题材的曲目数百部，先后为内蒙古歌舞剧院舞剧《努恩吉雅》作曲；为通辽市歌舞剧院舞剧《安代魂》作曲；为历届内蒙古蒙语汉语春节晚会、马头琴艺术节、二人台艺术节、赤峰红山文化节、满洲里国际艺术节等大型晚会作曲；为中央电视台首届农民春晚开场结尾作曲；为文化部等部门举办的《纪念红军长征胜利70周年》大型晚会作曲。

内蒙古艺术学院音乐学院院长李世相说：“在内蒙古第二代作曲家中，大约有8个人，段泽兴是其中的佼佼者。”

一朝选入音乐府

1951年12月，段泽兴出生在解放街豆腐巷的四合院里（现儒林苑社区）。他的祖辈曾在政府做事，还曾到日本留学。新中国成立后，他们家先后出了5位人民教师，这让他感到非常自豪。段泽兴说：“有人进到院里一喊段老师，好几个人都答应。”家人中有从事文艺工作的，因此段泽兴很小就学会了吹笛子。

1965年，中国音乐学院附中来延庆招生，段泽兴幸运地被录取。那时候，中国音乐学院附中从全国招收20多名学生学习器乐，北京只招收8人，延庆只有段泽兴1人被录取，主攻二胡。他指着一张老照片说：“这就是我们学校，当时还在恭王府。我是农村去的，同学们要么是高干子弟，要么是城里少年宫毕业的，但我的成绩并不差。”

1973年，段泽兴从中国音乐学院附中毕业。那一年他22岁，被内蒙古自治区文化厅看好，受邀到那里工作。可等到段泽兴信心满满地去报到的时候，一下子傻眼了，他被分配到了内蒙古自治区杂技团，为杂技表演做幕后伴奏。其实，他想去歌舞团当独奏，“挑大梁”，不曾想却要退到幕后“当配角”。初到内蒙古就碰了钉子，那一刻他有些后悔来到大西北。

幕后英雄结良缘

不去杂技团报到，人事关系办不了，就不能领工资，段泽兴只能硬着头皮去了杂技团。“草色遥看近却无”的早春，“风吹草低见牛羊”的盛夏，“胡天八月即飞雪”的初秋，“瀚海阑干百丈冰”的严冬，一年四季，段泽兴都要跟着杂技团到基层演出。坐在大敞篷车里，路上坑坑洼洼，一路颠簸，满面尘土。每到一个村庄，杂技团就停下来，天做银幕地做台，演出就这样开始了。牧民们边看节目边使劲儿鼓掌。演出完了，有的牧民拽住段泽兴不放，让他给伴奏，大家一起跳舞。还有人把他拽进蒙古包里，边唱边跳，“酒喝干，再斟满，不醉不还”。几碗烈酒下去，段泽兴醉倒在草原上。酒醒时分，也是梦醒时分，20多岁的段泽兴望着空旷的草原，不知道今后的路该怎么走。

要想留住他的人，就得留住他的心。于是，杂技团的老人们张罗着给段泽兴说媒。1978年，杂技团里的姑娘袁莲英和他走到了一起。袁莲英说：“他纯朴实在，不像大城市的公子哥儿。多少年了，我对延庆人一直是这样的感觉。”

婚后，段泽兴经常跟团奔赴基层，以至于爱人生小孩，他也没在场。说起这段往事，袁莲英还有些抱怨：“我生孩子的时候，他在乌海市演出呢。等他赶回来，儿子都出生3天了！”

美丽草原我的家

1983年，段泽兴打听到了一个可以改变命运的消息：上海音乐学院在全国招收作曲系学生。与18年前考入中国音乐学院附中一样，段泽兴再次成为幸运儿：作曲系在全国只招收8人，段泽兴又是其中之一。拿到通知书之后，段泽兴告别妻儿，踏上了南下的列车，在上海音乐学院脱产学习整整3年。名校、名师、名学友，如《青藏高原》的曲作者张千一和段泽兴就是同班同宿舍的“老伙计”。段泽兴说：“我想家的时候，就把张千一叫起来。我们俩就在宿舍里喝酒，喝多少都行。”

1986年，段泽兴从上海音乐学院毕业后，面临的选择很多。有些同学选择了“孔雀东南飞”，到经济发达的东南沿海城市去发展。面对高薪和时尚生活的诱惑，段泽兴也有过片刻犹豫，但他心中时刻都挂念着北方的家乡。毕业后，段泽兴收拾好行李，告别了老师同学，穿过学院的绿荫小路，默默地踏上了北归的列车。毕竟，那里有蒙古族同胞和他的亲人。

多年以后，袁莲英谈到此事：“老段是一个负责任的男人，跟着他走过这么多年，我和孩子心里都踏实。”段泽兴抢过话说：“我要去了南方，什么都时尚，老婆、孩子还在西北，时间长了，怕离婚啊！我要离婚，那不成了遭人唾弃的陈世美了吗？”说到这儿，夫妻二人都笑了。如今，段泽兴的儿子段小舟已经从俄罗斯留学回来，在北京开了一家录音公司，父亲的曲目经常由他录制合成。父子俩合作很默契。

献艺九州闯五洲

段泽兴回到原单位后，被提拔为队长，属于正科级干部。1989年，内蒙古杂技团改制为企业，公开竞聘团长。段泽兴从激烈的竞争中脱颖而出，当上了内蒙古杂技团团长，从正科直接提拔为正处。担任团长后，段泽兴如鱼得水，经他创编的杂技节目，受到了内蒙古人民的热情欢迎，但段泽兴没有满足于此。趁着改革开放的东风，他带着杂技团走出大草原，活跃于祖国各地，甚至走出了国门，到几十个国家和地区进行访问演出。杂技团的收入也因此多年居内蒙古各演出团体之首。

1990年，段泽兴率团参加在法国巴黎举办的第十三届国际杂技节，凭借《四人踢碗》夺得第一名，斩获世界明日金奖。在杂技界，世界明日奖如同电影界的奥斯卡奖，是国际杂技界的最高奖项。段泽兴率团风光折桂，是我国少数民族杂技团体和演员在国际上获奖零的突破，填补了我国少数民族杂技在国际上没有获奖的空白。

内蒙古杂技团现任团长塔娜说："段团长给我们做伴奏，很突出表演情节和剧场气氛，演员和曲子达到珠联璧合的效果。另外，大家都知道他在幕后支持着我们，领导和我们在一起，大家演出劲头十足。"

德艺双馨修典籍

1999年，内蒙古艺术研究所所长得了重病，文化厅一时间找不到合适的人选主持工作。在这种情况下，段泽兴服从组织安排，调到该研究所担任正处级副所长。内蒙古艺术研究所承担着自治区艺术研究、艺术档案和艺术期刊编辑等业务工作。任职期间，他主编了《中国音乐文物大系第二部·内蒙古卷》，参与编撰了《中国民族民间器乐曲集成》《蒙古学百科全书》，并有10多万字的论文发表在国内外刊物上。

段泽兴始终认为，民族音乐的精髓不在高校学府，不在雅室厅堂，而是在民间。于是，他踏遍了内蒙古的山山水水，指导各盟市旗县的艺术研究与创作，并把蒙古族民歌融入他的作曲创作之中。

《内蒙古艺术》蒙文主编巴特尔说："段所长这个人淡泊名利，不争不抢不要，默默无闻做了很多工作，是幕后英雄。很多人都知道歌唱家是谁，不知道作曲家是谁。"

段泽兴总是把自己放得很低，蒙古族朋友却把他抬得很高。大家选他为内蒙古杂技家协会主席，1996年在人民大会堂出席全国第六届文代会。他还多次参加国际性会议，曾被中蒙两国联合聘为蒙古族长调保护专家。

2012年段泽兴退休后，被内蒙古艺术学院音乐学院聘为客座教授，主讲音乐创作。音乐学院院长李世相说：“段老师编写的教材，我们用了10多年。他是音乐教育家、著名作曲家、音乐理论家和社会音乐活动家，这在内蒙古音乐史上可不多见。”

包扎那是成吉思汗的第三十八世孙、内蒙古文联原副主席，和段泽兴是至交。他经常拍着段泽兴向人介绍：“北京延庆人到内蒙古做贡献来了，他是蒙汉音乐文化的和谐使者。我们认他做安达（兄弟）。”

“原来我俩一起搭班子，我脾气急，干工作急躁，我的缺点他都能包容，他对我帮助很大。”内蒙古文化厅副厅长乔玉光说，“一个汉族同胞，从首都北京来到我们大西北，在草原文化史上书写了重要的一笔，而且精彩还在继续。”

淡淡乡愁阵阵来

内蒙古自治区的省会呼和浩特背靠大青山，所以又叫青城。青城城南10多里处，有一座陵墓，被人称为青冢。2000多年前，王昭君被汉朝派去和亲，汉朝边境安定了100多年。王昭君去世后，人们为了纪念她，就在呼和浩特城南修建了王昭君的衣冠冢。段泽兴说：“我不可能像昭君那样做出那么大的贡献，但是我可以做她的粉丝，把我的所学留在这片美丽的草原上。”

段泽兴也时常思念远方的亲人，几十年来，他一直珍藏着几张泛黄的老照片，自己的父亲母亲、哥哥姐姐，还有发小……

段泽兴说，有一年春节，他从内蒙古回延庆，坐了八九个小时的火车，再从康庄火车站步行到家里，看到家人幸福的笑脸，心里别提有多高兴了。由于工作原因，段泽兴一直不能“常回家看看”。父母去世后，哥、嫂就成了他的长辈。他回延庆的时候，总要带上几斤月饼，胡麻油味儿的，哥、嫂就爱这口儿。段泽兴说：“我大哥段泽璞爱吃涮羊肉，每次回去我都挨着他坐，方便多给他夹菜。”说到这里，他沉默了，片刻之后欲言又止……

夕阳西下，远方的鸿雁飞来，鸣叫声低转悠长。瑟瑟秋风从耳畔吹过，偶尔云层中透过一束阳光，照在他花白的头发上，缕缕乡愁涌上心头。

人来自哪里不重要，重要的是要像蒲公英一样，落到哪里，就在哪里生根发芽。谱写草原壮美心曲，作出民族和谐之声。段泽兴担负起什么样的民族责任和使命，内蒙古的乐坛早已给出了答案。

（申兵堂）

王鹏举，1954年11月出生于旧县镇大柏老村。1972年参军，担任部队创作员。1991年，转业到国务院台湾事务办公室新闻局。1993年，参与创办九洲影像出版公司，先后担任副总经理、副总编辑、总编辑。2006年，参与筹办首都广播电视节目制作业协会，担任秘书长。2007年2月，出任湖南电广传媒文化发展有限公司执行总经理。2008年，被业界评选为中国电视剧十大金牌制片人之一，进入行业领军人物行列。2009年，被中国传媒大学聘为研究生导师。2011年6月，出任国龙联盟投资股份有限公司高级合伙人、运营总裁。2013年5月，参与成立中国电视剧制作产业协会，并担任副会长兼秘书长。|

王鹏举

全国十大金牌电视剧制片人
——记中国电视剧制作产业协会副会长王鹏举

在延庆曾经有这样一个人：他参与制作的电视专题片《让历史告诉未来》和《血沃中原》在全国引起了强烈反响，双双获得全国纪录片特等奖，并入选传媒高校教材。他参与所拍摄的电视剧多达100多部4000多集。2003年央视播映的胡军版《天龙八部》荣获中国电视剧金鹰奖、飞天奖，并被评为新中国60部经典电视剧之一；2005年央视播出的电视连续剧《京华烟云》，收视率高达14%。这两部电视连续剧投资方总代表都是他。

这个人就是王鹏举。2008年，王鹏举被评选为中国电视剧十大金牌制片人之一。

少年尝尽愁滋味

1954年11月2日，王鹏举出生于旧县镇大柏老村，原名王鹏飞，兄妹5人，父亲王顺星是一名老八路。1960年，年仅49岁的父亲因多年征战落下的咯血病去世。随后，全家人的生活陷入极度贫困之中。

上小学的时候，有一次王鹏举装上过年时的一毛钱压岁钱，步行到延庆逛县城开眼界，中午只买了一个干巴火烧充饥。当王鹏举看到城里孩子吃一种叫“冰棍”的东西时，想到家里可爱的小妹妹没吃过，就花了5分钱买了一根放在书包里。他没想到的是，刚到八里店村，书包里就往外滴水——冰棍化了。

“那个时候，我不知道冰棍是会化的，回到家也没敢和我娘说，怕挨骂。”王鹏举每当和人讲起这个故事，就忍不住要掉眼泪……

家里虽穷，但王鹏举爱读书，可又没钱买。“文化大革命”期间，王鹏举听说学校要把一大批书烧掉，便趁着夜色进了教室，“顺出来”两书包书，其中有《杨家将》《岳飞传》《红日》《红岩》《红旗谱》等。王鹏举偷偷地躲在屋里，如饥似渴地从书中汲取营养，这些为他以后的影视剧本创作打下了原始基础。

当看到《红岩》里面有个大特务头子叫徐鹏飞时，王鹏举不干了，因为当时他的名字叫王鹏飞：自己怎么能和特务一个名字呢？于是，王鹏举跑到派出所，硬是要求警察把名字给改了，弄得警察哭笑不得。改成什么呢？岳鹏举精忠报国，因此他将名字改成了王鹏举。

绿色军营电视情

为了生活，1970年，16岁的王鹏举到原延庆钢铁厂当工人。工作不错，不久他还买了一辆让人羡慕的自行车。但他却不喜欢这份工作，因为这里的工作和文化不沾边。1972年12月，他放弃别人羡慕的铁饭碗身份，到北京军区66野战军服役，担任部队创作员。找到了自己最喜欢的工作之后，王鹏举如鱼得水。他创作的话剧、歌剧、京剧等曲艺作品多次在部队获奖，让领导和同事们刮目相看。

服役期间，王鹏举经历了两件大事。第一件事是1976年唐山大地震抗震救灾。震后第二天，王鹏举和战友们爬过摇摇欲坠的滦河大桥，挺进灾区，一边参加抢险，一边排演文艺节目，鼓励唐山人民重建家园。第二件事是20世纪80年代的引滦入津工程。当时，王鹏举的三名战友牺牲在工地上，这给王鹏举留下深刻印象。1984年，王鹏举以此为题材，拍摄了两集电视剧《又到寒冬落雪时》，在军内外引起了一定的反响。这是他的影视处女座，从此他与影视结缘。

20世纪80年代，中国的电视节目主要以新闻和专题为主。由于业务扎实出众，王鹏举被调到中央电视台军事部当记者，参与拍摄了1000多小时的纪录片。其中，《让历史告诉未来》和《血沃中原》在全国引起了强烈反响，双双获得全国纪录片特等奖，并入选传媒高校教材。事后，王鹏举带着专题片的书稿，去拜访部队老首长。徐向前、洪学智、杨得志等几十位将帅为此书签名留念，增加了此书的厚重和影响力。

一片赤诚通两岸

1991年3月，王鹏举转业到国务院台湾事务办公室新闻局，主要负责央视第四套节目的筹备和开办、涉台电视剧摄制、图书音像出版工作。1993年3月，他参与创办中台办、国台办下属的九洲影像出版公司，先后担任副总经理、副总编辑、总编辑，专门从事海峡两岸文化交流工作。由于历史原因，内地和台湾的影视交流并不顺利，甚至一度陷入僵局。究其原因，正如台湾国民党评议委员汪威江所说："刚开始，双方互相都不了解，互相猜疑，工作不好开展。"

一个偶然的机会，王鹏举得知汪威江的弟弟去世了，便赶紧放下手头工作，飞往台湾前去慰问。汪威江回忆说："在我们最悲痛的时候，鹏举兄前来慰问，我们很感动。这是一个重情义的人，这个朋友我是交定了。"

以诚相待，心诚则灵。随着时间的推移，王鹏举的台湾朋友多了起来，他所从事的两岸影视交流工作也跟着活跃起来。台湾龙翔影业公司从王鹏举手里购买了《宰相刘罗锅》的播映权，台湾另外一家公司听说了这件事，答应以双倍的资金购买，而王鹏举坚决按照原定价格把片子卖给了龙翔影业公司。很多人都说王鹏举有些傻，可更多的台湾同胞就愿意和这位"傻人"做生意。

在九洲影像出版公司工作期间，王鹏举先后组织出版各类文艺教育音像制品4000多种。这些"中华几千年来优秀文化浓缩起来的音像产品"被源源不断地输送到台湾。他还先后组织"闽南情·同胞心""台湾9·21

大型赈灾义演”等各类演出100多场次。王鹏举以其诚信的商道和高尚的人品在海峡两岸上架起了一座文化乡情连心桥，为开辟两岸文化交流工作的新局面做出了突出贡献。

影视世界立潮头

王鹏举来自农村，这让他比谁都懂得农业的落后、农村的艰苦和农民的艰辛。1999年，王鹏举拍了一部农民戏——《许茂和他的女儿们》。这部轰动一时、多次获奖的电视剧堪称经典，后被中宣部列为改革开放20周年和新中国成立50周年50部重点影视剧目之一。王鹏举动情地说：“这50年来，农民用汗水和脊梁构筑了中华民族腾飞的高速跑道，我要歌颂他们，但不放大他们的丑劣和缺点，放大农民的缺点来吸引观众，本身就是丑陋的。”有趣的是，在重庆拍戏时酷暑难耐，但是作为男一号的刘佩琦却没和王鹏举提薪酬，因为当年刘佩琦到部队当兵，还是王鹏举骑着自行车把他接到部队的。

王鹏举所拍的电视剧题材广泛，历史演义、神话传说、军事警法、都市情感都有涉猎，其中武侠剧是一大亮点。早年由港台人士制作、拍摄古龙的《萧十一郎》，梁羽生的《白发魔女》，金庸的《笑傲江湖》《神雕侠侣》《鹿鼎记》《碧血剑》等，影响了一代观众。对于大陆制片人重拍武侠剧，不少人持怀疑态度，但王鹏举不信这个邪。2003年，他担任总监制的胡军版古装武侠《天龙八部》获得巨大成功。这部剧中，人物刻画入木三分，武打场面精彩绝伦，让观众大呼过瘾。该剧因此荣获中国电视剧金鹰奖、飞天奖，并被评为新中国60部经典电视剧之一。

该剧总制片人张纪中说：“这部连续剧成功主要有两点，鹏举指导剧本修改得好，再有演员选得准，每个人都符合剧中的角色。鹏举多次邀请我担任制片人，我们的合作非常好。”《天龙八部》还得到了原著作者金庸先生的高度认可，并专程来到大陆拜访王鹏举，为他题名留念。

俗语说：“人在江湖，身不由己。”可任由乱花迷人眼，王鹏举就是“咬定青山不放松”。他挑选剧本从不庸俗、低俗，更不媚俗，始终把价值导向和社会效益放在首位。2005年，纪念世界反法西斯战争胜利60年之际，王鹏举瞄准了《京华烟云》。《京华烟云》是林语堂借鉴《红楼梦》结构写的长篇小说，讲述了老北京曾、姚、牛三大家族从义和团起义到抗日战争30多年间的悲欢离合和恩怨情仇，全景式地展现了现代中国社会风云变幻的历史风貌。2005年10月15日，《京华烟云》在央视一套黄金时段播出，收视率一路飙升，超过了《亮剑》和《大长今》，并斩获了很多奖项。王鹏举和另外一名制片人杨善朴因此获得第二届全国电视剧最佳制片人奖。

2006年7月，王鹏举离开九洲影像出版公司，8月参与筹办首都广播电视节目制作业协会，担任秘书长；2007年2月，出任湖南电广传媒文化发展有限公司执行总经理；2011年6月，出任国龙联盟投资股份有限公司高级合伙人、运营总裁；2013年5月，王鹏举参与成立并担任中国电视剧制作产业协会副会长，协会拥有华谊兄弟、华策影视、光线传媒、海润影业、小马奔腾、新文化等国内200多家影视制作机构，当年电视剧产量就占全国电视剧80%以上份额。

在影视界闯荡了30多年，王鹏举担任过总策划、总监制、制片人、出品人，所拍的影视剧近百部共4000多集。曾经的热播剧《母亲，母亲》《铁核桃》《特警力量》等都是他的作品。

中国广播影视出版社社长、总编辑王卫平说：“王鹏举先生见证并推动了中国电视剧的开端、发展和走向成熟，引领着中国电视剧的前进方向，这在中国影视界简直就是一个奇迹！”

著名导演尤小刚说：“鹏举是一个非常有本事的人，他完成了很多人不可能完成的事情，靠的是出色的组织能力、高尚的人格魅力，他是影视界的一棵常青树！”

纵横中国影视界30多年，王鹏举志向不改，豪情不减当年。他感慨地说道：“习近平总书记在文艺座谈会上说，中国文艺不能只有高原，还要有高峰。我想在有生之年，再创作几部有分量的电影，代表中国在国际影坛取得骄人业绩！”

（申兵堂）

于秀平，1954年出生于天津市和平区，自幼随母亲到延庆康庄镇榆林堡定居。1974年到延庆银行部门工作。1992年下海经商，先后任湖北省老河口市建总房地产开发有限公司董事长、湖北省武汉元丰汽车技术发展有限公司董事长、北京江河海源科技发展有限公司董事长、北京颂福恒生家庭服务有限公司董事长。

于秀平

给中国军车装上充放气系统的第一人
——记武汉元丰汽车技术发展有限公司董事长于秀平

2015年9月3日，纪念中国人民抗日战争暨世界反法西斯战争胜利70周年阅兵式在天安门广场隆重举行，27个装备方队展示的武器装备均为国产主战装备。在运输武器的军车轮胎上，安装有一种叫汽车轮胎中央充放气系统的设备。汽车安装这种部件，为我军执行紧急任务提供了强大的技术保障。这种高精尖的汽车配件产自武汉元丰汽车技术发展有限公司，该公司是目前我国唯一一家能生产这种设备的企业。于秀平就是这家企业的董事长。

铁流滚滚，气势如虹。当看到自己公司的产品被应用于国防事业，在万众瞩目下通过天安门广场时，那一刻，于秀平潸然泪下：“我们的祖国强大了，我的产品赢得全国人民的瞩目，我真是百感交集，万分激动。”为了生产出一项优质军品，于秀平有过心酸，有过泪水，就是没有过放弃。回首几十年的商海生涯，她的事业是从延庆区康庄镇一个叫榆林堡的小村子起步的。村里的老人说：“我们村的丫头干出了一件天大的事儿，我们也觉得脸上有光！”

乡下丫头敢“下海”

1954年，于秀平出生在天津市和平区。父亲于天富是一名老革命，新中国成立后担任天津建筑部门的领导，1958年被错划为“右派”。因生活日渐窘迫，1962年，于秀平姐弟三人随母亲回到了姥姥家——康庄镇榆林堡村。那一年，于秀平8岁，一下子从城里姑娘变成了乡下丫头。不过生性坚强的于秀平并没有对生活失去希望。长大后，她在生产队干活总是最积极的一个，还担任了村里的团支书。于秀平出色的组织能力引起了延庆银行部门的注意，1974年，于秀平被延庆的一家银行录用。1985年，于秀平被调到北京城里农行工作，走上了领导岗位。不过，爱“折腾”的于秀平并不喜欢这份按部就班的工作。1992年，于秀平毅然辞职下海。后来，于秀平这样形容自己的工作：“让我坐办公室喝茶、看报，我可不喜欢！”于秀平下海的第一站是青岛市四方区城市信用社，担任总经理几年间，信用社营业额就从几百万元发展到7个多亿。

2001年，湖北省老河口市进京招商引资房地产项目，于秀平果断坚毅的性格给对方留下了深刻的印象，双方签订合作项目，开发房地产8万多平方米，涉及478户居民的拆迁。施工过程中，没有发生一起事故，两年后向回迁户顺利交房，加快了当地人融入现代生活的步伐。房地产的生意做得风生水起，很多人都以为于秀平会在老河口再大干一场，而她却选择了止步！她沿汉江而下，到达300多公里之外的武汉市汉阳区，在那里开启更大的人生梦想。

山重水复疑无路

汉阳为武汉三镇之一，水陆空交通运输便捷，近代以来就是中国的重工业基地，驰名中外的“汉阳造”曾在抗日战场上发挥了重要作用。于秀平也要在汉阳造出一种军事装备，运用到祖国的国防事业上。

原来，于秀平有一次去巴西，了解到公交车的轮胎上安装一种叫中央充放气的装备，用来调整轮胎气压，即使轮胎破了，汽车仍然能安全行驶一段距离，而当时这项技术在国内还是一片空白。于秀平来到武汉，经朋友介绍，认识了武汉元丰汽车零部件公司的董事长王明道。于秀平打算和他合作，可是王明道对这一产品的研发持怀疑态度。经过于秀平多次深入沟通，合作的事儿成了，二人各出资100万元，于2003年成立了武汉元丰汽车技术发展有限公司，于秀平做董事长，王明道做总经理。王明道说：“于董事长讲诚信，敢打敢拼有魄力，跟这样的人合作，我心里踏实。”于秀平则说：“人家王总是汽车行业的精英，我跟他合作，是小渔船拴在大军舰上，你说跑得快不快？”

想法归想法，实践起来可就不一样了，二人合作不到两个月，大量的科研经费都打了水漂儿，连个响儿也没听到。有一次，于秀平身上只有1921元，向一位专家请教技术难题，恰巧请人家吃饭。结账的时候，心里忐忑不安，饭钱够吗？服务员报1901元，于秀平踏实了，钱够了，还能剩下20元，可回去给车加油的钱没了，于秀平给老河口市的公司打电话，赶紧卖掉一套房子，原本15万元的房子，结果只卖了8万元。囊中羞涩，一个大老板，连一顿饭都请不起。研发就是创新，于秀平没有任何参考，前方的路该怎么走呢？

风雨过后见彩虹

最艰难时期，别说科研经费，员工的工资都成了问题，于秀平只好做决定：员工工资照发不误，公司领导一律不发工资。令于秀平没想到的是，就是在这种情况下，没有一个人从公司辞职。正是由于大家的苦苦坚守，2006年公司新研发的产品问世了。可是质量到底怎么样，谁的心里也没底，于秀平只好带上产品到极寒极热的条件下去实验。黑龙江漠河的铁门粘掉过她的手皮，新疆塔克拉玛干沙漠的沙子烫伤过她的脚，海南岛雨林里的蚊虫咬伤过她的脸……

经过反复实践，产品性能良好，只要根据地理气候条件，司机采取冰面、沙漠等相应的模式，通过增减轮胎的气压，车辆均安全通过。产品一经批量生产，就被中央军委原总装备部看好，采购后安装到军车上。2008年汶川地震，抢险回来的战士说，坑洼泥泞的山路没能挡住军车的前行，中央军委装备部门对中央充放气系统也给予很好的评价。

不过，武汉元丰的产品第一次在全国人民面前亮相，是在2009年中华人民共和国成立60周年的阅兵现场，要说当时于秀平是啥心情？除了紧张，还是紧张，她感觉心要从喉咙里跳出来。为了不出意外，于秀平和技术人员到阅兵村住了3个月，给战士们做培训，直到阅兵车队通过广场的一刹那，于秀平的心总算放在了肚子里，把自己关在屋子里睡了一天一夜。2015年9月3日，在纪念中国人民抗日战争暨世界反法西斯战争胜利70周年阅兵式上，于秀平是在泪水中度过的。她感觉自己所做的事情已经超越了金钱，因为有了强大的装备保障，敌人就不敢贸然侵犯，战士就会少流血。国防强大，人民幸福，这正是于秀平制造军品的初衷。

此后，国家历次阅兵的指挥车——悍马的轮子上都突出显示了像大表针似的中央充放气系统，每当这个时候，于秀平都感到无限骄傲和自豪。

武汉元丰人正是在于秀平的带领下，跋涉在中国汽车安保行业的探索之路上，虽充满了艰难、心酸、挑战，但业绩骄人。17年的发展历程中，武汉元丰拥有自主知识产权共计37项，其中发明专利12项。2008年12月，武汉元丰被认定为湖北省高新技术企业，2011年、2015年经国家发改委、科技部等四部委复审，被认定为湖北省高新技术企业。2010—2012年连续被东风越野车有限公司评为“东风猛士优秀供应商”。2011—2015年连续5年被陕西重汽评为“年度军品优秀供应商”。2012年度模式化中央充放气系统获得了国家创新基金支持。2020年被一汽解放有限公司评为特种装备优秀供应商、抗疫先锋奖，被武汉市军民融合发展委员会办公室评为武汉市军民融合单位。

目前，这项轮胎的革命性技术已经应用在北京公交系统，并有望在私家车领域推广使用。

随着元丰公司的日益壮大，给国家上缴的税金不断增加。于秀平骄傲地说：“我们平均每年纳税1000多万元，这相当于我们50多名员工每人每年平均要纳税20万元。”

老于家的掌门人

于秀平下海后，她的两个弟弟几乎同时放弃了原单位的优厚待遇，加入了她的战队，成为她的左膀右臂。多年的打拼，于秀平的大家庭形成了坚韧不拔、永不服输、甘于奉献的优良家风。

于秀平的大弟于存海这样说：“我们老于家的大事都是大姐说了算，大姐说一不二，掌家有方。”于秀平的二弟于存洲说：“我们父母去世得早，大姐把我们一手带大，大姐太苦了，我们看着也心疼。”

于秀平的儿子于智杰是一名“80后”，2005年大学毕业后，被母亲安排到朋友的公司上班，从最底层干起，打扫卫生、当售楼服务员。母亲的良苦用心，于智杰当初并不理解，母子的感情也是在工作中建立起来的。于智杰说：“有一年特别忙，我妈北京、武汉两个城市来回飞，飞了100

多趟，平均3天就飞1次，往往是刚下飞机又上飞机。我小时候和我妈没有什么感情，她除了工作就是工作，我工作后才明白母亲所做的一切。我爱我的母亲，我觉得她是伟大的。”

小孙女于萌9岁了，于秀平也向往儿孙绕膝的天伦之乐，可由于工作，她没有时间陪孩子，想孙女了就看看手机里的视频。视频里小孙女说：“我长大了要当董事长，和奶奶一样，做一只飞来飞去的小蜜蜂，小蜜蜂最勤劳。”小孙女的话无疑是对于秀平最大的安慰。

依“槿”还乡 开心农场

于秀平是一位比男人还要坚强的女性，熟悉她的人都知道，于秀平是既爱“武装”，又爱“红装”，这都体现在她对一种花木的钟爱上。“水陆草木之花，可爱者甚蕃”，于秀平独爱木槿，木槿花寓意温柔的坚持，象征着历尽磨难而矢志弥坚的性格，象征着念旧、重情义。也是带着这种信念追求和对家乡的依恋，2014年10月，于秀平在康庄镇榆林堡村建起了木槿园和开心农场。2015年10月开园，于秀平在开幕致辞中说：“乡亲们，我还是榆林堡村那个爱折腾的老丫头，谢谢大家来捧场，你们要是信得过我，咱们一起干。”

在外打拼多年，于秀平太累了，她也想把老家当成心灵休养的地方。即便这样想，很多时候，于秀平还是身不由己，武汉元丰公司要上市，一个电话她就得走。于秀平说：“既然选择了创业，就是选择了辗转，选择了不一样的人生。路，永远都在前方。”

（申兵堂）

武爱国，1956年3月出生于井庄镇果树园村。1978年，考入北京医学院（北大医学部）。1983年毕业后，进入延庆县医院工作。1990年，到北医三院工作，其间曾获国际抗癌协会新技术开发与转让奖。1993年，到美国内布拉斯加大学任教。1995年，受聘为乔治敦大学骨髓移植实验室主任。2000年，任华盛顿乔治梅森大学教授。2002年，担任美国生物制药公司副总裁，后成为美国弗吉尼亚州州长私人科技顾问。

武爱国（左）和同事在实验室

影响国际医学的延庆人
——记美国乔治梅森大学教授、美国生物制药公司副总裁武爱国

2010年3月20日至24日，由国家外国专家局国外人才信息研究中心和中国医药生物技术协会主办的第三届蛋白质和多肽大会在北京召开。作为每两年才举办一次的世界级科技大会，它吸引了全世界30多个国家和地区的1700多位专业人士参加。

这次大会主席团的主席，对参会的各国专家来说不陌生，因为他是一位研究成果丰硕并对专业发展有着重要影响的中国人；对中国专家来说也不陌生，因为他曾是一位成功运用尖端的骨髓移植手术治愈肺癌并在全球医学界引起轰动的北医三院主治医生。

其实，对延庆人来说，他更不陌生，因为他是一个土生土长的延庆人，是井庄镇果树园村走出的妫川骄子——武爱国。

穷且益坚　终遂青云之志

儿时的武爱国聪明好学，成绩在全校出名。当时，这个穷得只能披着母亲的破棉袄上学的一年级小孩儿，很快就能做出三年级的数学题。

他爱看书，为此经常干些“出格”的事。“文化大革命”时期，见有人被抄家，他会偷偷溜过去，把没人要的《岳飞传》藏起来，晚上躲在被窝独自享用。

中学时代是迷茫的。在当时，时代的迷茫让一代人都在迷茫，大家的命运更多是被选择，而不是去选择。

武爱国迷茫并坚守着，他内心深处有两个理想：一个是当兵，一个是上大学。可是，他的第一个理想很快就破灭了。武爱国上高二那年，中国民航来学校征兵，招兵的干部一眼相中了他，可因为武爱国父亲的“历史问题”，他落选了。

“生活失去了色彩，我感觉万念俱灰。”武爱国一头扎到了炕上……这次打击，让他平生第一次拿起了烟卷。

不久，第二个理想也与他渐行渐远。武爱国回忆说：“当时有条件推荐上大学的都是根正苗红的人。像我这种身份的，希望渺茫。”

为了这个不可能实现的梦想，他默默坚守着：别人打牌，他却在宿舍里面看书、做题。他不希望这只是一个梦想。

1976年高中毕业后，武爱国到公社做了一名饲料干事。因为工作突出，武爱国很快从公社提干到代理公社团委书记，成了乡亲们羡慕的能够

"吃皇粮、转户口"的公家人。可他仍然高兴不起来。有一天，他抑制不住内心的迷惘，躲在宿舍里独自喝下一瓶30度的青梅酒。

1977年的一天，恢复高考的消息传到武爱国那里。他仰望苍穹，泪水潸然而下。

1977年12月初次高考，武爱国就被北京邮电学院录取。后来，他听取了下放到延庆的中国冷冻工业老专家吴金翠的意见，决定放弃这次机会，以便冲击更好的学校。

第二次高考安排在1978年3月。武爱国更加拼命地学习：白天去粮库晒粮，晚上回去就闭门复习。有一次，他累得半夜睡着了，结果蜡烛烧着了羊毛毡子，直到火苗蹿上头，才把他烧醒。

功夫不负有心人。这一次，武爱国以高分考入北京医学院（北大医学部），从此走上了医学之路。

大学里的武爱国也是很特别的一个。特别就特别在他这个基础薄弱的山里人，却在城里一鸣惊人。谁也没想到，之前没学过高等数学的人，年底考试能考满分；英语只懂ABC的外语盲，经过两年的学习已经是全系第一。更让人想不到的是，这位开始只能分到慢班的山里人，从慢班、中班再到快班，一年跳了3次班，大学结业时，他的成绩比全系第二名多了70多分！

武爱国用一种"超人"的方式进行着自己的学业。

1983年大学毕业后，他被分配到延庆县医院工作。但是，继续求学的愿望不时蹿出来搅乱他的心。当他鼓足勇气走进院长办公室说出考研愿望时，院长鼓励他说："我支持你，考吧！"

此后，凌晨两点前他再也没睡过觉。宿舍的门上、墙上、天花板上，贴满了英语单词。考试前一天晚上，他住在北京城里的一间地下室。那天，屋外施工队一宿没消停。考试时，他学着"头悬梁，锥刺股"，逼迫自己精神十足地答完考卷。

1200名考生中录取了78人，武爱国的名字赫然在列！在学校读研时，他依然特别。别人两年多拿到的学分，他一年就拿满了。

1990年，武爱国作为全校最优秀的毕业生，被分配到北医三院工作。

尖端技术影响国际医学

到北医三院工作的第一年，武爱国就被提拔为主治医生。后来，院领导和同事发现了这位新人的不同之处。这位新人刚来，就敢把世界尖端的骨髓移植治疗癌症的技术引进医院。

一切从零开始，不过奇迹紧跟着发生了。一位70多岁的肺癌患者成为幸运者。通过武爱国做的骨髓移植手术，他的癌细胞消失了！北医三院的这项技术，自此领先全亚洲。

中外媒体瞬间聚集到这个此前默默无闻的医生身上。日本、新加坡、中国台湾等国家和地区的病人慕名而来，各国专家的电话和信件也纷至沓来。

武爱国因此获得国际抗癌协会新技术开发与转让奖，并且“意外”地领到了30万美元的研究经费。当时，全世界获此殊荣的，仅有12人。不久，美国内布拉斯加大学发来了邀请函，武爱国想拒绝，但院领导劝他：“去吧，去学学新知识，以后更有发展。”武爱国到来的消息轰动了内布拉斯加大学：校报头条介绍这位中国医生，校领导亲自接见，还有专门为他准备的盛大欢迎宴会。第一次走出国门的武爱国突然意识到：原来，自己这个奖如此重要！

1995年，美国总统克林顿的母校乔治敦大学把武爱国聘为学校骨髓移植实验室主任。2000年，位于美国首都华盛顿的乔治梅森大学聘武爱国为教授，指导该校分子生物学的研究。武爱国的研究课题，历来是同行们观摩的热门，也是专业杂志抢登的对象。在国际权威杂志《国际物理与生化杂志》上，武爱国指导的论文创造过一个纪录。一般的研究很难在这个级别的杂志刊登，即使刊登，审稿也需要6个月。当武爱国指导的一篇论文传到杂志社时，总编辑当场拍板，决定抢发这篇稿件。短短4天时间，这篇论文就刊登了出来。

论文发表后，武爱国的手机每天都能收到世界各国知名专家的短信，希望能够学习他的实验过程。欧洲和南美的一些国家还发出了授课的邀请。

如今，武爱国已经在国际著名学术刊物上发表论文近百篇，成为专业领域内的重量级人物，对专业发展有着重要的影响。

因为贡献突出，1996年，武爱国获得美国国立卫生研究院国家杰出科技成果奖，全美当年只有30人获此殊荣。2002年，他开始担任美国生物制药公司副总裁，主管新药研发工作。

2006年以后，武爱国作为科技顾问，受聘于乌克兰及哈萨克斯坦多家医药企业，帮助乌克兰卫生部建立了东欧地区第一个符合美国食品药物管理局（FDA）标准的药物生产线。

武爱国还担任美国弗吉尼亚州州长的私人科技顾问，对该州相关法律和政策的制定起着不可忽视的重要作用。

漫长游子路　一生故乡情

武爱国已经出国近30年了，但他的“延庆特色”丝毫未减，故乡情也与日俱增。“我现在还是果树园人，喜欢吃家乡的饭，喝家乡的水。”武爱国的普通话自始至终都带着延庆味儿。出国后，武爱国的家乡情更浓了。在美国，他有一亩地大的院子，里面种了黄瓜、茄子、西红柿，菜籽是他小心翼翼从家乡带过去的。他希望在美国也能吃到家乡的菜！他一直想倾其所学，为祖国和家乡的医学事业做点事情。

2010年3月21日至23日，在北京会议中心召开的第三届蛋白质和多肽大会暨生命科学仪器展览会，就是武爱国向组委会极力建议的结果，因为他要让祖国分享世界顶级的科研成果。谈到祖国，武爱国深情地说：

“到了国外会更清楚，祖国强大是多么重要。我希望有生之年尽自己绵薄之力，为祖国科技发展添砖加瓦。”

（郎丰杰）

卢敬利，1956年3月出生于延庆镇东关村。1977年，考入北京大学俄语系。1982年，毕业后进入新华社，曾在参编部、参考消息报社、莫斯科分社、阿什哈巴德分社等部门从事编译工作。多年的驻外记者生涯，他时刻不忘初心、牢记使命，是一名奋战在欧亚大陆上的文化使者。2016年退休。

卢敬利

欧亚大陆上的文化使者
——记新华社译审、原驻外记者卢敬利

初出茅庐拍下世界大新闻

1988年12月1日，时任中华人民共和国外交部长的钱其琛率中国代表

团赴莫斯科，商谈中苏关系实现正常化事宜。这是中苏关系紧张近30年之后，中国外长第一次正式访问苏联。因此，戈尔巴乔夫和钱其琛在克里姆林宫握手的照片被中国各大媒体争相刊登。不久，这则新闻入选《人民日报》当年的“世界十大新闻”。

将这一历史瞬间定格下来的人，名叫卢敬利。当时，他是新华社驻莫斯科分社的翻译，还不是新闻记者。这是他的第一次“外出采访”，也是第一次使用照相机拍新闻。初出茅庐，卢敬利便拿下了当时的世界级新闻。这既是他作为文化使者的一次精彩亮相，也让他以后从事的新闻采访工作有了一个良好的开端。

兢兢业业的俄文翻译

1982年从北京大学俄语系毕业后，卢敬利被分配到新华社参编部苏联组从事俄译汉翻译工作。这个部门最早由老一代革命家廖承志负责，专门翻译俄文外电外报。新华社被称为“党中央的耳目喉舌”，而参编部就起着“耳目”的作用，负责向党中央、各政府机关乃至普通百姓提供来自国外和港澳台的各种消息。

翻译工作时间紧张，任务繁重。从20世纪80年代开始，新华社参编部就有了工作定额：助理翻译每天要翻译1500字（按中文计算）的稿件，翻译为2000字。那个时候，都是用200字一页的稿纸，一个字一个字地写。写错的字，要用小刀刮掉后重写；如果改动一两行，就得用剪刀剪掉该部分的稿纸，然后再打补丁。参编部的翻译工作，时效性强，每天上午8点上班，10点前必须完成当天的紧急稿件。就这样，卢敬利从事这种纸面翻译工作一直持续到1995年单位配备了计算机为止。

翻译出来的稿件都刊登在《参考资料》《参考消息》以及其他内部刊物上，而这些内部刊物是很多国际问题专家的资料来源。每天两本、每本96页的《参考资料》都署有译者的名字。资深的苏联和俄罗斯问题专家冯玉军表示，与翻译稿件相比，他对俄文翻译名字更熟悉，因为几乎每天都能看到这些人的署名，甚是赞叹这些译者的翻译速度和水平。

从开始的每天翻译1500字到后来的2000多字，再到用电脑后的每天4000多字，卢敬利一干就是20多年。1995年，他评上副译审，2003年评上译审，是一位名副其实的“翻译匠”。

2000年至2002年，卢敬利编译的《风景如画戒酒村》《可燃冰：深藏海底新能源》《俄罗斯地下核武库探秘》《除夕，克里姆林宫将发布重大新闻》《卡拉什尼科夫一家》《苏俄领导人与酒》《海上乘冰历险记》，以及长篇连载《头号人物：普京访谈录》《20世纪稀奇古怪的武器装备》《伊拉克核武之梦》《帝国的葬礼》等先后在《参考消息》刊登，获得了读者的广泛好评。

莫斯科分社第一写手　中共六大纪念馆建首功

2013年3月23日，中共中央总书记、国家主席习近平在莫斯科出席中国共产党第六次全国代表大会纪念馆建馆启动仪式，俄罗斯联邦副总理戈洛杰茨陪同出席。2016年6月，纪念馆完成修复工程，开始对外开放。

“修旧如旧”的会址常设展览馆是一座黄白相间的欧式小楼。步入一楼，展品十分丰富：从中共六大代表人员名单到选举结果纪要，从军事报告到政治决议文件……这些珍贵文件有的是中文，有的是俄文，有的是用手写，有的则是打字机打印，历史感十分强烈。

令人印象深刻的是，在展览馆的“中共六大的筹备与召开”部分，展示了在当年白色恐怖中，为了参加会议，代表们冒着生命危险，从上海、北京、大连等地，冲破重重险阻，辗转多地经绥芬河或满洲里过境，前往莫斯科开会的路线图。据展览馆副馆长李守义介绍，即使到达会场后，每个代表也都要隐匿真实姓名，以编号相称。当时环境的紧张，由此可见一斑。在另一块展板上，可以看到苏兆征、项英、周恩来、瞿秋白、李立三等14人被选入六届一中全会中央政治局委员和候补委员名单。

自2016年7月对外开放至2020年，展览馆已经接待了约2.4万人次，其中约1/3是俄罗斯游客。这个展览馆除了宣讲中共六大历史、传承红色基因之外，还通过举办“天涯共此时”“欢乐春节”等文化活动，向俄罗斯民众展示中华文化的独特魅力。展览馆的建成，为中俄两国人民架起了一座增进理解、深化友谊的新桥梁。

不为人知的是，这个纪念馆还有卢敬利的一份贡献。

2000年后，新华社参编部将《参考消息》分成一个独立部门，卢敬利随俄文翻译室转到《参考消息》编辑部。他首次出国工作是1986年至1989年。

2006年，在卢敬利的申请下，新华社再次派他去莫斯科担任记者。可就在卢敬利收拾好行囊，准备再次前往莫斯科的时候，延庆老家传来了一个坏消息：父亲病重，情况危急。

考虑到组织安排和工作需要，卢敬利还是含泪启程了。他带着对父亲的牵挂，再次前往莫斯科，担任新华社驻莫斯科分社的记者。令人痛心的是，没过多久，家中就传来了父亲去世的噩耗。

身在异国他乡的卢敬利，心中满是对父亲的思念和亲人的牵挂。他把这些情感化作对工作的热忱，将每天的工作安排得满满当当。尽忠报国，他相信九泉之下的父亲会理解支持他的，因为尽忠从某种意义上来说就是尽孝。

卢敬利是莫斯科分社的第一写手，负责采访俄罗斯及其周边国家领导人的重要活动，密切关注俄罗斯主要媒体的新闻内容，采写有关俄罗斯对外关系、俄罗斯军事、俄中关系内容的最新消息，撰写有关俄罗斯问题的国际观察文章。这些文章为国内读者打开了一个了解俄罗斯新闻的“窗口”。

2007年8月，卢敬利参与报道了上海合作组织成员国在俄罗斯车里雅宾斯克举行的“和平使命——2007”联合反恐军事演习，以及中国国家主席胡锦涛与上海合作组织其他成员国首脑会晤的新闻。

2007年和2008年国务院总理温家宝两次出访俄罗斯期间，卢敬利都是中方高访报道组成员。国务委员陈至立2007年前往俄罗斯参加中国年活动期间，卢敬利全程参加了多个城市的报道。

2008年，美国总统小布什和俄罗斯总统普京在索契举行会晤。这是当时二人即将卸任前举行的一次重要会晤，而卢敬利则是报道这次会议的唯一中国记者。

在莫斯科期间，最让卢敬利感到骄傲和自豪的是他对中国共产党早期在莫斯科历史遗址的报道。

中国共产党在苏联留下了许多自己的足迹。当年苏联的东方大学、中山大学等学府为中国革命培养了一大批干部。其中，东方大学有罗亦农、刘少奇、任弼时、萧劲光；中山大学有邓小平、王明、张闻天、王稼祥、博古、杨尚昆、伍修权。1928年，中国国内白色恐怖十分严重，因此中共六大选择在莫斯科召开，这是中国共产党历史上仅有的一次在国外召开的代表大会。斯大林在莫斯科还接见了前来参加中共六大的大会主要负责人瞿秋白、周恩来、向忠发、邓中夏等人。

2009年11月，卢敬利走访了中共六大、东方大学、中山大学的遗址，采写长文《本网记者在俄罗斯探寻中国革命红色足迹》刊登在新华网上。文中这样写道：

在“六大”会址，记者看到，大楼外杂草丛生，垃圾遍地，楼体破烂不堪，里面已无人居住。大楼一层门窗被铁皮封死，二、三层窗户玻璃都已破碎。门厅墙面被挖开了一个大洞，地面被撬，露出残断的电线。门厅右侧有个小门，可以进入大楼，一层外间有拾荒者居住过的痕迹，从那里可以进入楼内，但里面漆黑一片……这座大楼离完全倒塌的日子已经不远了。

卢敬利的这篇报道，引起了国家领导人对会址的高度重视。2010年

3月，国家副主席习近平在访问俄罗斯期间，与俄罗斯总理普京就中共六大会址修复工程达成共识。于是，这才有了中共六大会址的修复和开放。

吃我“唐僧肉”，不行！

切尔基佐夫大市场位于莫斯科东北部，是供应俄罗斯及周边独联体国家的重要商品集散地。在大市场中，约80%的货物都是来自中国，有三四万华商在这里做生意。2009年，莫斯科市政府认为市场上存在不合理贸易往来，于是强行关闭了切尔基佐夫大市场。众多华商的资产被扣押，损失惨重。在当时的背景下，不光是资产，华商的人身安全也受到了威胁。

众多华商梦断俄罗斯切尔基佐夫大市场，同胞们背井离乡去淘金，却要落得个人财两空的下场。这一事件刺痛了卢敬利的敏感神经。他冒着被警察和保安殴打甚至扣押的风险前去采访。凭借多年的采访经验，卢敬利巧妙地绕过了警察和保安的阻挠，深入到事件现场。他了解到，大市场关闭以后，3万华商的20亿美元资产遭到洗劫，更有警察和保安以办理通行证为名，巧取豪夺。华商稍有不慎，就会遭到拳打脚踢。秘密采访之后，卢敬利强忍悲愤，奋笔疾书写下了一篇题为《华商在莫斯科沦为“唐僧肉”》的报道传到国内，此外还有多篇有关大市场的文章通过内参渠道呈报给了中央领导人。此事引起了我国政府的高度重视，并迅速派出高级代表团前往莫斯科磋商。最终，问题得到了妥善解决，最大限度地挽回了华商的损失。

2010年，卢敬利离开莫斯科分社，回到《参考消息》编辑部从事编辑工作，临行之前，莫斯科华商组织要给他举办一个欢送会，甚至有人要打着标语送他去机场，都被卢敬利一一谢绝。

土库曼斯坦首席记者

2011年8月，卢敬利被新华社派往土库曼斯坦首都阿什哈巴德分社，担任首席记者。土库曼斯坦位于中亚，是我国“一带一路”倡议的重要合作伙伴，也是我国天然气最重要的进口国之一。中土输气管道为我国14个省市提供清洁能源。土库曼斯坦拥有丰富的天然气，但工农业发展水平很低，日用品甚至食品都要从国外进口。

对于异国他乡的艰苦生活，初来乍到的卢敬利很不适应，遇到了常人很难想象的困难。土库曼斯坦是伊斯兰国家，国民主要吃牛羊肉。在饮食上，他一袋方便面、几片西红柿或黄瓜就是一顿饭，后来改成煮一锅牛肉吃一周。酷热的夏天，经常是40多摄氏度的气温，地面温度有时达到50摄氏度以上，野草被晒死，人脸被晒得通红。卢敬利克服了这些困难，圆满完成了驻外记者的使命。路透社驻土库曼斯坦记者马拉特曾评价说，看到卢记者的工作，就能知道中国人为什么能成功，因为太有智慧，太勤劳肯干。

土库曼斯坦相对封闭，外界对这个国家知之甚少，误解颇多。卢敬利是国内首任常驻土库曼斯坦记者。在常驻近5年期间，他多方面、多角度地报道了这个国家，并向外国记者展示了中国人的高尚品德和敬业精神。

土库曼斯坦对外国人的管理很严，常驻记者离开首都阿什哈巴德需要向外交部提交照会，得到批准后才能离开。其他外国记者担心被吊销记者证都不敢轻易离开首都，而卢敬利则丝毫没有这种担忧。

土库曼斯坦东南部有一处世界最长的恐龙脚印，该足迹是由20多条巨齿龙留下的。为了拍摄到这一世界地质奇迹，卢敬利不顾长途奔波，只身前往，终于将这一奇观收录进了自己的相机。土库曼斯坦还有一处奇观——地狱之门。1971年，苏联地质勘探队在土库曼斯坦南部小镇达瓦札发现了丰富的天然气，由于钻探设备崩塌，形成了一个直径70多米的大坑。由于坑内的大火燃烧至今，人们形象地称其为地狱之门。卢敬利在当地向导的带领下，穿越戈壁沙滩，到达目的地，对着几千摄氏度的熊熊大火，完成了拍摄。这两次采访报道属于违规操作，但都得到了土库曼斯坦有关方面的默许。

汗血马是世界最古老的马种之一，产于土库曼斯坦。汗血马是土库曼斯坦的国宝，被绘制在国徽和货币上，也被当作国礼赠送他国。目前，土库曼斯坦现共有3500多匹纯种汗血马，是国家保护动物，如同中国的大熊猫一样禁止出口。

土库曼斯坦每年都要举办为期四五天的汗血马节。这是世界上独一无二的汗血马盛会：总统秀马技、汗血马越野拉力赛、选美赛、障碍赛、马文化展览、世界汗血马协会大会。各国的汗血马养马者和驯马人齐聚一堂，邀请很多外国嘉宾和外国记者前来参观。有一年，为报道这一盛会，卢敬利累得大病了一场。

土库曼斯坦的纳乌鲁斯节很像中国的春节，庆祝活动异常隆重。长老会大会是土库曼斯坦一年一度的议会会议。卢敬利每次都积极报道这些活动，许多图文并茂的文章刊登在新华网驻外记者专栏上。他也是该专栏最年长和稿件最多的记者。不仅如此，卢敬利还在土库曼斯坦广交朋友，展现了一名中国记者的人格魅力。

由于业务水平高，卢敬利还被抽调报道乌克兰总统大选、亚欧经济联盟成立等重大新闻事件。最有纪念意义的是，卢敬利报道了克里米亚脱离乌克兰加入俄罗斯这一重大事件，真实描述了公投前后克里米亚人的状况。他撰写的《现场直击：公投前的克里米亚》《克里米亚：平静的选择》等文章，转载率非常高。

总统是他的好朋友

在多年的驻外记者生涯中，卢敬利参与采访报道过40多位国家元首参加的活动。其中，报道土库曼斯坦总统别尔德穆哈梅多夫与其他国家最高领导人的会晤活动最多。每逢有土库曼斯坦总统参加的重大活动，不管是土库曼斯坦国内的还是双边或多边的，土库曼斯坦外交部新闻司主管人员都要确认卢敬利是否参与采访报道，担心万一不出现，总统府人员会问起原因。每次见到卢敬利，别尔德穆哈梅多夫总统总是主动和他打招呼；每次拍照，卢敬利的位置甚至比保安离别尔德穆哈梅多夫总统还要近。甚至有一次在中土双边会晤中，土总统落座后微笑着向卢敬利打招呼，令前来协助报道的摄影记者甚为惊讶。

2014年5月，别尔德穆哈梅多夫总统访华结束后，回到阿什哈巴德主持“马赫图姆库里和全人类的财富”国际会议。会议前夕，别尔德穆哈梅多夫在迎接嘉宾前夕，走到等待拍照的卢敬利面前，跟他聊起家常，询问他在当地的工作生活情况，是否回国探亲，等等。这是5年来别尔德穆哈梅多夫总统唯一一次和记者闲聊，可见他对中国记者的重视。

土方在举办一些重大国家活动时，卢敬利和夫人都会受到邀请。他和夫人曾经3次受邀参加了土库曼斯坦的国家庆典，并登上观礼台，深切地感受到了土库曼斯坦人民的友好与热情。在卢敬利夫妇二人看来，在他国受到尊重，有自身的努力，更与祖国的强大分不开。

2016年8月，年满60周岁的卢敬利从新华社办理了退休手续。退休前，土库曼斯坦外交部找到我国驻土使馆人员，希望卢敬利能够继续留在土库曼斯坦做记者。土库曼斯坦驻华大使甚至会晤新华社社长，表扬他在土库曼斯坦期间所做的贡献，商讨让他留任的问题。

卢敬利考虑到多年来一直在异国他乡，没有时间和精力照顾亲人，最终婉言拒绝了土方的挽留，回国办理了退休手续。此后，他忙着帮助女儿带外孙女外孙，经常从城里回到延庆照看老母亲。他很少回到单位，但是同事们说起他，总是敬佩地竖起大拇指。

新华社高级编辑吴学兰曾经这样评价卢敬利：“我们的老卢大哥来自延庆。和城里人不太一样，他是山间里的一棵小草，靠着自身的努力一步步取得今天的成就，是一位永远值得我们尊敬的老大哥。”

学习改变命运

回首几十年的职业生涯，卢敬利很淡定，很谦虚。他常说，应该感谢很多人，感谢老师的教诲，感谢亲朋好友的支持和帮助。在延庆城关中学上初中的时候，卢敬利学习异常刻苦。经常是早晨5点多起来割草搂柴，然后才背着书包上学。课堂上，他注意听讲，努力消化老师课堂上讲的内容。同学们回忆道，卢敬利学习成绩好，有时学习得头疼，捂着头上课。1973年，家境贫寒的卢敬利考上了北京外语学校，学习俄语。1975年1月，他被分配到延庆下屯中学教书。1977年，全国恢复高考，卢敬利以优异的成绩从延庆考入北京大学俄语系。

爱学习、努力学习、会学习，是卢敬利毕生的追求。在当翻译的时候，他遇到生单词都要背下来，还会抄下老翻译修改的俄译汉文字。最初翻译的时政和经济稿件多，他就每天坚持看时政和经济新闻。后来，翻译的军事和科技稿件多，他就猛补军事和科技知识。他的知识面越拓越广，翻译速度和质量也越来越好。

为了提高工作效率，21世纪90年代初，卢敬利开始到妻子单位——清华大学计算机中心学习电脑打字。卢敬利在上初中挖防空洞的时候，左手食指被刨掉一节，中指严重受伤，用10个指头打字是一件很难的事情。最初，他每分钟只能打10多个英文字符，经过不懈努力后，每分钟达到了250个。为熟悉键盘和提高击打速度，他在大腿上不停地模拟打字。1995年单位配备电脑的时候，他每分钟已能打120个汉字，这大大提高了翻译速度。同事说："你手指少了一节，还能这么快！"他戏答："手指掉一节会更快，不信你也弄掉一节试试。"

第二次到莫斯科分社工作的时候，卢敬利还不太熟悉国外分社业务。由于翻译基础好，他很快就适应了分社工作，不久就成了分社中文业务的顶梁柱。

卢敬利的父母是普普通通的农民，但在他的影响和帮助下，一个弟弟和两个妹妹都是大学本科学历，其中小妹是他教俄语上了北京对外经贸大学。如今，在下一代的5个孩子中，有3人硕士研究生毕业，1人本科学历，1人本科在读。知识改变了卢敬利的命运，也让他的大家庭获益匪浅。

（胡玖梅）

孟宪利

孟宪利，1957年7月出生于延庆镇孟庄村。孟宪利从青少年时期开始，酷爱集邮。2011年，在印度参加世界邮展，获得大银奖。2012年，被评选为全国集邮先进个人。2014年，出版《话说八达岭与长城》。2015年，取得国家级邮展评审员资格。2018年，五框开放类邮集《万里长城第一楼（八达岭长城北四楼）》获得全国集邮展览镀金奖，五框图画明信片邮集《历史镜头中的八达岭长城》获得“2018中华全国图画明信片专项展览”并列第一名、大镀金加特别奖。2019年，五框图画明信片邮集《穿越八达岭关沟古道》获世界集邮展览镀金奖。2021年，五框图画明信片邮集《从延安到中南海——影像中追寻毛泽东革命足迹》获“上海2021庆祝中国共产党成立100周年中华全国集邮展览”镀金奖。多年来，他笔耕不辍，撰写集邮、收藏类文章40余万字，先后发表于《集邮》《集邮博览》《中国集邮报》《集邮报》等各级报刊上。

方寸之间天地宽
——记“北京远郊区集邮第一人”孟宪利

2017年5月，在“一带一路”全国集邮巡回展的首站——北京大学百年讲堂中，一部三框的《记忆古丝路》极限集邮展品吸引了国家领导人以及来自全国各地众多集邮爱好者的目光。该展品包括48贴片、95枚极限片，分为“建筑记忆”“文物记忆”“人文记忆”三章，向世人展示了古老丝绸之路的风貌，讲述了古凉州《马踏飞燕》、敦煌莫高窟的壁画《反弹琵琶》、唐玄奘西行求法等历史与传说。

该展品在此后半年的展期中，由国内的北京、泉州、西安等地，由古丝绸之路的重要节点，一路巡展到亚欧大陆的其他国家，穿越时空，对话古丝绸之路，完成自己的历史使命。

这件展品的所有者就是被誉为“北京远郊区集邮第一人”的孟宪利。

痴迷集邮手头短　以邮会友情意长

1957年7月，孟宪利出生于延庆镇孟庄村。上高中时，他经常给在北京上班的哥哥寄信、买邮票，由此逐渐迷上了集邮。成家后，不管日子有多苦，钱有多紧张，他总要挤出点钱用来买邮票。

妻子徐兰凤觉得这辈子最难堪的一次，就是叫人来糊顶棚。当时，她记得自己准备好了40元钱的费用，但结账时一摸兜却发现钱没了！无奈之下，她在村里挨家借钱，借了好几家，才把工钱凑足。原来，家里的钱被丈夫偷偷拿去买了徐悲鸿的“奔马小型张”，这让她措手不及。孟宪利谈及此事，则是无限感慨：“现在这个小型张可值2000多块钱，原价30多块钱，当时我一直就在追求这个小型张。正好看到在刊上有，就把钱给人家寄去了。我就想着先买回来吧，日后有了再补上，要是当时先通气，

‘奔马小型张’就买不成了！”

孟宪利对集邮的痴迷，甚至影响了夫妻俩的日常生活。一次，正当家庭矛盾就要瞬间爆发时，从新疆监狱寄来的一封信，让夫妇俩的矛盾化解了，也让妻子对集邮有了新的认识。写信的是一位犯了重罪的32岁安徽小伙。他说，在入狱前曾是孟宪利的邮友，看过他的邮刊。刚一进监狱，内心世界一片空白，他曾经失去活着的勇气。可后来一想，自己还喜欢集邮，还有很好的邮友，于是就想在狱中办一个集邮展览。可自己没钱买邮品，这才向孟宪利求助。

徐兰凤看完信后，忍不住泪流满面，马上表态：“像这样的人，咱们一定要帮他。咱俩连夜给他找邮品！”于是，两人放下所有的隔阂，就为一个素未谋面的特殊邮友整整忙了大半夜，最后还写了一封鼓励他的长信。两个多月后，孟宪利收到了这个小伙子的回信，信中说：“孟老师，衷心地感谢您对我的无私帮助，我在狱中搞了个人邮展以后，十分成功，监狱还给我减了刑！是您给我了活下去的勇气和力量，出狱后我要见的第一个人就是您！”

从1993年开始，孟宪利把同全国各地邮友的通信逐月装订成册。几年间，近1500封往返的信件装订成几十册，里面不仅记载着他很多的集邮心得，也承载着邮友间的友情。

在众多的信件中，孟宪利留着这样一封电邮。写信的是辽宁鞍山的一位邮友——姚丹懿老人。两人是多年的邮友，但从未见面，在亚洲邮展上追极限片时初次相见。当时老人已经70多岁了，正为盖不全各国邮戳发愁。于是，孟宪利跑了小半天，下午1点多终于帮着老人盖全了邮戳，制成了几十个国家发行的中国事物极限片。爷俩坐在凳子上，一边吃面包、喝着矿泉水，一边欣赏这些极限片。当时，老人家满脸高兴，这幅画面让他永远也忘不了。事隔10年后，孟宪利又收到了姚老爷子的一封求票信，说自己年事已高，求孟宪利帮他做一套《八达岭长城北四楼》的极限片。孟宪利二话没说，迅速制作了10张《八达岭长城北四楼》的极限片给他邮了过去。不久，孟宪利收到了老人的信，上面写着："我回想1996年，咱们两人制作极限片的那个情景历历在目。这次您又送给我这么多极限片，我觉得很欣慰。希望您有机会能到东北鞍山来……"没想到的是，两人还没来得及再次谋面话集邮，孟宪利竟在邮刊上看到一封讣告——老人去世了。在集邮路上，孟宪利体验着人间的真情。集邮给他带来快乐，带来情感，还有无尽的思念。

集邮收藏八达岭　著书立说赞长城

20世纪90年代初期，孟宪利开始重点收集与八达岭关沟有关的百年老明信片，以此确定自己今后集邮收藏的方向。此后，每收集一枚八达岭关沟的老明信片，他都会兴奋不已，还要带着爱人骑着自行车，跑到20多千米外的八达岭，实地去考证，留下资料备用。1993年，他还办起了集邮刊物《八达岭邮讯——极限专刊》，与全国邮友专门交流长城集邮知识和邮品。

有一天，他在网上无意间找到了一张追了10多年的极限片八达岭《北门锁钥》。可刚问完价，一转眼的工夫，就被别人下了订单。这下可急坏了孟宪利。他抱着试试看的心理，跟这个买主取得了联系，和他协商能否将这张邮票让给自己，因为这是家乡延庆八达岭的明信片。没想到这个买主竟是他多年的集邮粉丝。"孟老师，您是长城专家，让明信片回家更好。"对方的回答让孟宪利眼含热泪，不知如何感谢。这张《北门锁钥》让他想到了更多——让这些100多年前的、流散到国外的八达岭老明信片早日回家，传承八达岭的历史与文化。这是他自己多年来的一个夙愿和奋斗目标。

他把收集到的老八达岭和关沟明信片编组成图画明信片邮集，去参加全国各类集邮展览，获得了很多荣誉。

2002年，北京市举办第二届现代邮展展览。孟宪利编组了一组开放类邮集，就叫《八达岭长城》。没想到头一次参展，竟捧回了两项大奖：一等奖还加了一个特别奖。后来，孟宪利用这些几十年收集到的八达岭、关沟老明信片编组了一部《八达岭与关沟》五框图画明信片邮集，以此参加北京市第五届现代邮展，毫无争议获得金奖，后又参加广州邀请展，结果取得全场最高分，并获得金奖加特别奖的成绩。

国家级评审员、北京市集邮协会常务理事客文达评价道："100多年前的图画明信片收集起来很费劲。收集这些明信片如大海捞针一样。令我吃惊的是，孟宪利居然能展示出五框158枚明信片。他这些明信片集中在八达岭、关沟，题材相当小，这么小的题材能够做成五框，在集邮界是很罕见的。"

除了参加各类邮展来宣传八达岭、宣传延庆，孟宪利还通过撰写集邮文章，来宣传自己的家乡。1994年，在四川都江堰的《邮戳集萃报》题为《延庆地名邮戳》与读者见面，众多的邮友通过邮戳了解了延庆。那是他第一次公开发表文章。多年来，他笔耕不辍，撰写集邮、收藏类文章40余万字，发表于《集邮》《集邮博览》《中国集邮报》《集邮报》等报刊上。

20多年来的收集和积累，孟宪利发现自己玩的不仅仅是邮品，而且是一种文化，一种关乎八达岭长城——世界级物质文化遗产的文化。2014年10月，他从20多年来收集的近400枚明信片中优选出近300枚，加上多年收集的资料与自己对长城文化的认识与理解，撰写出版了32万字的专著《话说八达岭与长城》。此书由人民邮电出版社出版，一出版就销售一空。人民邮电出版社《集邮杂志》总编辑刘劲评价说："孟先生是一位集邮家，同时也是延庆人。这样一本书，通过宣传延庆、宣传八达岭长城，为长城文化添了一块砖，加了一片瓦。另一方面，今年是小平同志题词'爱我中华，修我长城'30周年，这样一本书的出版发行，也可以说是为这个30周年的活动献了一份礼。"

追求极限无极限　国际大奖有美名

孟宪利的极限邮集代表作另一个主题是“建筑顶部造型”。极限集邮是20世纪50年代由国外传来的新的集邮类别，是指将邮票贴在相关题材的明信片上，再盖销相关地邮戳组成的一种邮品，要求票、戳、片三者最大限度的一致，制作难度较大。在集邮王国里，极限片可以说是宝中之宝。而关于国外古代建筑的早期极限明信片存世不多，每次追片成功都不容易。他的邮册里的镇集之宝——德国的科隆大教堂极限片，花费了他不少功夫。

科隆大教堂是哥特建筑鼎盛时期的建筑。这枚极限片，邮票是1922年发行的，盖销的是1924年的邮戳，在极限集邮中，称得上是早期古典极限片了！看见如此宝贝，孟宪利眼前一亮。于是，他用软磨硬泡的功夫，磨了半个多月，终于追片到手。得到这张心爱的宝贝后，孟宪利就开始制作邮集的每个贴片。由于白天还得上班，他只能下班后再开始忙活，一忙就到了后半夜。需要查阅的资料太多，书房被堆得就剩下一条窄窄的过道。这部“建筑顶部造型”极限邮集，包含了48个国家、28种语言的极限片，曾经帮孟宪利捧回中华全国集邮展览大镀金奖和亚洲国际集邮展览镀金奖。

可在参加印度举办的世界邮展时，按要求他必须把所有的文字翻译成英文。

听到这个消息，妻子徐兰凤哭笑不得：“他是‘文革’时期的高中生，就学了两年英语，早已经忘掉了，更何况是要把邮品上的28种语言都翻译成英文！最后我们找到翻译公司，由于集邮的专业性很强，有1/3人家也翻译不了，被打了回来！”28种语言都是建筑或集邮方面的专业术语，翻译公司也没办法。于是，孟宪利只好找到《集邮》杂志总编求助。两人经常从一下班就打电话直到深夜12点钟，终于把那些偏僻的地名、建筑和集邮方面的用语全部翻译了出来。让学英语专业的女儿孟翔宇都非常吃惊的是，老爸居然凭借着朋友们、一本《英汉大字典》和百度，硬是把这部英语邮集给做了出来。

2011年2月，孟宪利作为中国极限集邮类的唯一参展选手参加了在印度举办的世界邮展。世界邮展是世界性的重大活动，被誉为“人类文化活动的奥林匹克盛会”。参加国际邮展，就相当于一名运动员代表国家参加奥运会。最让孟宪利兴奋的是，他与大镀金奖的获得者国际集邮联合会极限集邮委的主席只差半等，获得大银奖。

《中国集邮报》主任记者王宏伟看到他的这部代表作兴奋不已：“能够在世界邮展上得到大银奖，这个成绩相当了不起。在我们中国的集邮者当中，应该是非常好的一个成绩。特别是孟宪利的选题非常有意思，他不是波澜壮阔的所有的建筑。因为所有的建筑，你放多少框的邮集也放不下，而他选的是建筑当中的屋顶，也就是非常形象的‘帽子’，用这个角度来编，这就是他的聪明。这就是他非常巧妙的地方。”

功到自然成　获奖寻常事

由于功底扎实，业务精通，在经过近40多年积累学习之后，孟宪利的集邮事业达到了一个爆发期，默默无闻辛勤的付出得到了丰厚的回报。

自2011年2月在印度参加世界邮展成为我国唯一获得大银奖的人之后，众多荣誉接踵而至，孟宪利年年都有惊喜和斩获。

2012年，正值中华全国集邮联合会成立30周年，孟宪利被评选为“全国先进集邮个人”。

2014年，他被《北京集邮史》杂志称为“北京远郊区县集邮第一人”。

2015年，他取得国家级邮展评审员资格。同年，他的五框图画明信片邮集《关沟的北口——八达岭》获得北京市第七届现代集邮展览金奖加特别奖。

2016年，他参与北京市集邮协会主编的《爱上集邮》一书的编写工作。

2017年，他成为国家邮政局年度邮票选题课题组成员。

2017年至2020年，他参与中华全国集邮联合会主编的《中国集邮史（1878—2018）》的编纂工作，该史书为国家出版基金项目，已于2020年6月正式出版发行。

2018年，他的五框开放类邮集《万里长城第一楼（八达岭长城北四楼）》参加在江苏常州举办的全国集邮展览，获得镀金奖。同年，他的五框图画明信片邮集《历史镜头中的八达岭长城》获得“2018中华全国图画明信片专项展览”并列第一，并且获得大镀金加特别奖。还是在这一年，在中华全国集邮联合会举办的“‘纪念改革开放四十周年’全国优秀集邮图书评选活动”中，他的《话说八达岭与长城》一书通过网络投票和专家评审，被评选为“知识类”图书三等奖和“网络人气最佳奖”（本次设立的唯一一个奖项）两个奖项。

2019年，他的五框图画明信片邮集《穿越八达岭关沟古道》参加在武汉举办的世界集邮展览，获得镀金奖。

2020年6月，在中华全国集邮联合会第八次会员代表大会上，他被推举为中华全国集邮联合会宣传工作委员会委员。11月，他再次被选举为北京市集邮协会常务理事和北京市集邮协会邮展委员会委员。

2021年，他的五框图画明信片邮集《从延安到中南海——影像中追寻毛泽东革命足迹》获得“上海2021庆祝中国共产党成立100周年中华全国集邮展览”镀金奖。

集邮40多年来，孟宪利颇有心得：“集邮不仅是一种文化，而且还能教育人。以邮品为媒介，可以让人的心灵相互交流，或者达到共识，或者达到一个新的境界。把这方寸大小的邮票运用好了，可以发挥出巨大的正能量！”

（付冬月）

赵永志

赵永志，1958年出生于刘斌堡乡大观头村。曾任北京市土肥工作站站长。农业部耕地质量建设与管理专家指导组成员，国家科学技术奖励评审专家，荣获中国土肥领域60年具有影响力人物、中国十大优秀土肥专家、中国时代楷模等荣誉称号。2015年4月，被评为全国先进工作者（全国劳模），并入选《盛世功臣——共和国劳模风采》画册。

受到习近平总书记接见的“土”专家

——记中国十大优秀土肥专家赵永志

2015年2月17日，在中共中央、国务院举行的2015年新春团拜会上，延庆籍著名农业科学家赵永志作为科学家代表受到习近平总书记的接见，并坐在前排聆听了总书记的重要讲话。要实现中国梦，农业是基础。要实现四个现代化，农业要走在前头。多年来，赵永志也是秉承着这样的信念，不懈追求、耕耘不辍，取得了骄人的成绩。

从山里娃到中国土肥专家

1958年，赵永志出生在延庆县刘斌堡乡大观头村，当时落后的农业生产和贫困的农村生活给他留下了深刻的印象。说起农村，赵永志的感情极其复杂——又爱又恨，爱的是家乡浓厚的乡里乡情；恨的是农村太苦，亲人们太累。赵永志兄弟5人，父母每天天不亮就下地劳动，可全家一年也难得吃上一顿饱饭。小米稀粥放些萝卜丝，连咸盐也没有，赵永志一家就这样年复一年地生活着。

1979年，当改革春风徐徐吹来的时候，赵永志考上了北京农业大学（现中国农业大学）。1983年大学毕业后，赵永志抱着改变家乡农业面貌的志向，回到延庆，在西屯国营农场一干就是5年。挖鱼塘、养奶牛，什么脏活、累活他都干。“苦其心志、劳其筋骨”的基层历练，为他后来“增益其所不能”的本领打下了坚实的基础，也等到了“天将降大任于斯人”的机会。

1987年，北京市农业系统从基层选拔优秀青年干部，赵永志被推荐到北京市农科院。从此，赵永志的事业步入了快车道。1993年，他又被调到北京市农业局工作。2000年以来，赵永志主持农业部、北京市重点科技项目40多项，主持和参与农业标准制定6项，在国家级重点刊物上发表论文70多篇，出版专著12部。2007年，赵永志担任北京市土肥站站长。2009年新中国成立60周年之际，赵永志被评为中国土肥领域60年具有影响力人物，并获得时代改革创新百佳人物、中国十大优秀土肥专家、中国时代楷模等荣誉称号。此外，赵永志还被聘为国家科学技术奖励大会评审专家。在全国农业推广系统，仅他一人获此殊荣。2015年4月，赵永志被评为全国先进工作者（全国劳模），并入选《盛世功臣——共和国劳模风采》画册。

给北京上空多造出一个“太阳”

20世纪70年代，京郊农民最大的梦想就是像南方农民一样，冬天也能种粮种菜种树，以实现温饱。然而，这个梦想多年都没有实现。当时，全国劳模、房山区南韩继大队党支部书记徐庆文甚至感叹道：“北京要有两个太阳就好了。”“两个太阳”，成为世世代代京郊农民苦苦追求的希望。直到90年代，赵永志才实现了让北京冬季有“两个太阳”的梦想。

1998年，赵永志通过竞聘，担任北京市土肥工作站肥料室主任。他凭借长期农村基层技术推广经验，认为必须对农业技术推广理念进行创新。于是，他在顺义区大孙各庄搞起冬季温室种植反季节红提栽培技术的试验示范推广。不过，当时他的这项实验并不被同行看好：“果木归林业部门管，我们的工作要放在瓜果蔬菜上，一个搞农作物的去搞林业，这不是瞎胡闹吗？”

对于同行的不同声音，赵永志没有辩解。京郊到底能不能种植反季节红提，赵永志还是决定要试一试。他决心用科技的力量来提供冬季作物生长需要的光和热，改变冬季作物生长不利的现状。为了专心实验，他索性把家安在了大棚里，和农户同吃同住同劳动。他坚信，只要水肥跟得上，保温措施跟得上，红提的抗冻性能就没问题。经过3年的实验研究，冬季温室红提栽培技术终于在北京试验示范成功，一举改写了北方地区冬季不能生产红提的历史。就这样，赵永志用科技散发的光和热成就了北京冬季有“两个太阳”的梦想。这个研究成功之后，农民一亩地就能收入上万元。在20世纪90年代，1万块钱的含金量可想而知。

测土配方施肥技术写入中央一号文件

在一次到通州区漷县镇的下乡活动中，赵永志偶然得知了黄桃种植户武顺岩的烦恼：黄桃不管怎么精心打理，果实仍然是个儿小、颜值低，口感也不好，投入和收入明显不对等。急躁的武顺岩差点把桃树全部砍掉当柴烧。赵永志赶紧放下手头的工作，转道来到武顺岩的地里。当时，他没有多说什么，只是叮嘱武顺岩，千万别砍桃树，随后带了几小口袋土回到了实验室。几天后，赵永志再次来到武顺岩的地里，给他家的黄桃开了一个“药方”。武顺岩用了赵永志的“药方”后，很快就看到了效果。原来，赵永志给桃园土壤样本做了实验，发现样品土质盐碱化，还缺少桃树生长急需的硼、铁等元素。病根找到了，问题也就迎刃而解。问题解决后，武顺岩家的黄桃长得个大色鲜，行情最好的时候一个黄桃就能卖到10块钱。武顺岩乐得合不拢嘴，逢人便夸赵永志是治疗果树病的“神医”。

20世纪90年代末，为了推广种养结合的生产模式，京郊农户种了10万亩的紫花苜蓿。没想到，紫花苜蓿种出来了，奶牛却不爱吃，农户着急上火。赵永志查阅了大量资料，又到地里测土抽查，结果发现土壤里缺少紫花苜蓿需要的一种特殊微量元素——钼。紫花苜蓿需要钼来合成更多的蛋白质，蛋白质多了，奶牛才爱吃。问题找到了，赵永志尝试配置紫花苜蓿生长需要的专用肥。通过赵永志改良后的紫花苜蓿，奶牛爱吃了，产出的牛奶蛋白含量也高了，农民的收入也增多了。结合给黄桃和苜蓿草的施肥特点，赵永志又对这项技术进行探索和完善，最后把它命名为测土配方施肥技术。

为了更好地推广测土配方施肥技术，赵永志带着同事们实地考察京郊土地特点，建立起土地质量大数据库。他又到肥料生产企业蹲点，亲自指导企业生产配方专用肥，并给肥料企业下了死命令，配方肥的价格绝对不能高于市场普通肥。这样，测土配方施肥技术在京郊得到了有效推广。土地缺什么补什么，缺多少补多少，农民施肥不再盲目，肥料管用了，土地有劲了，作物长得壮实了，农产品的质量和产量都提高了，农民的腰包鼓了。

2005年，对于赵永志来说是事业的里程碑。他的测土配方施肥技术被写入了中央一号文件，成为中央落实科学发展和推进新农村建设的重大举措。2006年至2010年，中央一号文件多次强调要增加测土配方施肥技术补贴。不仅如此，测土配方施肥技术还多次受到胡锦涛等党和国家领导人的高度评价。

都市型农业破解城市化难题

随着工业化和城镇化进程不断推进，城市建筑占地情况异常严重，耕地质量也遭到了破坏。土壤不健康，产出的粮食谁敢吃?

出于这种忧患意识，赵永志撰写了一篇《耕地质量也要确定“红线”》的文章，大声呼吁要像爱护自己的眼睛一样来关爱我国的耕地质量，“耕地质量也要确定‘红线’”。这些强有力的“好声音”飘进了中南海，成为国务院制定土地政策的重要依据。

同时，赵永志采取“堵”与“疏”结合的办法，找到了破解城市发展与耕地保护关系难题的办法——发展都市型现代农业。赵永志在京郊建立了10多个都市型现代农业高端试验点，其中一个在昌平区昆利果品专业合作社。赵永志在合作社的果园里倡导立体栽培，果园内种植三叶草。三叶草在美化果园、防尘固土的同时，其根部的大量根瘤菌还有助于提高苹果的甜度。在这里，三叶草、苹果看似风马牛不相及的两种植物得到了完美结合。合作社社长田昆利说：“游客走进我们果园，就像走进了花园，苹果价格也跟着翻番。”

水肥一体化、作物景观化、劳动快乐化、农业现代化，在赵永志的努力下，一个个都市型现代农业的典范如同一颗颗明珠点缀在京郊大地上。

低调宣传保本色　造福桑梓不了情

赵永志做人实实在在，工作实实在在，对待农民朋友实实在在，对待媒体也实实在在，有一说一，有二说二，从不歪曲夸大事实，因此受到了很多媒体的青睐。新华社、《人民日报》、中央电视台、《农民日报》、《科技日报》这些国字号的媒体报道他时，喜欢用“开拓者”“创新”“有远见”等字眼来做题目，而一些主流刊物更喜欢把他作为封面人物。农业部农业技术推广中心原副主任栗铁申这样说：“赵站长在全国来说都是响当当的人物，他是北京土肥系统的骄傲，更是你们延庆的骄傲。”

农业技术员、农业专家、农业科学家，不管称呼如何变化，赵永志始终不改初心，不忘本色。离开延庆多年，一说到老家，他总是一脸憨笑，“延庆味儿”不由自主地就冒了出来：“我，还有我们土肥站，只要延庆的农业有需要，随叫随到。我愿意为家乡父老乡亲过上更好的日子，做出努力！”他是这样说的，也是这样做的。在2014年世界葡萄大会（延庆为举办地）举办前，外地移植的葡萄如何在延庆成活成为迫切需要解决的问题。为此，延庆有关部门找到了赵永志。赵永志二话没说就答应了，并精心为延庆制定了适宜葡萄生长的土壤标准，让移植来的葡萄在延庆健康成长，在世界葡萄大会期间精彩亮相。不仅如此，在2019年北京世界园艺博览会（延庆为举办地）的筹备工作中，赵永志也从土肥工作角度给予强有力的技术支持。

（申兵堂）

远山

远山，本名刘利华，1961年8月13日出生于苏庄村。1983年7月，毕业于首都师范大学中文系，曾在延庆一中、延庆县委宣传部工作。1994年5月，调入中央纪委中国纪检监察报社，先后任副刊部主任，编委，要闻部主任。2008年9月，任中央纪委中国纪检监察杂志社副社长。2014年11月，任中央国家机关纪工委副书记。

铁肩担道义　妙手著文章

——记中国作家协会会员、作家远山

远山是位热情洋溢的诗人，18岁开始写诗，几十年来写了上千首，曾出版过两本诗集。他的诗大大小小获了不少奖。20多年前，著名诗人雷抒雁介绍远山加入中国作家协会时，曾称赞远山和他的诗为“跨世纪的抒情诗人，一代人的心灵吟唱”。

远山不仅写诗，他还写小说，写散文。2018年，远山发表了三篇小说，均被《小说选刊》转载了。他的小说、散文也获了一批奖。

远山本名叫刘利华，是北京延庆人。大学读的是中文系。远山当过中学语文老师，当过延庆县（区）委宣传部副部长。后来，他调到中央纪委从事反腐败工作，这一干，就是27年。远山的本职是反腐败，搞文学不过是他的业余爱好。

写主旋律

2016年9月29日，原中央国家机关工委、纪工委在举办“党章党规在我心中”知识竞赛活动中，中间播放了两首歌——《明白人　清白人》《使命担当》。现场的中央国家机关101个部委300多位部长和司局长听后，内心深受触动，反响强烈。大家普遍认为，这两首歌唱出了广大党员干部的心声，唱出了时代最强音，非常符合全面从严治党的精神要求，应该作为“两学一做”学习教育中，对党员干部进行党性教育的“正气歌”学习传唱。这两首歌的词作者，就是时任中央国家机关纪工委副书记的远山。

2016年初，他们在开展“两学一做”学习教育过程中，组织中央国家机关各部委46万党员干部，开展了“党章党规在我心中”知识竞赛活动，经过初赛复赛，最后评选出8支代表队参加总决赛。这次总决赛需要3个多小时，为了使整个决赛既严肃又生动，吸引住大家的注意力，领导希望能在竞赛过程中，穿插播放两首主旋律歌曲。

牵头组织这项工作的远山和他的同事，选择了十几首和这次知识竞赛相关联的歌曲，领导都觉得不满意、不理想。情急之下，曾经写过诗歌的远山，连夜创作了《明白人　清白人》《使命担当》这两首歌词。给领导审看时，几位领导不约而同地鼓起掌来，当场拍板儿，立即请作曲家王艺歌谱曲，请武警部队政治工作部文工团女中音歌唱家刘子旗演唱。王艺歌、刘子旗两位艺术家接到这一任务后，推掉手中很多其他的活儿，马上投入这两首歌曲的创作中，并很快录制完成了这两首歌曲。

2016年国庆节期间，中央电视台音乐频道和北京电视台播出了《明白人　清白人》《使命担当》这两首歌曲的MV后，河北、山西、江西等地电视台也开始播放这两首歌。中央纪委国家监委网站、人民网、紫光阁网、党建网、公安网、中国铁路网等上百家网站纷纷转发。中央纪委国家监委的老干部还把这两首歌编成舞蹈，一边舞蹈一边传唱。这两首歌曲的MV，还被原中央国家机关工委、中央党校（国家行政学院）、中央档案馆、中国革命军事博物馆、上海浦东干部学院、井冈山干部学院、延安干部学院等单位作为对党员干部进行党性教育的音像资料永久收藏。

2017年，中央政治局委员、中央宣传部部长黄坤明看到这两首歌的MV后，给予高度称赞，并批示中央主流媒体播放。《使命担当》歌曲MV，还荣获安徽省“五个一工程”优秀文艺作品奖。

自1994年5月调入中央纪委后，远山已在中央纪委工作了27年。他说，反腐败也要“两手抓”：一手执剑惩腐，形成震慑，先实现不敢腐的目标；一手挥笔扬清，春风化雨，再一步一步达到不想腐的理想境界。

党的十八大以来，反腐败斗争呈现出“三个从来没有”：力度从来没有这么大，成效从来没有这么明显，人民群众的满意度从来没有这么高。怎么记录和反映反腐败这一波澜壮阔的伟大斗争，中文系毕业的远山，拿起手中的笔为此做着辛勤的努力。这两首歌词，就是远山认真学习习近平总书记系列重要讲话，特别是总书记有关全面从严治党重要讲话精神之后，结合他长期从事纪检监察工作的实践，精心创作出来的心血之作。

2017年8月1日，为纪念中国人民解放军建军90周年，远山还应邀专门创作了歌词《红色南昌　英雄南昌》，这首歌词创作出来后，立刻得到江西省委和南昌市委领导的高度重视，著名作曲家王黎光欣然谱曲，女中音歌唱家刘子旗演唱了这首歌曲。《红色南昌　英雄南昌》歌曲演唱后，在全国和军队中产生了广泛影响，受到一致称赞，这首歌曲还荣获2017年度江西省“五个一工程”优秀文艺作品奖。

远山既是一名纪检监察干部，是一个作家诗人，他还是一个有着多年记者经历的优秀新闻工作者。

唱正气歌

谁都知道，中华人民共和国成立之初，刘青山、张子善两个大贪官被处决。但是，是谁举报揭发了他们，在举报揭发的过程中经历了多少曲折，知道的人就不那么多了。举报揭发他们的人，叫李克才。

1997年春天，还在中国纪检监察报社当记者的远山，曾采写过一篇长篇通讯《与腐败过不去的人——李克才的故事》，在《中国纪检监察报》连载刊发后，有100多家报刊转载，产生巨大影响。李克才在新中国反腐败斗争历史上，是一个里程碑式的人物，他不仅举报了大贪官刘青山、张子善，1995年他还实名举报了时任河北省高级法院院长平易杰。

《与腐败过不去的人——李克才的故事》这篇人物通讯刊发后，李克才再次轰动全国。特别是那些多年告状无门的人，千里迢迢，从四面八方赶到沧州。沧州李克才的家，一时间成了不挂牌的信访局。

当时，河南省平顶山市新华区焦店镇纪委书记张书平，因为秉公办案，查到了平顶山市湛河区检察院检察长姑爷的头上，这伙人就狗急跳墙，反咬一口，鼓捣亲信捏造了向张书平"行贿5000元"的假材料，向湛河区检察院举报。湛河区检察院在这个检察长的授意下，以超乎寻常的速度，立案调查，刑讯逼供，几天就把张书平掐监入狱了。张书平被"保释"出来后，告了两年状，仍然背了个"受贿5000元"的罪名。张书平知道李克才名气大，敢于仗义执言，便向李克才述说了自己的"冤情"。李克才对张书平说："我年纪大了，你到北京找远山吧，远山是中央纪委的，很有正义感。"

不久，远山就收到张书平挂号寄来的举报信。举报信里附着张书平的工作证，工作证上有照片，照片上的张书平眉宇间透着倔强。了解了张书平的冤情后，远山睡不着觉了，一闭眼，张书平就在他眼前出现。特别是张书平那明亮的眼睛，就像一把磨得飞快的利刃，一下下地割着远山的心。一个镇纪委书记，因为秉公办案反遭诬陷，被抓进监狱。作为《中国纪检监察报》的记者，远山觉得如果不为张书平说话，不为他撑腰做主，就愧对“纪检监察”这4个字，就不配做中央纪委国家监委机关报的记者。于是，远山带着他的一支笔和他的良心，义无反顾地出发了。

为了彻底查清这起栽赃陷害纪委书记的恶性案件，远山不顾个人安危，立即赶到平顶山市新华区。远山深入乡镇，走村串户，历时1周，采访了100多人。诬陷张书平的那伙不法分子，知道中央纪委国家监委机关报的记者来了，白天开着警车对远山进行跟踪，晚上又往他住的宾馆房间里打电话，进行骚扰和恐吓。

远山坚信这是一场反腐败与腐败的生死较量，是一场正义与邪恶的生死较量。远山心里清楚：谎言最怕事实，恶鬼见不得太阳；反腐何畏腐败，正义必将战胜邪恶。远山扛住了威胁利诱和各种压力，先以记者调查的形式刊发了两期《内参》，之后又将栽赃诬陷的整个事实，写成长篇通讯，全部刊发在《中国纪检监察报》上。

张书平被栽赃诬陷的事实曝光以后，中央纪委、最高检的3位领导做出重要批示，河南省委、省纪委高度重视，由省纪委牵头，第三次成立了专案组，历时半年，彻底查清了事实，恢复了张书平的名誉和职务。栽赃陷害张书平的10余人，均被依纪依法严肃处理。

1999年4月，张书平满怀感激之情，从平顶山搭乘火车，一路站了十几个小时，千里迢迢赶到中央纪委和中国纪检监察报社，给远山送来了一面“良心记者”的锦旗，还有一封情真意切的感谢信。

作为一名“良心记者”，远山不光激浊，还要扬清。还是在河南，远山采写了3篇有分量的正面报道。

2002年春天，河南省委、省政府召开纠风治乱、优化经济发展环境大会，前去采访报道的远山发现，会上发言的同志每人控制5分钟，河南省省长的讲话也就七八分钟，一个全省的大会不到50分钟就结束了。时间虽短，却解决了大问题。远山觉得，文风、会风也是作风，改作风必须改文风，改会风。远山除了报道好这次会议外，还就河南省改进文风、会风，专门采访了当时的河南省省长，并赶写出《风正中原》《努力营造投资兴业的一方乐土》《使“软环境”不软　让“办事难”不难》等多篇报道，在《中国纪检监察报》一版刊发后，产生了巨大反响，有力地推进了河南省经济社会发展。

后来，河南省委、省政府的领导见到了远山，热情地对他说：“你的这几篇报道一字千金，为河南正了名，树立了河南的良好形象，为我们的工作帮了大忙，你不愧为河南的‘荣誉公民’。河南人民感谢你。”

谱同心曲

更难忘的是2008年5月12日，四川省汶川发生8.0级特大地震。当时，已经是中国纪检监察报社编委的远山，主动请缨，担任采访组组长，带领两名年轻记者，第一时间赶赴汶川、北川、青川、彭州、崇州、绵阳和都江堰等重灾区，进行深入采访。远山等人跑了2000多公里，采访了上千名党员干部，每天只睡四五个小时，历时10多天，采写了30多篇稿子，累计5万多字。在这10多天里，远山等人经历了2000多次余震。

在采访中，远山得知彭州市公安局民警蒋敏，是一位公安系统的纪检监察干部。同时，蒋敏的爱人郑午，也是成都市卫生系统的一名纪检监察干部。蒋敏、郑午在母亲、女儿等10位亲人不幸遇难后，强忍失去众多亲人的巨大悲痛，夫妻俩日夜奋战在抗震救灾第一线，为保卫人民群众生命财产安全，维护灾区治安稳定做出了突出贡献。于是，远山立即采写了反映蒋敏、郑午先进事迹的长篇通讯《同心曲》，并很快在《中国纪检监察报》一版刊发，还被《四川日报》等多家媒体转载，上千人在网上发表评论文章。

这篇报道刊发后的第三天，中央纪委国家监委就做出决定，授予蒋敏同志“抗震救灾优秀纪检监察干部”光荣称号，蒋敏还受到时任中央政治局常委、中央纪委书记贺国强，时任中央书记处书记、中央纪委副书记何勇的亲切接见。同时，蒋敏还被评为全国公安系统一级英模、“全国三八红旗手”和“全国十大女杰”，并光荣当选党的十八大代表。

离开灾区前，远山除了带走稿件和必要的路费，省下来的7000多元钱和随身物品全部捐给了灾区。从抗震救灾一线采访回来后，远山写了一首诗：“人生能有几回搏，搏他一回没白活。生死一掷赴慷慨，俯地仰天唱荆轲。”远山动情地说：“我是属牛的，拉犁耕作，是我的本分；怠工偷懒，我就不是我了。假如真的有一天，我耕作不动了，我希望选一块最好的老黄牛皮，做一面大鼓。每当听到鼓声响起来，我就会复活。我的灵魂，会和着激越的鼓点，与我挚爱的人们一起，翩翩起舞。”

2010年4月14日，青海省玉树7.1级地震灾害发生后，已担任中国纪检监察杂志社副社长的远山，第一时间只身深入地震灾区采访。玉树地区平均海拔高达4000多米，比西藏拉萨的海拔还高出400多米。因为高原反应，远山发烧40多摄氏度，头痛欲裂，他晚上吃点药，白天爬起来，走村串户，坚持深入一线采访，做采访笔记三四万字，拍摄新闻照片二三百张，圆满完成了采访任务。青海省纪委专门给中央纪委写来了感谢信，称赞远山“体现了纪检监察干部的优良作风，树立了中央纪委监察部机关的良好形象”。

由于工作成绩突出，远山得到了组织的充分肯定。2007年11月8日，远山被评为全国优秀新闻工作者。2008年10月，远山被评为全国抗震救灾宣传报道先进个人。2000年以来，远山采写的《正义一定要伸张》《百姓书记》等长篇通讯，连续获得全国反腐倡廉好新闻一等奖。2014年11月，远山担任原中央国家机关纪工委副书记。

抒赤子情

远山这些成绩和荣誉的背后，是一条洒满心血和汗水的艰辛奋斗历程。他的漫漫人生路，是从故乡北京市延庆区张山营镇一个名叫苏庄的小村出发的。

少年的远山，除了上学读书，还要放羊、割猪草，干很多农活儿，与同村大多数孩子一样，过着半工半读的生活。当小学教师的父亲因为在外教书，只有周末才回一趟家。远山兄弟5个，更多的是与在家务农的母亲一起生活。尽管兄弟5个都很听话、很勤快，也很好学，却还是经常会受到母亲的苛责和棒喝。但是，远山兄弟5个不但丝毫不记恨母亲，反而非常感激母亲的严厉。正是因为母亲的异常严厉，他们才更加勤勉，更加谨慎，更加上进。

中学时代，远山是用双脚一步一步走过来的。当时，他就读的黄柏寺中学，离苏庄村有7里地，远山每天上学放学，来来回回走了五年半。由于他的勤奋刻苦，1979年9月，远山以优异的成绩，从黄柏寺中学考入首都师范大学中文系。他也是黄柏寺中学自建校以来一直到撤校，从这所中学考出来的唯一的一名大学生。1983年7月大学毕业后，远山被分配到延庆一中担任语文教师。1987年5月，他又被选调到延庆县（区）委宣传部工作。1992年4月，他担任延庆县（区）委宣传部副部长。

远山走遍了全国31个省区市，也到过国外的一些地方，但他感到，外面的世界再精彩，也没有家乡的感觉，也没有家乡的味道。在远山心中，故乡只有一个，故乡是他生于斯长于斯的“血地”，故乡是埋着他一辈辈先人的生生不息的“根”。远山笑着说：“走遍了南北西东，也到过了许多名城，静静地想一想，我还是最爱我的故乡——延庆。”

因为大学读的是中文系，工作后又干上了新闻，远山一支笔写两样东西：一是新闻，二是文学。采写新闻，远山目光敏锐，是个快手，1万字的稿子他一个通宵就能完成，从事新闻工作30年，他发表新闻作品2000多篇，累计300多万字。从事文学创作，远山才思敏捷，是个多面手，诗歌、散文、小说，他样样在行，创作了一批脍炙人口的精品力作。

远山在大学二年级时，就边读书边利用课余时间开始文学创作，先后在大学校刊、《人民日报》、《光明日报》、《北京日报》、《北京晚报》、《北京文学》、《山西文学》、《当代诗歌》、《青年文学》、《当代》、《小说选刊》等报纸杂志上发表诗歌、散文、小说。因为有了稿费收入，从大学三年级开始，远山靠稿费就解决了大学的所有花销，没有再向父母要过1分钱。

1994年8月，远山出版了一套诗和散文丛书“黑月亮　白月亮”（共3册），并荣获北京市首届写作艺术节优秀作品特等奖。2008年12月，远山又出版了散文随笔集《天朗气清》。远山创作的诗歌、散文、小说，有30多篇（首）获得国内大奖，创作的小说多次被《小说选刊》等报刊转载。远山的文学创作，既广为读者喜爱，又受到了文学界专家的高度评价。

著名作家刘绍棠说：“远山深挖历史文化，感悟风土人情，创作出的散文、小说作品，蕴藉深厚，读来耐人寻味，具有很高的文学价值和文化价值。”

著名作家凸凹说：“远山的诗文作品，乍一看很土，细一读很洋。其实，最土的就是最洋的，最洋的就是最土的。远山真正做到了土洋结合，雅俗共赏。”

著名诗人雷抒雁说：“远山是一个‘有我’和‘无我’的诗人，他写我时，不忘自己生活在现实社会里；他写社会人生，又投入自己丰富的人生体验和真情。”

著名诗评家张同吾说：“诗人远山的品格中，最根本的不是机智，而是才华和气质。”

不忘初心，牢记使命；开启新时代，奋进新征程。

2018年元旦，远山满怀豪情，饱蘸新年的曙光，欣然命笔，创作了诗歌新作《你召唤我　我跟随你》，抒发他的赤子情怀，表达他的责任担当。

远山最喜欢伟大导师马克思的这句话，并深深地铭记在心：“良心是一个人全部道德和学养的总和。”远山饱含深情地说：“良心，是一个人做人的底色；良心，是一个党员的党性基础；良心，也是一个领导干部最基本的品质。”远山正是用良心采写新闻，用文学抒写良心。

远山手握的那支笔杆里，装着他一颗正直的心，装着他的良心。他用一篇篇饱含真情和道德力量的诗文作品，忠实地践行着“铁肩担道义，妙手著文章”。

远山既是一位好领导，也是一位好兄长。我曾跟着他，在一起共事好多年。言传身教，亦师亦友，远山让我受益匪浅。现在，我们虽然不在一起工作了，但我总会想起他。想他的时候，我就会细细读他的文，品他的诗。就如同又坐在他面前，谈心说话。疏肝理肺，五内热络。

文章藏大道，诗歌见高格。日里夜里，我常常听到远山深情的呼唤。我满心滚烫，一怀热切的应答，我想远山也肯定听到了。似梦似醒中，远山和我就同时张开了双臂，兄弟俩儿抱得贴心贴肺，手足难分。

每天晚上，远山都要散步两小时，边散步边背诵自己喜欢的经典诗文。读书和走路，两个都在路上。我真诚祝愿远山身笔两健，永远在路上。

（郭嘉兴）

华夏

华夏，本名刘利国，1965年2月出生于苏庄村。初为山区教师，后考入光明日报社担任编辑。曾在《光明日报》《中国青年报》《北京日报》《十月》《青年文学》《北京文学》《散文》《散文百家》《美文》等报刊发表长、中、短篇小说及散文随笔500余篇，共计300余万字。

作品多次被《读者》《中篇小说选刊》《青年文摘》《报刊文摘》《散文选刊》等转载。另有作品被收入《中学生诵读文选》、《天下散文选》（台湾）、《2001中国微型小说精选》、《2003纪实文学》、《2004年我最喜爱的中国散文100篇》等选集。现为光明日报社主任编辑。

面朝大海　春暖花开

——记光明日报社主任编辑、当代知名作家华夏

从明天起

关心粮食和蔬菜

10年笔耕面朝大海，一朝创作春暖花开。作为在文学上走得最远、成果最丰、影响最大的延庆人之一，华夏自开始写作以来，成就了若干个延

庆第一。

他是第一个上《十月》的，第一个上《青年文学》的，第一个上《读者》的，第一个上《散文》的，第一个上《中篇小说选刊》的，第一个在《光明日报》上发表长篇散文的，第一个在《中国青年报》上开散文随笔专栏的，第一个连续不断地在《北京日报》副刊上发表作品并频频获奖的，第一个让自己的作品在全国各地省级以上的文学刊物上遍地开花的，第一个在大型文学刊物发表长篇小说的……

他的作品，洋洋洒洒300多万字，被多家报刊连载、选摘，被收入多种选集，质量高而且影响大。

山中结缘文学

20世纪80年代初期，华夏考入延庆师范学校。那时，他二哥刘利华正在首都师范大学中文系读书。一次，二哥回家过暑假，带回了几本文学杂志，其中就有《十月》和《当代》。其中一本杂志里，有陈国凯的长篇小说《代价》。华夏读后，被深深地吸引住了。还有一篇，是遇罗克的妹妹遇罗锦写的，叫《一个冬天的童话》，同样将华夏深深打动。华夏好像被这几本杂志带到了另一个世界。

从此，华夏跟文学结缘，而文学则成了他一生的爱好和追求。

延庆师范学校当时有两个阅览室，一个向学生开放，另一个向教师开放。华夏先把学生阅览室的文学杂志读了一遍，接着就到教师的阅览室去读。

“那时是不准学生进教师阅览室的，只有我是个例外。”华夏至今还对当时的阅览室管理员心存感激。

在延庆师范学校读书时，他几乎阅读了所有在当时产生了影响的小说，如古华的《芙蓉镇》、张洁的《沉重的翅膀》、张一弓的《犯人李铜钟的故事》、张贤亮的《男人的一半是女人》、王蒙的《布礼》等。

接着，他的目光从国内转到了国外。给他震动最大的是罗曼·罗兰的《约翰·克利斯朵夫》和卢梭的《忏悔录》。后来，他又读了托尔斯泰的《战争与和平》《复活》《安娜·卡列尼娜》，肖洛霍夫的《静静的顿河》，陀思妥耶夫斯基的《罪与罚》，哈代的《德伯家的苔丝》，夏洛蒂·勃朗特的《简·爱》，海明威的《丧钟为谁而鸣》《太阳照样升起》《老人与海》，黑塞的《在轮下》，索尔·贝娄的《赫索格》，卡夫卡的《变形记》，川端康成的《伊豆的歌女》《雪国》《千纸鹤》，等等。这些小说让他如醉如痴，神魂颠倒。

读了一些小说，开阔了眼界，再写老师布置的作文，华夏就开始不老实、不规矩了，开始天马行空、尽情发挥了。

华夏说，他非常感谢在师范读书时的几任语文老师，即李春观老师、刘启增老师、谢绥东老师、徐益民老师。他们都是一些很有个性的老师。他们在文学创作上，都给予了华夏很多鼓励和帮助。

从第一天写作开始，华夏就嘱咐自己："我是延庆人，我爱家乡，但是我的目光、我的思想不能局限于延庆，否则就没有出路。"因此，在延庆的时候，不论是当学生，还是毕业后当老师，他的写作站位都不局限于延庆。

华夏是对的。多年来，他在文学创作上始终敞开胸襟，人在深山，心向大海，用心写作，让整个世界成为他想象力自由驰骋的舞台。所以，他才写出了散文《三个人一双眼睛》，写出了《雪澡精神》《想起麦子》《一个人被孤立起来是个什么滋味》《我是如何加入红小兵的》《廿五年前的一次大哭》《那一年我到外面走了走》《平凡的生活里总有不期而至的感动》《给母亲唱歌》《我们都是朗读者》《腌一缸酸菜慰乡愁》等脍炙人口的作品。

在华夏的创作年谱里，有这样几个节点，已经成为读者心中不灭的记忆。

1991年，他的作品《三个人一双眼睛》在《散文》杂志发表后，立刻被《读者》转载。后被收入《中学生诵读文选》，这本书的发行量非常大，而且几次改版。每次改版，书中的篇目都会大幅增删，可每次增删后都保留了《三个人一双眼睛》。可见，这篇散文深受中学生及其家长的喜爱。

1993年，他的《那一年我到外面走了走》在《中国青年报》发表后，同时被《读者》、《青年文摘》和《散文选刊》转载，后被收入多种选集。

1994年，光明日报社的《文摘报》，想招聘一名编辑。华夏去应聘时，带了3本杂志——《十月》、《青年文学》和《北京文学》，而这3本杂志上都有他的作品。报社的负责人拿起《十月》，一副爱不释手的样子，说："能把作品发表在这么有影响的杂志上，而且是大块文章，太难得了。你不用考试了，下个星期一就来上班吧。"就这样，他被录用了。一年后，华夏正式调进光明日报社。这位负责人在很长的一段时间里，逢人便说："咱们单位来了个年轻人，叫华夏，多次在《十月》杂志上发表大块文章，真是才华出众，真是一个难得的人才！"

蜚声京城文坛

从延庆深山到光明日报社，可谓鲤鱼跳龙门，在更广阔的舞台，华夏如鱼得水，文学创作进入了一个爆发期。

1995年，他的作品《那双干净的眼睛》在《北京日报》发表后，很快被北京电视台拍成电视散文。

2000年，他的中篇小说《颠倒》在《青年文学》杂志上发表，很快便被《中篇小说选刊》转载，被《西安日报》连载，并被收入"世情小说2000"丛书和"当代中国社会写实小说大系"丛书等。

2001年，他的散文《廿五年前的一次大哭》和《我是如何加入红小兵的》在《天涯》杂志发表后，被台湾一家出版公司收入《天下散文选》一书。

2004年，他的散文《我最幸福》在《光明日报》发表后，立刻被

《报刊文摘》转载，并收入《2004年我最喜爱的中国散文100篇》。

2008年，他的长篇小说《一场虚惊》发表在《小说月报·原创版长篇专号》上，受到广泛好评。

《十月》是国内最有影响的大型杂志之一，新时期文学很多重要的作品都诞生在这里，很多作家都以能把作品发表在这份杂志上为荣。在很多文学爱好者眼里，《十月》更是一个遥不可及的梦。华夏却一鸣惊人，自1991年第6期在该杂志上发表了长篇报告文学《立根原在破岩中》后，至1999年第3期，9年时间共发表《黄峪口》《那些日子让人头疼》《王跃进的一生》3部中篇小说，《家人及其他》（八篇）、《村人》（三篇）、《武松打虎》等3次共12篇短篇小说，还在该刊上发表了一部题为《岔道》的长篇报告文学，创造了一个难以复制的神话。

华夏的作品深受读者欢迎，也为业内广泛称道。

有一年，华夏把他的两篇散文《心平气和》和《心怀感激》，送给一家综合性杂志。主编看后非常高兴，在发稿签上批语道："传编辑部各位编辑。要认真学习，悉心体会。"于是，全体编辑在这两篇散文刊发之前，先认真"学习"了一遍。后来该刊的一位老编辑对华夏说，"我当了几十年编辑，像这种事情，稿件刊发之前要求我们先'学习'的，还是第一次遇见；说明你的散文不仅艺术性强，而且有较高的思想性。"

《散文》是国内最权威的散文杂志，多次刊发华夏的散文。该杂志的主编贾宝泉说："华夏的散文新鲜、生动、饱满，就像秋天刚刚从树上摘下的苹果，咬一口，充足的汁液会溅你一脸。"作为主编，他说他每天要看大量知名和不知名作者的作品，他觉得许多作品都像是一些蔫苹果、糠苹果或者是烂苹果，而像华夏奉献出的这种新鲜饱满、表面好像还带着一层薄霜的苹果，实在是少之又少。

华夏把散文《我最幸福》交给一家大报的副刊，该刊编辑也是国内的散文名家。她在编发该散文时配了一段"编者按"："这篇散文我看了很多遍，每次都让我泪流满面。应该让更多的心怀抱怨的人看到它，让他们懂得什么是幸福……”私下里，她对华夏说，感谢你把这么好的文章交给我们。

华夏不但散文写得出色，小说写得也非常好。

著名作家阎连科在看到华夏的小说《王跃进的一生》(1999年第3期《十月》)后，称赞该小说“是一篇经验之果”，认为“这是华夏的收获，也是我们整个小说中的收获……像这样的小说太少了，像王跃进这样鲜活的人物在小说中那就更少了”。阎连科认为“华夏是相当有实力的作家”。

南方一家很有影响的文学杂志，它的副主编也是国内较有名气的文学评论家。她多次发表华夏的小说，总是赞赏有加。在看了华夏的短篇小说《游击队员刘青》《土匪李响和人质刘玉秀的故事》后，她惊喜地说：“以前我总觉得你是一个不错的作家，看了这两个短篇后，我觉得，你是一个可以在文学史上留下一笔的作家。”

面对这些好评，华夏保持着相当的清醒，他说：“这些评价，既是鼓励更是鞭策，我要时刻保持头脑清醒，不能也不敢懈怠。”

送妻上前线

2003年闹“非典”，形势危急。当时，华夏的爱人在京城一家大医院工作，每天都接到上前线的动员。爱人征求他的意见，是找理由留在后方，还是积极要求奔赴一线。华夏态度坚决：“去！敌人来了，士兵就要上战场，保家卫国。现在，‘非典’就是敌人，你们医护人员就是士兵，要是连士兵都往后缩，这场‘战争’我们就永远都不能取胜。”他爱人一听这话，勇气倍增，毅然上了抗击“非典”的前线。

他的爱人就在收治“非典”患者的病房，也是高度戒备的隔离区，身边不断有同事被感染、倒下，工作非常危险，工作强度几乎超出了身体承受的极限，但他的爱人凭借顽强的毅力、高度的责任心、高超的技术，圆满地完成了任务。后来，他爱人感慨：这真是一次血与火的洗礼，生与死的考验。

华夏和他的爱人非常恩爱。自从结婚，两个人分开的日子，每次都没有超过半个月，平时两个人都是上班一起走，下班也是一起回家，晚上还要一起散步。10多年在一起生活，他和爱人就像鱼和水一样，谁也离不开谁了。那次，爱人一走就是20多天。

爱人上了前线，他觉得就像自己上了战场，除了思念，更多的是担心。他都不敢想象，要是爱人有个闪失，他带着孩子怎么办。他每天给爱人发短信，一边鼓励，一边嘱咐。儿子想妈妈了，他要解释；儿子不爱吃他做的饭，他就带着儿子下饭馆。后来两个人一进饭馆就头疼。饭馆的饭吃多了，更难下咽。最后，父子两个人宁肯饿着，也不愿去吃饭馆的饭菜。

一家杂志的主编听说华夏的爱人在抗击“非典”的前线，就执着地给华夏打电话，一是询问他爱人的情况，二是向他约稿。等爱人从前线回来，向他讲述亲身的经历时，华夏被深深打动了。很快，一篇题为《前线》的长篇纪实文学在他的笔下诞生了。

《北京文学》杂志得到这篇稿子后，当即把已经排好的版面撤了下来，以最快的速度重点推出了《前线》。作品发表后，5家报纸进行了连载，两家杂志进行了转载，被收入了两本该年度纪实文学选集。有读者说，《前线》是所有“非典”作品里最感人、最真实的一部。

2011年，中央机关工委在中直机关搞了一个活动——“纪念建党九十周年征文”。光明日报社机关党委积极响应，动员报社员工参加。华夏为此写了一篇题为《感动与激励：记三个鞭策我不断进取的亲人》的征文，写的是他的父亲、母亲和爱人。华夏关于爱人的部分，写的就是她在“非典”前线上的经历。

经过层层评选，华夏的这篇文章在众多参赛作品中脱颖而出，获得了唯一的一等奖。很多人在看了华夏的征文后，都发出了由衷的赞叹：写得好，身边人，小故事，却被写得立意高远、撼人心魄，华夏真是名不虚传！

饮水常思源

华夏文学成绩卓著，但从不炫耀自己的天赋。他认为自己能够取得现在的成绩，除了学校和老师外，还有两个方面不应该忘记。

一方面，是小时候在文学上给予他启蒙和影响的3个人：一个是他的父亲，一个是他的母亲，一个是他的大爷。

华夏的父亲是个乡村小学教师，每周六晚上回家一次。晚上睡觉前，父亲给他们讲春秋战国和四大名著的故事。父亲的那些故事，就像一粒粒种子，埋进了华夏的心田，后来就长成了一部部的文学作品，发表在全国各地的报刊上，影响更多的读者。

华夏的母亲文化不高，小学只读过3年。通过阅读学习《毛泽东选集》和《邓小平文选》，母亲有自己的心得："世界上的道理有两种：一种是大道理，一种是小道理。毛主席和邓小平的文章，讲的就是大道理，大道理管小道理。"华夏觉得，母亲的认识，甚至比很多大学里的教授、专家，都有水平。她这种辩证的思维，直接影响到了华夏以后的写作。

华夏的这个大爷，是华夏父亲的叔伯兄弟。这个人的经历有些传奇，读过小学，读过中学，因为误被土匪绑票而失去手脚。他有文化，读了很多古书，有一肚子的故事。

那时候，去这个大爷家听故事，成了华夏最兴奋的事情。大爷讲武松、讲关公、讲瓦岗寨、讲单雄信、讲秦琼和罗成，这些故事，极大地激发了华夏的想象力，这为他以后写小说、写散文打下了坚实的基础。

另一方面，是唐诗宋词、《古文观止》等中国古典精粹。华夏说这些是他创作的源泉和蓄水池。对于这些古典精粹，华夏精读细悟，从中不断汲取创作营养，不断提高自己的创作水平。

海子有一首诗，叫《面朝大海，春暖花开》，华夏非常喜欢。他说："面朝大海，是一种胸襟，也是一种气度；春暖花开，是一种自然，也是一种必然。”

现在，华夏已人到中年，希望他在创作上不懈怠，更上一层楼，我们期待他热烈而华美地盛开。

（周建强）

田学明

田学明，艺名醉云龙。1964年出生于旧县镇大柏老村。1988年毕业后，进入北京市河北梆子剧团，工老生、武生。2000年，成立北京学明艺术团，任团长。1991年，拜穆派戏法第三代传人牟衍铭为师，学习中国戏法和西洋魔术，由此踏入魔术领域，成为一名职业魔术师。他自编、自导、自演并创建了北京第一家大型魔术剧场——魔幻时空。他和他的团队曾多次出现在中央电视台、北京电视台和全国众多卫视荧屏上，先后出访30多个国家和地区进行魔术表演交流，曾多次为多国领导人表演近景魔术和变脸等节目，受到当地政府、同行和观众的高度评价。美国马里兰大学授予田学明荣誉教授称号。

从戏剧武生到“魔王”
——记中国穆派魔术第四代传人、北京学明艺术团团长田学明

2011年11月，中国青岛魔术大赛在青岛大学举行，来自国内9个省市的魔术大腕儿齐聚一堂。这次大赛还邀请了美国、加拿大等国家和地区获得过国际金奖的外国魔术家同台竞技。通过激烈角逐，来自北京的选手田

学明过关斩将，勇夺金奖。

在魔术界，田学明被同行们尊称为“魔王”，因为他会很多魔术，神仙摘豆、桌下钓鱼，甚至连变飞机这样的大型魔术也不在话下。不仅如此，他还能跨界表演，如传统绝活变脸、硬气功银枪刺喉、大刀砍腹，等等。他曾是一名专业院团的戏曲武生，半路出家成了一名民间艺人，饱尝生活的艰辛。他摆过地摊，跑过场子，历经坎坷，终成一代魔术家。他带着他的团队，成立了北京市第一家民营专业演出团。

戏曲院团顶梁柱　辞职街头“摆地摊”

1964年，田学明出生于旧县镇大柏老村。虽然自幼酷爱中国功夫，可儿时的他没有学习功夫的条件。由于父母是大柏老村河北梆子业余剧团的演员，受家庭影响，田学明也成了村里草台班子的一名演员，专工武生。业余演出终归不是专业，一谢幕，田学明又回到了原始状态——乡村气息十分浓厚的农村青年。

1983年，田学明到北京城里务工。有一次在工地上和水泥，听旁人说起了一个十分重要的信息：北京市河北梆子剧团招演员。当时，他非常高兴，心想终于有机会进入专业院团了。没想到的是，这个想法却遭到了父亲的严厉批评。父母用心良苦，深知唱戏这个饭碗不好端，太苦。但田学明太喜欢戏曲了，于是瞒着父母，偷偷到剧团报了名，并顺利通过面试，由北京市河北梆子剧团派往河北省艺校学习。

田学明珍惜这次来之不易的机会，在石家庄一待就是5年，而艰苦的功课训练也为后来他从事硬气功表演打下了扎实的基础。1988年，田学明从石家庄学成归来，被分配到北京市河北梆子剧团工作。然而，生活中充满了各种的不如意。当时，因为受市场经济大潮和影视冲击，戏曲演出很不景气，剧团每个月的工资往往是入不敷出。

戏曲这碗饭实在是端不下了，无奈之下，田学明不得不离开了自己钟爱的舞台。1996年，他从北京市河北梆子剧团辞职，正式下海了。为了生活，田学明开始倒腾一些小买卖，卖服装、卖西瓜，什么脏活累活都干。他看到夜市卖螺蛳的生意很好，于是尝试着做这门生意。为了节省成本，他决定亲自去捞螺蛳，每天凌晨4点就出发，赶到远郊区怀柔捞螺蛳。那时，清晨的河水冰冷刺骨，田学明在河里一站就是一两个小时，双脚冻得麻木。回城的路上，由于身上是湿的，冷风一吹，眼泪流了下来。那滋味，他一辈子都忘不了！为了孩子，为了家庭，为了生活，再不好受，他也必须忍着。

都说大丈夫志在四方，哪曾想一分钱难倒英雄汉。那时，他经常想起卖草鞋的刘备、卖宝马的秦琼、卖宝刀的杨志……

重返舞台路艰辛　死里逃生骇人听

虽说做小生意挣了钱，手头宽裕了，可田学明心里还是空落落的。他念念不忘的还是舞台，毕竟当了10年的武生演员呀。不过再想返回戏曲舞台已经不可能，因为他已经辞职多年，身材变胖了，功夫也荒废了，翻个跟头都费劲。条条大路通罗马，倔强的田学明决心寻找出一条新路来。当时表演中国功夫很有前途，田学明决定挑战中国功夫。凭借10多年的武生功底，田学明不分寒暑昼夜，经过一年多的刻苦训练，拿出练功练到脚抽筋的劲头，终于再次登上了表演舞台。大刀砍腹、银枪刺喉，他也都不在话下。

江湖上有谚云："人在江湖漂，哪能不挨刀；常在河边走，哪能不湿鞋。"一次，田学明在演出时出了意外。那次表演用牙拔钉子，这对他来说已经是轻车熟路，小菜一碟。不知那次出了什么岔子，怎么也拔不下来。酒馆中的看客有的替他捏把汗，有的喝倒彩，有的劝他放弃。倔强的田学明哪能就此罢休，以后在江湖上还混不混了？于是，他一次次努力，拔了7次才拔下钉子，但却付出了一颗牙齿的代价。

1998年，田学明只身一人去法国表演银枪刺喉。由于没有搭档，由一名法国观众抱着木板配合表演。两人语言不通，只能靠手势和眼神。但这名法国观众错误地领会了田学明意思，关键时刻往相反的方向转，结果田学明脚下一滑，枪尖刺伤了喉咙。谢幕时，田学明强忍疼痛镇定自若。当幕布合上的一刹那，他再也撑不住了，一下子瘫倒在舞台上。

2009年汶川地震一周年之际，田学明挑战土遁大型逃生魔术，向媒体展现地震逃生技巧。这是一个需要精心设计先彩排后表演向《封神演义》中土行孙挑战的绝活。由于时间紧迫，他刚下飞机，还没有彩排就直接开始了表演。没想到，这次表演险些让他搭上性命。田学明被人捆绑住再锁在棺材里，然后用挖掘机填埋。本来几分钟就可以逃出来，结果用了半个多小时。说起这事，田学明仍有些后怕。他说，那次多亏带了一把刀子，要不就出不来了。

名师高徒青胜蓝　推陈出新田家班

表演硬气功太苦，还有生命危险，时不时还要看人白眼，田学明再次感到了失望。未来的出路在哪里呢？就在田学明一筹莫展之时，命运之神终于前来敲门了。在一次表演中，他偶遇了青岛的魔术高人——牟衍铭。牟衍铭，在行业内有“中华魔术小仓库”的美称，是穆派魔术第三代掌门人，穆派魔术是中国魔术的重要流派，以惊、险、奇、特为主要特点，深受观众欢迎。20世纪90年代演出市场不景气时，牟衍铭只身一人进京闯江湖，春节的时候就住在田学明家里。田学明尊重艺术、尊重艺术家，对待牟衍铭老先生就像对待父母一样。有感于此，牟衍铭倾囊相授，将压箱底的功夫都拿了出来。田学明因此学到了很多古彩戏法，三仙归洞、掌上开花、桌下钓鱼等传统魔术一一收入囊中。

有高人指点，再加上自身的努力、悟性、人品和实践经验，田学明以精湛的演技和良好的口碑赢得了业界称道。2000年，田学明做出了一个大胆的决定，成立了自己的演出团队——北京学明艺术团，这是当时北京市第一家民营演出文艺团体。田学明的表演团队从开始的8名演员逐渐发展壮大，后来发展成120名演职人员的规模，形成了集演出、编导、策划灯光舞美于一体的综合运行团队。

2004年，田学明创编舞台剧《红楼宴舞》。该节目是一台以《红楼梦》为题材，以民族艺术为形式，以梦幻的大观园之夜为依托，与《红楼宴舞》配套而推出的歌舞晚宴。“宴”制作精美、风格独特、食文生辉；“舞”场面亮丽、文脉深厚、工艺荟萃，把魔术、武术、歌唱、舞蹈、双簧等艺术有机地融合在了一起。《红楼宴舞》连续三年演出，接待观众近30万人次。

田学明的演出团成立后，他的爱人、弟弟、弟媳、姐姐、姐夫都加入了他的战队。为了扩大影响，田学明开门办学，招纳学员弟子。特别是女儿田竹大学毕业后，协助父亲经营剧团，继承了父亲的艺德和艺风。

在魔术行业，光会几个小魔术是站不住脚的。一个优秀的魔术家在继承传统的古彩戏法的同时，还要学贯中西，挑战西方的大魔术。为此，田学明经常失眠，床上、车上，甚至上厕所都无时无刻不想着破解大魔术中的“机关”。

就是在这种“魔怔”状态下，田学明边悟边学，无师自通，学会了大变活人、变飞机、变摩托车等高难度魔术。他也因此经常被邀请到央视和全国各大卫视演出，火爆了荧屏，并被互联网第一时间转载。此外，田学明还摸透了悬浮系列、五行逃生系列魔术的脉门。

田学明的授业老恩师、国际魔术师协会会员牟衍铭老先生说：“他传承了我们的魔术，也有自己的创新。”田学明的大师伯、天津三义堂堂主王文说：“田学明是穆派魔术第四代掌门人，这是当之无愧的。”田学明三师叔苏长发说：“有一次比赛，我拿铜奖，他拿金奖，把我比下去了。我很高兴，青出于蓝而胜于蓝。”

大雅之堂寻常见　文化传播连五洲

田学明虚心向老前辈学习，复活了很多古彩戏法和绝活。例如，他在传承了创于清乾隆年间的大栅栏五斗斋高跷后，又相继传承创新了天桥绝活——赛活驴等一大批濒临失传的文化遗产，并将这些绝活和魔术表演很好地结合在一起，具有鲜明的时代特色。学明艺术团因此获得北京市优秀品牌团队、非物质文化遗产保护工作先进单位等多项荣誉。

酒香不怕巷子深，金子总有发光时。2000年以后，学明艺术团先后参加2005年北京国际旅游节、奥运会倒计时一周年大型庆典活动、天安门广场庆祝祖国60华诞大型国庆庆典活动、人民大会堂史诗晚会《复兴之路》等国家各种大型演出活动数百场次。2006年2月16日，在人民大会堂为国家领导人在团拜会上表演传统节目。2011年春节期间，赴台湾参加《海峡两岸春节庙会》，引起宝岛台湾的强烈反响。2012年，他在鸟巢开新闻发布会，宣布成为中国五行遁术（逃生术）第一人。中央电视台、北京电视台和各省市卫视的春晚和综艺，更是少不了田学明表演的魔术。

魔术无国界，艺术贵交流。2006年以来，田学明团队多次随国家出访亚洲、非洲、北美洲、欧洲的30多个国家和地区，为很多国家元首在内的观众表演中国传统魔术戏法，受到当地政府和观众的热烈欢迎。田学明被当地政府誉为中国文化的使者。2014年他赴加拿大演出，加拿大总理哈珀亲笔写信祝贺和问候："感谢中国的艺术大师田学明先生把中国传统艺术带给了加拿大人民！"

从延庆乡村业余草台到登上了世界的大舞台，田学明享受着多彩人生，成了名副其实的艺术家。但是，田学明很清醒也很低调。请看他的演出体会：

观众是我们演员的衣食父母，只要有一位观众喜欢看，我就会表演下去。

要想人前显贵，就得暗地受罪。观众买票欣赏你的艺术，不能让他们原谅你在舞台上的失误。

不是我演得好，是老祖宗留的遗产好。传承古彩戏法，不单单是学手艺，主要是内涵，是传统底蕴，是德行，是做人，要德艺双馨。

我不是明星，也不是大腕，就是有把子力气，不能将就，要讲究，别让观众寒心。

戏比天大！

（申兵堂）

刘宝生在清华大学百年华诞本科毕业生典礼上发言

刘宝生，1964年出生于永宁镇阜民街。1986年毕业于清华大学自动化系，2006年获清华大学自动化系博士学位。现任空军装备研究院通信导航与指挥自动化研究所（空军第三研究所）副所长兼总工程师、少将。曾获国家技术发明奖1项、国家科技进步二等奖3项、军队科技进步一等奖4项，荣立一等功1次、二等功5次。空军首届十大杰出青年，第四届全军十大学习成才标兵，国家有突出贡献的中青年专家，入选新世纪“百千万人才工程”国家级人选，第十届全国人大代表。刘宝生以对党忠诚、对国防科研事业执着追求的精神，刻苦攻关、勇攀高峰，主持研制了组合导航轰炸系统、某新型导航系统等多项重大科研成果，在部队作战、训练、演习、抢险救灾中发挥了重要作用。

永宁古城“飞将军”

——记空军第三研究所副所长、总工程师刘宝生

2011年7月5日，清华大学建校百年华诞之时，一位年轻的空军少将应邀在清华大学本科生毕业典礼上做了题为《选择决定命运　素质决定成败》的精彩报告，受到了师生们的热烈欢迎。他也成了清华大学的骄傲和

清华学子学习的榜样。

他就是来自永宁古城的刘宝生。

仰望蓝天　脚踏实地

1964年，刘宝生出生于延庆县永宁古城一个普通的农家。刘宝生从小就特别听话，是家长和老师眼中的乖孩子。那时候永宁古城西侧不远处的妫水河北岸建设了一个战斗机场，用来防备苏联、保卫首都北京。起起落落的飞机，给了刘宝生无限的遐想：为什么飞机能飞也能落？飞行员在里面怎么驾驶？怎么和敌人打仗？在这无边遐想的同时，少年刘宝生的心中也悄悄萌生了一个航天科技梦。

刘宝生的学习成绩一直很好。初中时，正好赶上全国科技大会召开，特别是陈景润钻研“哥德巴赫猜想”的事迹，让他备受鼓舞。也是在这个时候，在一些老师的指导下，刘宝生的数学天赋崭露头角，并在一些比赛中连续取得好成绩。

1979年，15岁的初中生刘宝生参加高考，仅以1分之差与中国科技大学少年班擦肩而过，最后被北京26中录取。1981年，一条“爆炸性”新闻让整个永宁古城兴奋不已：17岁的刘宝生考上了清华大学！

在清华大学计算机系5年的学习中，刘宝生依旧出类拔萃。毕业分配时，学校给了刘宝生3个选择：北京机床厂、清华大学核能物理研究所、空军第三研究所。小时候，望着家乡天空威风凛凛的战鹰，刘宝生就渴望有朝一日自己也能在蓝天上展翅飞翔。所以，刘宝生将自己的人生理想定格于祖国的蓝天——空军第三研究所（简称空三所）。

空三所是刘宝生科研路上的第一步。那之后的几十年，他笑称自己“在挫折中逐步成熟”。一次，刘宝生在山西某实验基地负责一个科研项目时，实验用的一块电路板出现了故障。为了争取时间，他决定连夜赶回北京，用单位的仪器将电路板修好。由于时间太紧张，刘宝生只能买到站票，就这样在火车上一直站到了第二天下午。到达单位后，他马上修理调试仪器，终于在次日凌晨3点将电路板修好，随后马上赶回到实验基地。其间，他夜以继日地工作，几乎没有休息。20世纪90年代初，刘宝生负责的一个科研项目中出现了一些技术问题，迟迟得不到解决。那段时间，刘宝生几乎住在了实验室，困了睡一会儿，醒了接茬干，硬是凭着一股不怕苦、不服输的干劲，经过无数次试验后得到了满意的结果。

搞军事科研实验，又苦又累不算什么，有时还会遇到危险。

1989年，刘宝生设计并建立了一套模拟轰炸系统。项目试验地点在山西原平靶场，周围是一条环绕着的河流，河水最深处有10米。

一次，刘宝生和同事们沿着河边一起去靶场。走着走着，刘宝生突然脚下一滑，掉入了水中。他立刻明白自己碰到了弹坑，于是奋力游了几下，抓住弹坑边缘才爬出水面。当时正值初春时节，乍暖还寒，刘宝生穿着全身湿透的衣服站在风中瑟瑟发抖，同事喊着劝他放弃这次任务。刘宝生犹疑了片刻就拿定了主意：接着干！等把事情做完回到驻地时，他发现自己的衬衣已经被身体暖干了。后来，这项研究成果在一次演习中大受赞扬。空军航空兵某师师长对刘宝生说："没有你们研制的先进设备，就没有我们今天的成功和荣誉，我代表全师官兵感谢你们！"

领航蓝天　屡建奇功

刘宝生选择工作的时候，有一条原则："我的工作必须能为提高部队战斗力发挥作用。"

1992年，所里分配给他一项任务，要求完成一个导航定位系统，具体就是为飞机驾驶舱内设计一个小监视器，以便随时反映飞机所处的经度和纬度。刘宝生接受任务后，带着课题组成员到飞行员和领航员中了解情况。飞行员们反映，这样的设备不能解决他们的问题，因为知道了经度和纬度，并不能知道飞机飞行时偏离航线有多远，离目标还有多少距离，还需要多少时间才能到达目的地。刘宝生心想，要研制就搞一个能满足部队需求、提高部队战斗力的新产品。他给部队机关打报告，请求修改原方案。由于新方案所需经费比原方案增加了，并且需要在飞行员座舱仪表盘区提供较大空间，因此他的方案受到来自不同方面的质疑。刘宝生并不气馁，而是积极主动地与主管部门和协作单位反复沟通协调，终于得到了理解和支持。根据新方案，刘宝生最终设计成一个能独立提供飞行过程多项参数的导航仪器。该项导航仪器研制成功后，经过专家评审鉴定投入部队使用，受到空军官兵的热烈欢迎。

在这之前，我国飞机上没有一个比较直观的导航设备，飞行员需要的数据必须经过计算并且看地标才能知道自己所处的位置，一旦地标找不到，就有可能迷航。这套设备投入使用后，飞行员可以随时掌握自己飞行情况和所需的飞行参数，尤其是在天气不好和陌生环境中飞行时的各种参数。这套设备的高空飞行误差不超过100米，也就是0.5秒的时间。因此，这套设备不但解决了飞行安全问题，也大大提高了部队的战斗力。

1996年，根据部队实际情况和演习需要，刘宝生在空军首次提出具有“盲投功能”的导航系统，即飞机在气候条件恶劣、地面目标无法使用光学瞄准的情况下，飞行员可以凭借该系统提供的参数，完成轰炸任务。

1996年的一天，部队进行“盲投功能”汇报演习。当时，主席台上坐满了国家与军队高层领导，三艘靶船摆在离主席台仅仅两千米外的海面上。天上，密密的乌云仿佛紧贴着地面，正是演习的好时机。过了一会儿，飞机引擎的嗡嗡声由远而近，但地面上的人却连飞机的影子也看不见。紧接着，一排炸弹从云层中倾泻而出，仿佛神兵天降一样，瞬间将三艘靶船炸得粉碎。主席台的领导们不由得起立鼓掌，全场欢声雷动。刘宝生紧悬着的心这才放了下来，一旦出差错，后果不堪设想！

这就是包括刘宝生在内的空三所10名研究员与一些地方工业部门合作

推出的大手笔——国产某型飞机组合导航轰炸系统。有了这套系统，飞行员就能够在极其复杂的气象条件下进行准确轰炸。

1999年10月1日，国庆50周年阅兵式上，由132架轰炸机、歼击机、强击机和直升机组成的空中受阅梯队，分秒不差地按预定时间、高度、航线和间距风驰电掣地掠过广场上空，给国内外观众留下了深刻印象。刘宝生就是受阅空军领航工作的主要参与者。那时，他只有35岁。

精忠报国　不忘初心

从事科研30多年来，刘宝生先后承担重大科研课题20多项，并有10多项获奖。其中，一项“单片机模拟系统”推广后，每年就可创造千万元的效益。面对众多足以令人头脑发热的奖状奖杯，刘宝生却保持着惊人的冷静。他说：“我觉得自己的确也没比别人多做什么，荣誉、金钱并非只归我所有。”他也并不认为自己是一个很成功的人，“人总是持续不断发展的，前方总有坡要爬，成功是没有终点的”。

面对造诣颇深、成果丰硕的刘宝生，国内外众多企业频频抛出橄榄枝。经常有国外的部门和企业，愿付大把美元聘用他。当年清华同班的29人中，有三分之二生活在国外，有的年收入数十万美元。但是，面对国外的这些优厚待遇，刘宝生丝毫不为所动：“美元打动不了我。”

刘宝生认为，金钱并不是衡量人生价值的唯一标准。“我一直觉得自己很充实、很幸福，这种幸福来自事业，来自工作。”为了解释这句话，他打了个比方：“一株生长在大地上的小草，总比生活在流沙上的大树活得踏实。作为一名军事科技人员，也许我不能腰缠万贯，但是我活得很充实。”一位早已拿到绿卡、企业资产达数千万美元的同学就说过让他非常欣慰的话：“我们的物质财富是多一些，可没你那样的成就感和自豪感。为自己祖国、民族的强盛而工作，得到祖国的认可和褒奖，你才是最富有的。”

2002年9月1日，延庆一中开学典礼现场，以往宁静的校园十分热闹，刚入学的同学还沉浸在考入重点中学的兴奋之中。

一位老师走到话筒前，话音略显激动："同学们，今天我们请到刘宝生博士，他带来了鼓励大家进步的奖学金和成才经验。"

同学们瞪圆眼睛，好奇地瞧着这位个头不高、嘴角儿始终挂着微笑的中年男人。"养育我们的是海陀山和妫水河，望诸位早日成才，报效祖国，为家乡做贡献……"刘宝生的演讲令台下掌声雷动，经久不息。

这天，刘宝生出资10万元设立奖学金，鼓励家乡学子成才。

2007年3月5日，十届全国人大五次会议在北京召开。13日下午，胡锦涛主席在解放军代表团第三次全体会议上发表重要讲话后，亲切会见了部分军队科技干部代表和基层代表，被接见的就有刘宝生。

当刘宝生向胡锦涛同志报告自己的基本情况后，胡锦涛高兴地说："咱们还是清华校友呢！"顿时，全场响起热烈掌声。随后，刘宝生向胡锦涛报告了他所在装备研究院目前担负着的100多项科研任务，并表示，一定争取以更加优异的成绩报答党和人民的信任和嘱托。在此后的岁月中，刘宝生不忘初心、牢记使命，不断取得一个又一个新成就，为我军的科技强军和国防现代化做出了突出贡献。

（郎丰杰）

乔雨

乔雨，1966年12月出生于延庆。1982年10月参加工作。曾先后担任国家民委直属中国牛黄技术开发公司八达岭基地主任、公司党委委员、总经理助理，北京市延庆区八达岭特区办事处党委书记、主任，八达岭旅游总公司总经理，北京控股有限公司执行董事，中国凯利集团有限公司副总裁，中国服装集团公司党委副书记、副总经理，中国服装股份有限公司董事长、党委书记，中国经纬纺织机械股份有限公司监事会主席。现任中国国际文化交流中心理事，中国国际文化交流基金会副理事长，中国凯利集团监事会主席，以及出任中华全国青年联合会九届、十届委员，中央国家机关青年联合会二届、三届常委，中国民族经济对外合作促进会常务副会长，中国散文诗协会副会长，延庆区文联名誉主席，延庆区作协名誉主席，中国作家协会会员，中国诗歌协会会员，中国摄影家协会会员，英国皇家摄影协会终身会员，北京大学公共经济管理研究中心研究员，中国传媒大学兼职教授，中国西北师范大学客座教授等社会职务。出版理论文集《实践与思考》《经营景区》《悟国学论管理》，诗歌集《孤山听雨》《潭柘寺的夏如古井》《冷雨无声过画桥》《故园的冷月如水》（香港）、《淡月水如天》，散文集《风吹浪远》，散文诗集《撒一把流星雨》，摄影集《天涯只履》《行板如歌》《行走中国》《铁路沿线的风景与面孔》，多篇论文在《求实》《北京调研》等大型理论刊物上发表。主编书籍《妫川文学精品集》等多部。

既耕亦已种　时还读我书
——记中国凯利集团有限公司监事会主席乔雨

“世界上只有一种真正的英雄主义，就是认清了生活的真相后依然热爱它。”这是罗曼·罗兰的选择，也是乔雨的人生信条。乔雨，因为经历了风风雨雨，所以既能写出《潭柘寺的夏如古井》那样的诗，又能做出一番可圈可点的事业。为政，他用改革者的激情演绎着事业的初心；为文，他的笔触超越诗外，助推和引领了一个地区的文学潮头。因为热爱生活，乔雨实现了事业生活同诗与远方的共振互动。

八达岭经济开发区的拓荒者

1992年3月26日，《深圳特区报》发表《东方风来满眼春——邓小平同志在深圳纪实》的重大社论报道，标志着中国改革进入新的阶段。

延庆县委、县政府拟成立八达岭经济开发区，公布了若干招商引资优惠政策，但因开发区地处康庄镇的南荒滩，自然环境过于恶劣，并未得到社会响应。时任延庆县福利生产管理办公室代理主任，年仅25岁的乔雨敲开了中国牛黄技术开发公司总经理闫美连办公室的门，闫美连答应去延庆实地考察。考察结束后，国家民委批准了中国牛黄公司的申请方案，决定投资1000万元，在八达岭经济开发区建设八达岭牛黄科研试验基地。第一家入园企业就此诞生了。

项目落地以后，乔雨婉拒了国家民委组织部门的商调。乔雨当时25岁，1989年秋天以代理主任的身份开始主持延庆社会福利生产工作，短短3年全县从几十家福利企业发展到155家，安置大量残疾人就业。1991年延庆县被北京市评为“社会福利生产管理先进县”，乔雨也被评为县、市两级先进工作者，工作正得心应手，这一年又被推荐进入北京市民政管理干部学院半脱产学习，所以他不愿意调到一个完全陌生的环境去工作。

一天傍晚，闫美连带了一瓶山西杏花村敲开了乔雨的家门。“让你媳妇弄几个下酒菜，咱爷俩喝几杯，今晚我就住你家了。”

灯光昏暗，酒香四溢。

闫美连从自己艰难创业说到科技扶贫，从少数民族地区群众缺医少药，说到对中医中药的忧虑。拳拳赤子之心，令人动容。闫美连一手抓科研，一手抓扶贫，他的事迹曾被中央电视台、《人民日报》等媒体多次报道，中央新闻电影制片厂还摄制了新闻片《牛体植宝》。

只是直到喝完了一瓶杏花村，闫美连也没有提商调的事儿，但其真实目的已尽在不言中。乔雨深谙“士为知己”的道理，第二天吃过早饭送闫美连出门，乔雨说：“这周我就去把调动手续办了。”闫美连真诚地说：“基地建设这副担子我就全交给你了！”

延庆的初春春寒料峭，乔雨从自己家里扛着煤气罐住进了南荒滩的简易工棚，出任八达岭牛黄科研试验基地常务副主任，主持全面工作。闫美连恪守承诺，虽然兼任基地主任却完全放手，让乔雨去施展。

20世纪八九十年代，风大、尘多、缺水少树的南荒滩是延庆偏僻落后的代名词，“一年一场风，从春刮到冬”是这里形象的写照。乔雨先到县退伍军人安置办，要了一个班的退伍兵，又到工业局、劳动局、企业局商调干部，很快一支年轻富有朝气的队伍组建起来了。

干部们带头在南荒滩住了下来，没有市政设施就自己打井修建锅炉，解决供水供暖系统，开荒、种菜、养猪，保障后勤供给。在南荒滩迅速建起了办公楼、科研楼，完成厂区地质勘探、环境评估等基础工作。

延庆县委、县政府也是开足马力全力支持。1992年8月，北京市人民政府正式批准成立八达岭经济开发区，各项政策迅速配套落实。当年就完成了255亩土地征地等30多项审批手续。因为牛黄基地落户早于园区成立，所以就有了“先有牛黄基地，后有八达岭开发区”之说。

北京八达岭制药厂第一批成药出厂了。安宫牛黄丸剂型通过将传统的大蜜丸改为水蜜丸和调整配方等方式，解决了因国家禁止犀牛角入药而使安宫牛黄丸停产的问题，为国家中医药事业做出了贡献。

八达岭康复医院第一批病人康复出院了。药物依赖成瘾958综合戒毒新疗法获得成功，被推广到全国。

科研成果出来了。以享受国务院特殊津贴的专家闫美连、武俊秀为科技带头人领导的科研攻关课题组捷报频传，人工牛体育黄规范化生产项目、野生林麝人工驯化饲养提高繁殖成活率项目和肉牛培育牛黄项目均获得成功。这些项目分别获得国家卫生部一类新药证书，国家民委科技进步一等奖、国家民委科技进步二等奖、1994年星火科技精品展示会金奖、1995年中国国际技术产品展览会金奖，被国家科学技术委员会列为科技扶贫项目。

乔雨因为表现突出，被任命为八达岭牛黄科研试验基地主任、公司管理处长、总经理助理、党委委员，个人荣获国家民委促进科学技术进步二等奖；他领导的八达岭牛黄科研试验基地被国家民委评为年度先进处。在全国民委系统企业经济工作会上，乔雨作为先进典型代表发言。乔雨同时出席延庆县政府经济工作中有突出贡献者表彰大会，作为先进个人代表上台领奖。

八达岭牛黄科研试验基地作为第一家入园企业承担着宣传和展示八达岭经济开发区成果的任务，曾成功接待世界妇女大会代表团、延庆友好城市法国巴黎布拉雷纳市政厅代表团等多个国际组织。先后接待全国人大常委会副委员长布赫、全国政协副主席马文瑞、国务委员司马义·艾买提、统战部部长李德珠、财政部部长金人庆、建设部部长侯捷、人事部部长武连元、国家民委主任陈宏，以及众多国家领导人和中央部委领导，圆满地完成了任务，多次受到上级嘉奖。

八达岭牛黄科研试验基地作为“第一个吃螃蟹的”，其示范作用可谓一花引来万花开，八达岭开发区招商引资逐渐打开局面并且稳步发展壮大。2000年12月，八达岭经济技术开发区晋升为市级经济开发区；2006年3月，被国家发展改革委员会确定为北京市保留的16家市级开发区之一，入驻企业数量、规模和种类早已今非昔比，已成为无数企业投资的热土和延庆经济发展的重要引擎。

回顾延庆区经济开发区的发展历史，人们不应忘记当初的拓荒者和开路先锋——乔雨。

八达岭特区的改革者

1981年，北京市政府批准成立八达岭特区。1996年初，八达岭长城旅游经营及景区管理出现了每况愈下的局面。为了完好地保护长城这一世界文化遗产，尽快改变被动的经营现状，把八达岭长城建设成为世界一流景区，延庆县委、县政府决定改组特区的领导班子。延庆县委经过多次与国家民委协调，商调乔雨出任八达岭特区办事处党委书记、主任、旅游总公司总经理。

1996年6月，“受任于败军之际，奉命于危难之间”的乔雨走马上任，开始了大胆的改革探索之路，那年他29岁。

通过大量市场调研，乔雨发现了4个大问题：一是随着北京及周围地区以长城为游览内容的景区逐步开发出来，八达岭的优势正在减弱，“唯一性”地位已经动摇；二是景区的简陋设施与粗糙服务已明显落伍；三是景区内部机构臃肿，人浮于事，管理混乱；四是对外阜投资全部失败，财政亏损严重。

针对这种严峻现实，乔雨首先召开“分析形势，统一思想，摆正位置，团结奋进”动员大会，与大家交心，赢得了干部职工的热烈响应。随后，乔雨确定了“四位一体”的工作思路：一是在“保护第一”的前提下，正确处理文物保护与开发经营的关系，实现文物的保值升值；二是利用社会主义市场经济的良好机遇，多元化发展旅游文化产业；三是发掘和弘扬长城文化，开拓新的市场，树立中国旅游的黄金品牌；四是以人为本，提高员工素质，推动和保证企业稳步、健康的发展。

围绕“四位一体”工作思路，乔雨带领干部职工扎扎实实做了6件大事：整治商贩摊点，淡化商业气息；健全景区服务设施；开启保护长城修复工程；弘扬长城文化，增强旅游内涵；加盟北京控股，在香港成功上市，开辟国际融资渠道；深化改革，创新管理。

整治商贩摊点，淡化商业气息，刻不容缓。但此举不可避免地要动一些既得利益者的“奶酪”，特别是那些靠着长城非法经营富裕起来的农民“大老板”，愤愤不平者有之，举拳怒骂者有之，扬言告状者有之，威胁恫吓者有之。与此同时，在企业内部也遇到了极大的阻力。

开弓没有回头箭，壮士断腕，需要义无反顾，勇往直前。乔雨在延庆县委、县政府和各职能部门的支持下，于1996年和1998年对景区环境秩序进行了两次大规模的综合整治。以1996年的综合整治为例，景区内共撤掉商业摊点19个，清理不规范柜台158个，减少营业面积360多平方米；拆除非法建设26处，总面积443.62平方米；拆掉有碍观瞻的广告牌88个。那次整顿使特区每年减少经营收入600多万元，并承担了300多名职工下岗、转岗的压力。

拆除违法建设并清理八达岭长城景区非法经营的摊点，受到中外游客的普遍好评，被中央电视台《新闻调查》栏目连续两天播报，北京市主要领导为此做出批示：“延庆县这一立意非常好，景区淡化商业味、增加文化含量很重要，这个经验应该推广。”

就这样，乔雨一手抓整顿商业摊点、拆除违法建设，一手抓增加服务功能、提高服务档次。所谓有堵有疏，有张有弛。

投资数十万元，在重点游览区之外建起了规范整齐的商业经营网点；投资1000多万元，按三星级标准改造了八达岭饭店；在万里长城中第一个开放夜长城，满足了游客晚上游览长城的愿望；建立景区闭路电视监控系统，管理监督更加科学有效；在景区内安装了30多部国内、国外直拨公用电话和图像文字传真设备，使游客能够享受联通全世界良好快捷的通信服务；修建了万里长城和平墙、八达岭长城解说石碑，点缀了与长城历史文化有关的文物造型、碑碣、抽象雕塑等23处。为了从根本上解决景区道路狭窄、人车混行、汽车尾气对长城污染问题，先是在距长城200米以外建成了可同时停放700辆汽车的滚天沟停车场，使长城周围人车混行的问题得到解决；随后在距长城1.6千米处的八达岭镇兴建面积5.4万平方米，可同时停放3000辆旅游汽车的大型停车场，解决了旺季时游客没地方停车的问题。

值得一提的是，还有两个堪称“伤筋动骨”的大手笔：一个是将地处景区最佳位置的几栋办公楼全部腾出作为服务商用，把八达岭特区办事处管理中心西移到景区核心区之外；另一个是投资200多万元进行“厕所革命”，实现一类标准厕所景区全覆盖。其中，有4座达到了星级饭店厕所的水平，并且在全国率先取消厕所收费，此举得到国家旅游总局肯定与表彰，进而在全国推广。

乔雨上任之初，便暗下决心：一定要恢复八达岭长城最壮观的历史原貌。恢复历史原貌的第一步就是启动关城复建工程。关城是八达岭长城最重要的军事建筑，也是它的标志之一。

“要修复关城，就必须尊重史实，即使多付出一些经济上的代价，也必须如实地恢复历史的本来面貌。”那段时间乔雨逢人就如是说。为此，他多次恳请中国首席长城专家罗哲文出任总顾问。通过查考《明史》及《延庆县志》等有关史料，寻找恢复古迹的史实证据，最终关城修复方案通过权威论证和国家文物局审批。复建后的关城、东兵营、南兵营、察院公馆等古迹工程，在形状、规模、风格、气度等方面都恢复了史书上记载的面貌，为八达岭长城增加了极为丰富的历史内涵。

与此同时，乔雨在过去修复的基础上加大长城修复力度，截至2000年，八达岭特区已累计修复敌楼19座，城墙全长3741米，使游览区总面积达到119万平方米，成为中国万里长城中保护范围最大、修复面积最大的文物景区。

乔雨是个十分热爱文化的年轻管理者，其诗歌、散文、摄影水平俱佳，且均有专集出版，在业界广受好评。他认为企业要迅速发展，就应该走旅游文化产业的道路，就要把旅游、文化、艺术、体育结合起来，综合推进。协会是旅游与文化与体育与艺术相互结合、相互促进、相互补充的良好形式。10年之后，国家成立文化和旅游局，证明了乔雨的先见之明。

1998年，乔雨创立八达岭长城文化艺术协会并担任第一任会长，开创了八达岭长城景区文化建设的新篇章。

协会成立后所做的第一件事就是促成中国长城学会迁址到八达岭景区办公，此举可谓一举多得实现双赢，作用不断凸显。八达岭长城文化艺术协会以长城为媒介，来自文化界、学术界、艺术界、体育界、理论界、新闻界的专家们会聚在雄伟的长城之上，讲历史、话未来、抒豪情、展才艺，使弘扬长城文化精神的各种活动熠熠生辉，吸引大量的游人和粉丝，也直接或间接地扩大了八达岭长城的知名度。

借助八达岭特区办事处得天独厚的条件，乔雨确定了“舞台战略”，实现“舞台效应”。在他主政的5年时间里，八达岭特区办事处与中央电视台、北京电视台、香港卫视等媒体合作，成功地策划和举办了60多次大规模、高档次乃至国际性的活动。这些活动的内容包括政治、文化、艺术、体育等各个方面。众多大型活动的举办使八达岭长城成为振奋民族精神的舞台、展现民族文化的舞台和国际文化交融的舞台，八达岭的知名度和美誉度也随之不断飙升。

在八达岭这个舞台上，乔雨还有一个在延庆改革开放历史上堪称石破天惊的大手笔——加盟北京控股在香港成功上市，开辟国际融资渠道。加盟北控，争取发展资金，这是乔雨主政八达岭特区办事处1年后，在延庆县委、县政府支持下的一个大胆资本运作。1997年5月29日，北京控股有限公司在香港成功上市后，八达岭旅游发展有限公司得到首批2.2亿元的发展资金。利用这笔资金，投资1个多亿建起了延庆首家三星级标准的八达岭温泉度假村；投资1000多万元改造八达岭饭店；投资760万元开发建设古崖居，开发了古长城（原残长城）自然风景区。随着北控海外融资力度的增加，又完成了八达岭温泉度假村二期、三期建设，八达岭古堡饭店建设（现在的国际葡萄展览大厦），启动了国际会展中心建设，收购了龙庆峡70%股权，开发玉渡山风景区等。利用加盟北控争取到的发展资金，延庆旅游设施档次得到大幅度提升。

在八达岭特区办事处主政期间，改革难度最大的是八达岭旅游总公司由事业体制向企业转制，因为这涉及几百名干部职工“铁饭碗”的大问题，乔雨深入职工中广泛征求意见，宣传政策，集思广益，未雨绸缪。在充分保障干部职工利益和国家利益的前提下，用足相关法律法规和政策，同时请县工会全程参与、监督，克服重重阻力，完成了转制工作的平稳过渡。

八达岭旅游总公司转制改革主要体现在以下几个方面：工资制度改革，转制后执行工效挂钩的工资分配制度，并逐步分阶段进行；参加四项社会保险，参照有关规定，参加了失业、工伤、大病、养老四项社会保险，切实解决了干部职工的后顾之忧，同时也减轻了企业的负担；签订劳动合同，使得企业与职工的劳动关系通过法律的形式确定下来，明确了用工双方的责任、权利和义务。

转制工作的平稳过渡，为成功召开特区第一次党代会和总公司第一届职工代表大会，选举产生第一届党委和企业管理委员会奠定了良好的基础。随后，新的规章制度、政务公开、干部竞争机制等工作相继展开，八达岭特区管理步入了科学化、规范化、高效化的轨道。

在乔雨的领导下，八达岭特区大胆改革，锐意进取，敢闯禁区。经过5年的努力，企业做活了、做大了、做强了。5年间，八达岭特区投资规模达到7.5亿元，资产总额翻了一番，企业净资产翻了两番。5年营业总收入、上缴利税总额分别是过去15年总和的1.29倍和1.28倍，职工年收入增长28%，实现了国家、企业、职工收入的同步增长。

乔雨主政期间，八达岭特区先后为文化教育事业发展助资400多万元，为支援贫困地区发展助资300多万元，为各地解困救灾助资300多万元，为各种公益事业助资近1000万元。

5年来，乔雨带领八达岭特区完成了华丽转身：八达岭特区先后荣获中国旅游胜地四十佳之首、国家建设部先进单位、全国文明旅游风景区示范点、全国社会治安综合治理先进单位和当时全国旅游行业最高等级4A级旅游景区。

乔雨在八达岭特区办事处工作的创新、探索和经验被中共北京市委宣传部撰写成《充值长城》一书，收录于“北京市经济改革发展创新实践”丛书中。2000年，乔雨被国家建设部授予全国旅游界个人最高荣誉——全国风景名胜区先进个人。可谓实至名归，当之无愧。

妫川文学发展的推动者

说起延庆当代文学的发展和壮大，必须谈到两个人，一位是德高望重的孟广臣（2017年2月11日逝世），另一位便是砥砺前行的乔雨。

孟广臣是中国作家协会会员，参加过第三次、第四次中华全国文学艺术工作者代表大会。50多年来，经他指导、培养的文学后辈达数百人。他是京郊跋涉最远、著述最多、成就最高的作家之一，更是妫川文学的奠基人。

乔雨是继孟广臣之后延庆第二个进入中国作家协会的会员，孟广臣是其入会推荐人。乔雨继承孟广臣的衣钵，在前辈默默耕耘的基础上，努力将妫川文学做大、做强，为团结延庆作家，使之走向全国做出了历史性的巨大贡献。

乔雨自幼酷爱文学艺术，且极具天分和悟性，诗歌、散文、摄影独抒性情，别具一格。“风骚诗赋各有强，生平快慰是文章。埋头耕耘酬知己，英雄正道是沧桑”，这是他送给朋友的一首诗，也是他热爱文学的形象写照。

乔雨创作的散文诗《宋词人物》，被国家教委选入全国高考语文模拟卷阅读理解篇章，还入选了《读者》杂志。他的《清明寒雨霏霏》《端午断想》《宋词人物》等多篇散文诗被中央电视台主持人在“爱的分贝响亮”公益节目中朗诵。而他充满对故乡历史文化无限热爱的《妫川赋》，被延庆区委宣传部刻碑立于妫水湖畔，与妫水女雕塑遥相呼应，成为延庆文化一个新的地标物。

乔雨是个很有历史责任感的人，也是一个具有浓烈家乡情怀的人。自1995年以来，乔雨无论是在延庆，还是在国家民委，或是在甘肃挂职锻炼，以及回京在央企担任重要领导职务期间，他始终关心、支持着延庆的文化发展，多次邀请延庆文化人士座谈。他深知“盖文章，经国之大业，不朽之盛事”的深刻道理，也了解古代邺下文人集团、竹林七贤、初唐四杰、大历十才子、公安派、桐城派和现代文学中“文学研究会”“创造社”等文学团体和流派团结起来的积极力量，更为延庆文学还处于散兵游勇各自为战的现状而焦虑。

延庆文学需要抱团取暖，集体发声，需要将无数的独木变成森林。而乔雨选择通过编书结集这一方式，把一根根独木围拢起来变成森林。1995年春天，乔雨联合孟广臣、曹金刚、石中元等延庆籍作家编纂了延庆文学史上第一部文学作品选集《延庆文学作品选》，从10名作家和48名文学爱好者的众多作品中，遴选出169篇作品，该书基本展现了延庆当时文学的创作水平。

此后，乔雨多次帮助支持延庆文化人士出版文学作品，先后资助孟广臣、宋国熹、曹金刚、谢久忠、张凤起、武光、冯锋等出版了个人作品集。

2000年，乔雨提出收集1950年至2000年50年的妫川文学作品，并遴选出具有代表性的作品结集出版，让延庆文学以展示自己成绩的方式迎接新千年的到来。妫川作家纷纷响应，声势浩大的编纂工作开始了。

半年后，由乔雨策划并主编的《妫川文学作品精选集》（上下册）终于出版了。该书收录了1950—2000年80余名延庆籍作家的260余篇作品，首次全面总结了妫川文学50年的成就，追溯妫川文学的传统，塑造妫川作家的群像，定位新时期的妫川文学。

《妫川文学作品精选集》是延庆历史上时间跨度最长、文学种类最多、作家作品最丰富的文学作品集。该书的出版具有划时代意义，它真正唤醒了妫川文学，动员了全区的大部分作家、文学爱好者去思考、创作。它的直接结果就是，让妫川文学进入了“黄金创作十年”。老作家厚积薄发，新作家朝气蓬勃，作品如雨后春笋，佳作迭出，形成了百花齐放、姹紫嫣红的局面。“妫川文学”从一个抽象的地域概念成为一种文学成果而永载史册。

2012年2月7日，乔雨在《妫川文学作品精选集》出版十周年座谈会上提出出版《妫川文学作品精选集（2001—2011）》，得到与会者热烈响应，并且迅速付诸行动。

2012年12月，乔雨主编的《妫川文学作品精选集（2001—2011）》结集出版。该书收录135位延庆籍作家的500篇作品，标志着妫川文学创作达到新的高度。

在回顾1995年开始编书结集以来的心路历程时，乔雨由衷地说：“故乡与文学是我魂牵梦萦的两个情结，通过编书结集这一过程来团结作家，激励创作，出好作品，推出新人，最终使妫川文学走向世界文坛是我由来已久的梦想，也是我为之奋斗的方向。”

也是在2012年2月7日《妫川文学作品精选集》出版十周年座谈会上，乔雨首次提出设立妫川文学发展专项基金的设想。同年4月19日，在延庆文联举办的“妫川文化”主题座谈会上，他再次提出设立妫川文学发展专项基金。在此次会上，乔雨被正式聘任为延庆文联名誉主席和八达岭长城文化艺术协会名誉会长。

2018年7月14日，中国国际文化交流基金会妫川文学发展基金正式启动，乔雨出任专项基金管委会主任。在妫川文学发展基金启动大会上，北京作协常务副主席王升山致辞道：“放眼全国，一个地区有专项经费来做文学基金绝无仅有，延庆文学必将走上一条康庄大道。”

毫无疑问，妫川文学发展基金标志着妫川文学下一个黄金时期开始了。妫川文学发展基金分为妫川文学奖和资助妫川作家出版图书两部分。妫川文学奖每两年评选1次，鼓励妫川作家冲击国内外大型文学奖，每年接受获奖作家申请；资助妫川作家出版图书，每年1辑，每辑3册。

妫川文学发展基金管理委员会邀请知名学者专家出任评委，诸多著名作家和编辑家组成评审专家组。专家评委们看到了这种善举对推动一个地区文化大繁荣、大发展的巨大作用，多次表达对中国国际文化交流基金会的敬意。中国作协书记处书记邱华栋先生曾说：“成立妫川文学发展基金，功在当代，利在千秋。”《北京文学》社长杨晓升曾说：“中国国际文化交流基金会这一善举，为延庆文学插上了腾飞的翅膀。”北京十月文艺出版社主编陈东捷说：“通过作品质量的明显进步，可以看到基金会潜移默化影响的影子。”

2018年首届妫川文学奖评选及相关资助奖励中，共有6部作品荣获妫川文学奖；2020年妫川文学奖评选及相关资助奖励中，共有8部作品荣获妫川文学奖。妫川文学发展基金每年资助出版图书3部，3年共计资助出版图书9部。

3年来，妫川文学发展基金成为延庆文学的加速器，推动延庆文学事业蓬勃发展。延庆文学事业进入加速期，延庆作协队伍日渐壮大，创作热情空前高涨，青年作家脱颖而出，其中，梁小兰、谷雷、夏雪飞等文学新秀冉冉升起。

延庆作家在报刊发表作品数量大幅提升，2018年为100余篇，2019年、2020年均达到200余篇。与此同时，延庆作家在妫川文学发展基金的激励下勤奋创作，出版、发表了一批有分量、有影响的文学作品，其中，在国家正式出版社出版的长篇小说3部、人物传记1部、文学评论专著1部，在《钟山》《解放军文艺》《北京文学》《散文百家》等文学期刊发表的中篇小说2部、短篇小说10篇、散文报告文学15篇、诗歌30余首。

延庆作家的作品在得到界内认可的同时，也引起了界外的关注，部分作品被改编成影视剧。2018年，林遥任编剧的电影《八卦掌之潜龙勿用》在中央电视台电影频道播出。2019年，张和平的长篇小说《暗斗》电影改编权成功签约。2020年，周诠的长篇小说《白乙化》被改编为广播剧，并在北京人民广播电台播出；林遥任编剧的电影《疾风正劲》《烽火长城》在中央电视台电影频道播出。

2021年10月29日，北京市委宣传部、北京市文联等单位在“以新时代新文学新使命”为主题的第六届“北京十月文学月”系列活动中，成功在延庆举办了“妫川文学与长城文化带建设论坛”活动。该活动是“长城文化带”建设的成果结晶，引起社会强烈反响。

好风凭借力，送我上青云。2021年9月，由乔雨发起并主持的“妫川文集”完成组稿，将在2021年底出版问世，在全国图书市场上亮相。“妫川文集”包括 12部延庆籍作家的优秀文学作品，涉及诗歌、散文、小说、古典诗词、报告文学、传记文学、人物摄影等多种体裁，是对延庆文学创作的一次检阅和汇总。

“妫川文学”作为一个文化概念和地域文化符号，正式进入中国文坛，走向全国，成为一个独特的文学现象。同时，“妫川文学”品牌将借此正式进入社会大众视野和图书市场。妫川文学经过数代人几十年含辛茹苦的坚守与奋斗，终于迎来了文学发展的里程碑。

正如刘勰在《文心雕龙》中所言“登山则情满于山，观海则意溢于海。”妫川作家群正以前所未有的自信，饱满的创作热情，主动担当、不负时代的精神，以为人民创作出更多、更好的作品为目标，慷慨豪迈、朝气蓬勃地跨入新时代。

国际文化交流的友好使者

乔雨在八达岭长城工作期间，便认识到国际交往的重要性。他以八达岭长城为平台，以长城文化艺术协会为载体，充分挖掘和展示长城深厚的文化历史内涵。他利用八达岭长城作为重要外事接待场所的独特优势，于1997—2000年分别主持编辑出版了《友谊长虹》和《世纪回眸》两部大型画册，记载了八达岭长城在我国外交工作领域中的重要作用和辉煌成就，成为对外交流的珍贵礼品，并沿用至今。

八达岭长城景区作为国家重要外事接待场所，每年外事接待任务300多次。以往外宾来长城时，只是在城楼上摆几张桌椅，铺上一块红地毯，向其颁发八达岭长城登城证书，并请其题词，条件简陋且形式简单。乔雨认为“外交无小事”，涉及国家形象和外交礼仪。于是，在他的推动下，一座具有中式风格、古雅大方，与长城浑然一体的元首接待厅建成了。外交部原部长黄华题写“元首接待厅”匾额，悬挂于门厅上方。元首接待厅不但可以请登临长城的外国元首和政府首脑在此休息，也可以在这里向他们介绍中国万里长城的历史，赠送纪念品，请他们题词或举行其他外事礼宾活动，为此还专门设置礼宾官。元首接待厅还把各国元首、首脑登临长城的照片、题词展示出来。无疑这是八达岭特区一笔宝贵的无形资产和一项人无我有的文化资源。

1999年2月的一天，国务院副总理钱其琛在离任外交部部长之后，特地来到八达岭特区看望大家。他感慨地对乔雨说：“40多年来，八达岭长城接待了360多位（1999年的数字）外国元首和政府首脑，应该说这是新中国外交史上的丰碑。作为前外交部部长，我感谢你们对外交事业的贡献。”

2000年8月14日至16日，乔雨带领八达岭特区做出了一个大胆超前的举动，在八达岭长城召开了一次“世界人类文化遗产国际学术研讨会”，埃及金字塔、印度泰姬陵、中国西安秦兵马俑、承德避暑山庄和八达岭长城5家世界人类文化遗产保护单位参加。联合国教科文组织驻中国代表，以及中国教科文组织、中国世界人类自然文化遗产编委会、中国长城学会均派员出席。7位专家做了学术演讲，他们就世界人类文化遗产的保护问题进行了深入的探讨，交流了宝贵的经验。与会代表还就如何在世界范围内加强对人类文化和自然遗产的保护进行了研讨，在取得共识的基础上，以“中国八达岭长城世界人类文化遗产国际学术研讨会组委会”的名义，向联合国教科文组织和安南秘书长提出了6项建议。这次研讨会引起国内外多家媒体的关注与高度评价，据称这是全世界第一次由一个企业召开的国际性的人类文化遗产研讨会。中国中央电视台评价道：“这是国内首次召开的研讨世界人类文化遗产的国际会议，它必将对新世纪世界人类文化遗产保护、开发、利用产生积极而深远的影响。”

会后形成的《中国八达岭长城世界人类文化遗产国际学术研讨会论文集》，共收集极具学术价值的论文15篇，由中国长城学会会长、国务院原副总理黄华同志作序，由中文、英文和图片3部分组成。此书受到文物界、学术界的高度评价，至今仍发挥着积极作用。

2012年，乔雨当选中国国际文化交流中心理事。该中心成立于1984年，是从事高层次、多领域民间国际文化交流的全国性、非营利、具有独立法人资质的社会团体。交流中心主要职责就是加强与各国、各地区民间友好往来，增进中国人民与世界各国人民的友谊；积极响应“一带一路”倡议，推进人类各种文明的交流交融、互学互鉴，推动构建人类命运共同体，维护世界和平。

乔雨积极主动地投身国际文化交流事业。2015年11月20日，乔雨陪同中国国际文化交流中心副理事长孔丹赴日本，出席《他吸引了全世界的目光——纪念周恩来总理珍品展》。其间，乔雨参与组织一系列活动，分别拜会中国驻日大使程永华、日本前首相鸠山由纪夫、日本创价学会会长原田稔，以及与九州国立博物馆专家座谈。在访日系列活动总结会上，孔丹副理事长引用毛泽东主席的诗句，“六月天兵征腐恶，万丈长缨要把鲲鹏缚。赣水那边红一角，偏师借重黄公略”，称赞此次访日活动组织严谨，内容丰富，效果显著，社会各方反响强烈，活动取得了圆满成功，并且说要继续发挥文化中心民间外交作用，开展更多对日文化交流活动。

2015年7月，乔雨参与策划了“中国第十二届全国美术作品展览”全球巡展纽约展的活动。巡展首站展于7月9日至17日成功在纽约邦瀚斯拍卖行展厅举行，文化部部长蔡武、中国常驻联合国代表刘结一等各界人士出席了开幕式。7月10日，乔雨应邀赴纽约造访洛克菲勒家族，与家族第五代掌门人、洛克菲勒艺术投资公司总裁史蒂文·洛克菲勒就文化交流交换了意见。第二年，史蒂文·洛克菲勒到中国进行回访。

2017年，正值中英建立大使级外交关系45周年之际，乔雨在伦敦举办了“行走中国——乔雨摄影作品展”。摄影展共遴选出150幅作品，时间跨越30年，镜头覆盖大半个中国，主要表现过去30年中国日新月异巨变中普通百姓的喜怒哀乐。英国皇家摄影学会主席迈克·彼查德先生在开幕式上说：“乔雨先生的摄影作品延续了我们摄影界艺术题材的传统，即通过摄影将世界人民连接在一起，展示不同地区、不同民众的风貌。”中国驻英国大使刘晓明说：“在中英两国关系进入‘黄金时代’的时候，乔雨充满诗意、创意和情谊的作品走进英国，登陆英伦，对中英两国文化交流，对两国摄影交流起到重要的促进作用。”在这次摄影展以后，乔雨被英国皇家摄影学会授予终身会员。

继伦敦摄影展后，2019年，正值中华人民共和国成立70周年及中法建立大使级外交关系55周年，乔雨在法国巴黎举办了“中国铁路沿线的风景与面孔——乔雨纪实摄影作品展”。《欧洲时报》对此进行了全程报道。中国驻法国大使馆文化处公使衔参赞李少平在开幕式的致辞中说：“作为艺术家，乔雨将摄影重心转向中国人民的日常生活，观察普通人日常的同时也反映对百姓生活的一种哲学思考。因此我相信这次展览也是一扇窗口，可以让法国朋友们了解中国人民的所思所想，生活点滴。”

乔雨用摄影语言讲述中国故事的行动还在延伸着，墨尔本、大阪、福冈已经在路上。

乔雨当选中国国际文化交流中心理事9年来，积极充当国际文化交流的友好使者，先后组织策划了中国书画艺术家代表团到美国、俄罗斯、马来西亚、日本、英国、法国、澳大利亚等国家，与当地友好团体进行文化交流，用中国书画讲好中国故事，传播中国声音，向外国观众展示中华文化的独特魅力，增进世界对中国文化的理解和交流。

《左传·襄公二十四年》谓："豹闻之，'太上有立德，其次有立功，其次有立言'，虽久不废，此之谓三不朽。"唐人孔颖达在《春秋左传正义》中对德、功、言三者分别做了界定："立德谓创制垂法，博施济众"；"立功谓拯厄除难，功济于时"；"立言谓言得其要，理足可传"。乔雨热爱国学，仰慕圣贤，几十年如一日不断精进修为，他脚踏实地锐意进取，而又仰望星空追求理想，行万里路，破万卷书，著述数百万言，努力在立德、立功、立言上追慕圣贤，并且颇有建树，堪称延庆人的翘楚和骄傲，是当之无愧的妫川骄子。

（郭东亮）

裴增军

裴增军，1973年12月18日出生于永宁镇。1995年开始从事公安工作，先后在巡警、户籍派出所、刑事侦查（刑警）、治安派出所、巡警巡逻、检查站等岗位上任职，先后几十次立功获奖。2020年9月8日，作为全国抗击新冠肺炎疫情先进个人，在人民大会堂参加了全国抗击新冠肺炎疫情表彰大会。现任北京市公安局延庆分局反恐怖特巡警支队副支队长。

首都西北大门忠勇卫士

——记北京市公安局延庆分局反恐怖特巡警支队副支队长裴增军

延庆区是首都北京的西北门户，在延庆公安队伍中，有这样一位公安干警，他从警26年，先后在8个部门工作。他埋头苦干，钻研业务，干一行爱一行，在平凡的岗位上做出了不平凡的业绩，先后几十次获得奖励表彰，2020年9月8日，被评为全国抗击新冠肺炎疫情先进个人。

这位民警的名字叫裴增军——首都西北大门忠勇卫士。

一人智擒三名犯罪嫌疑人

1995年3月，裴增军参加工作，在延庆县公安局巡察执法大队担任民警，在这里，他勤学苦练4年，先后查获盗窃自行车、盗窃工地钢管、盗窃摩托车、非法运输香烟等各类犯罪嫌疑人员130余名，查获各类违禁物品400余件，其中查获走私贩运食盐30多吨。在这些案件中，裴增军最为同事们称道的是一人智擒三名犯罪嫌疑人的故事。

1998年10月11日，裴增军作为延庆巡警大队驻康西草原景区巡警中队民警，像往常一样对进入景区的游人车辆进行巡逻检查。

上午10时，一辆红色面包车从东边公路走走停停地向康西草原大门方向驶来。等其接近时，裴增军对该车打手势，示意其靠边停车接受检查。可这辆车就像没看到裴增军一样，一直向西慢慢悠悠地开了过去。在车经过身边的一瞬间，裴增军看到车内一共3个人，印象最深的是车头悬挂的车牌摇摇欲坠，车尾竟然没有挂车牌。裴增军疑窦顿生，强烈的责任感促使裴增军迅速追了上去，并且大声喊话："红色天津大发车，停车，那边是河北，前面没有路可走了！"随着喊声，大发车终于停了下来。

裴增军迅速赶到驾驶员门边说："兄弟，去哪里啊？前面没路了！"一边说着，一边细心地观察。这才发现驾驶员位置、副驾驶位置和后排座位各坐着一个男青年，三人着装较脏，头发蓬乱。裴增军立刻做出判断，他们不是游客，不由得更加警惕起来。但是对方是3个人，必须稳妥处理，不能打草惊蛇。于是，裴增军让驾驶员先把车的马达关闭，同时让副驾驶座的男子下车，简单地问了"去哪里游玩？""是不是走错路了？"等问题，并让该男子出示身份证！该男子回答得前言不搭后语！裴增军见状，已经预感到碰上什么人了，但他却装作很轻松地对那个人说："兄弟，走，我告诉你怎么走。"一边说着一边用手拉着这个男子向警务室的方向走，并且说："你们没来过康西草原，康西草原有很多好玩的地方呢。"走到了警务室，他让对方坐下，并递上一瓶矿泉水说："你先喝点水，我让你们车上的驾驶员也下来喝点水，我慢慢告诉你们怎么走。”裴增军一边说着，一边向警务室内备勤的另外一名民警王立明使了一个眼神。王立明心领神会，立即将警务室的大门关好，对那名男子说：“你多喝点水，等我同事叫你的同伴一块进来喝点水！”

此时，裴增军走出警务室又来到面包车跟前，对驾驶员说：“你的兄弟让你进去，说你是驾驶员，认识路。”驾驶员下车后，裴增军要求看看他的驾驶证，并问他是哪里人，驾驶员从裤子口袋拿出来一个黑色驾驶证，裴增军一边看驾驶证，一边要对方的车辆行驶证。驾驶员表示出来急，没带，因家里有事，大路堵车，这才走错了路。裴增军随机应变地说：“和我去登记一下，就让你们走了。”于是裴增军又将驾驶员带进警务室，递给驾驶员一瓶矿泉水，让他先坐下来，喝点水，然后登记一下。稳住两个人后，裴增军对同事王立明说：“你先同两个兄弟聊聊，我去卫生间一下。”然后迅速将警务室的房门关上走了出去。随后，裴增军迅速走到外面，用电台呼叫康西草原驻警中队，请求支援。

呼叫结束后，裴增军第三次来到面包车前，让车厢内的另外一名男子出示身份证。这名男子年龄在十六七岁左右，眼神游离，言语带着颤音。裴增军提高嗓音说道：“你们去哪里，他们都说了！你还不说！”男子吓得结结巴巴地说：“车是他们俩偷的，我不知道，他们俩从我打工的地方接上我，说出去玩儿，其他的事儿我不知道。”裴增军一听这话，迅速将这名男子双手铐好，抽出其腰带，收起其鞋子，防止其下车逃跑。控制了这名男子后，裴增军迅速跑回警务室，会同王立明大声喊话，让进入警务室的两名男子抱头蹲下，并将他们铐了起来。不久，支援警力迅速到位，对3名男子进行进一步控制和就地审查。3名男子承认在北京朝阳区打工的地方夜间盗窃汽车，准备将盗窃的汽车开回老家进行变卖。

裴增军在3名犯罪嫌疑人面前有勇有谋，他巧妙地分离3名盗窃汽车的嫌疑人，并通知警力增援自己，一举抓获3名盗窃汽车人员。据了解，这也是延庆县公安局在巡逻检查中查获的第一辆被盗汽车。裴增军因此被评为1998年延庆县严打先进个人。

长城卫士火眼金睛

2004年，裴增军调到八达岭派出所工作。2004年，裴增军调到八达岭派出所工作。维护举世闻名八达岭长城景区的安全稳定，保护中外游人的人身安全，是这里的中心工作，其重要性不言而喻。裴增军在这里一干就是7年，这7年工作异常繁忙，也是他迅速成长的地方。裴增军在这里一干就是7年。

2006年，八达岭长城上有中外游人被扒窃，引起延庆县公安局和八达岭派出所的高度重视。八达岭长城是延庆的名片，也是展示国家形象的国际舞台，岂能让扒手肆意妄为！但是，围绕抓捕扒手部署警力之后，很久没有发现有价值的线索。

裴增军也和大家一样非常着急。他把每一起报案人的被盗时间和大概地点结合起来进行综合分析，发现被盗人员报警地点基本集中在八达岭长城北城的二、三楼之间和五、六楼之间，这些地方共同的特点是相对狭窄陡峭，人员拥挤。

发现窃贼作案规律后，裴增军找到所长主动请缨去长城上和扒手过招。于是，2006年清明节过后的第一个星期天，裴增军着便装手拎着塑料袋和游人一起登上了长城，塑料袋里面装的是矿泉水和用卫生纸包裹的手铐。从警多年，这是他第一次亲自搜寻和抓捕扒手，内心既兴奋又有些紧张。

上午10时，游人逐步增多，刺眼的太阳晒得人们无法躲避。前来长城的游人，大都带着水和食物，手提肩挎大包小包负重上城。八达岭长城二、三楼之间这一段又陡又窄，是最难爬的一段，游人爬到三楼时，由于这里太窄，一般会把肩挎手提的包放到身后背起来——把自己的财物交给

“别人”看管。看到这里，裴增军明白了游人在这里被盗的原因。

就在这时，裴增军发现两个男子，他们着装整洁，手里拿着相机，左小臂上搭着上衣，走走停停，没有拍照的意思，而是在不断地观察身边爬长城的游人，目光盯着游人的背包和脱下来的上衣口袋。裴增军顿时警觉起来，他不动声色地同这两个可疑的男子保持一定距离，用眼睛余光观察这两人的一举一动。

这时，一个中年男子带着自己的爱人和孩子，说笑着向北三楼爬去。因为天气炎热，大人孩子都把上衣脱了。孩子前面跑，大人后面追，中年男子把自己的背包也背到了后面，手里拿着爱人和孩子的衣服，不停地给母子二人拍照。北三楼入口狭窄，每次只能通过一个人。这时那两个嫌疑男子开始行动，手里拿照相机的男子迅速跑到北三楼入口处，开始不停地用相机拍长城的风景，同时故意用身体把北三楼向上的通道给挡住了。正在向上攀爬的游人，只能排队慢慢等候。这时，手臂搭着衣服的男子迅速用身体贴靠到那名中年男子身后，用搭着的衣服做掩护，迅速打开了中年男子后背的背包，顺手拿出一个褐色钱包，随即转身向下城的方向走去。

这一切被裴增军看得一清二楚。这也是他第一次亲眼看到扒手作案，不由得心跳加快。因为游人很多，他无法上前去抓捕扒手，更怕抓捕扒手伤到无辜群众。随着扒手盗窃得手，前面拍照挡住道路的男子很快也折返向下城方向走去，拥堵的北三楼很快就畅通了。裴增军没有惊动扒手，估计他们一时半会跑不掉。他迅速追到已进入北三楼那名中年男子，表明自己是警察，请对方打开背包看看是否被盗。中年男子很不情愿地把背包从身后移到身前，边打开边说啥也没丢呀。可是他的话说到一半时，发现钱包没有了，脸色瞬间变得难堪起来。裴增军说：“你别喊叫和乱走，带着孩子和爱人在这里等我，我去给你追钱包。”

说完之后，裴增军健步如飞地向下城方向追去，边跑边打电话给派出所，让邻近一楼民警前来支援。跑到一楼，裴增军在一楼平台处发现那两名扒手正在打开褐色钱包，他们拿出钱包里一沓百元人民币后，准备将钱包扔到旁边的垃圾桶里。裴增军果断出手，大喝一声："我是警察！"迅速将两名扒手控制在平台的角落里，用手铐铐住那名行窃男子的右手，同时用另外一只手死死地将挡住北三楼入口路的男子抓牢。两名扒手不甘束手就擒，不断地同裴增军拉扯，企图借机逃脱。情况危急，裴增军大声对周围游人说："我是八达岭长城警察，我抓到两名扒窃游人的扒手，请大家帮助我把他们控制一下！"路过的两名军人听到裴增军的话后，立即上来帮助他把没有戴手铐的男子控制住。裴增军这才把一个手铐戴到了两个扒手的手上。这个过程前后只有短短的五六分钟！

裴增军的战友到来了，把两个扒手带离现场回去审问。裴增军把中年男子的钱包和现金都收拾好，对帮助制服扒手的军人表示感谢后，迅速跑到北三楼，找到正焦急等待的中年男子。中年男子看到钱包，激动地大声说："是，是我的钱包！这2000多元是我们三口游玩和吃饭的钱！太感谢您了！"

在长城上初战告捷后，裴增军提出了组建打扒小组的建议。所领导研究后决定：建立裴增军任组长的打扒小组，挑选4名精干的年轻民警进入打扒小组。

2006年6月16日，天气非常炎热。12时30分左右，堵了半天的八达岭高速路通车了，从高速路下来很多旅游车，景区车场瞬间就停满了，长城游人开始增多了。因为天气太热，等候了半天的打扒小组成员已经晒得很难受。裴增军看看大家说："你们先回所休息会儿吧！有事儿我再打电话给你们！"4个年轻民警走了之后，裴增军没有走，他有一种强烈的预感，今天可能碰上扒手。

不久，4个形迹可疑的红脸汉子进入裴增军的视野。于是他给打扒小组打电话，说："来活儿了。"同时，让他们带好装备，拉开点距离，顺着北城去找自己。随后，裴增军就随着游人尾随这4个人上了长城北城。这4个人走到长城西平台后分成了两个小组，在西平台台阶处逗留，观察上来的各国游人，似乎在等待什么。裴增军在远处监视着这4个人，边走边用手机向长城取景照相——其实是在给这4个人拍照，留存影像记录。经过其中两个人身边时，听到一个人和另外一名男子说了一句话，好像是少数民族语言。通过西平台后进入北一楼里时，裴增军迅速脱掉半袖，换上另外一件半袖，并且戴上了墨镜，这样就如同换了一个人，避免被犯罪嫌疑人认出。

不久，裴增军返回到西平台细心观察那4个人的一举一动。中午1时30分左右，从八达岭长城入口上来了一拨外国人，他们的导游让他们把随身携带的照相机和背包放到不远的地上，然后给他们拍集体合影。一名年龄偏大的外国老人，把背包和相机放到了和他们集体合影不远的地方，正好就是那4个人所在北一楼台阶的地方。

这时，那4个人中的1个人迅速地边走边脱掉上衣，走到那名外国老人放包和照相机的地方，他的上衣似乎无意中掉在了包和相机上面，这人迅速抱起衣服，同时将下面的包和相机一同抱走了。随后，另外3名同伙交替将这“包裹”接力传递，趁机向长城出口走去。

这一切，都被裴增军看在眼里。他快速跟着这4个人，边走边用手机将4个人的活动记录了下来。跟到关城广场北门锁钥城楼下，战友们赶来了，打扒小组5人合力将4个窃贼抓获了。

经过进一步对这4人的审查，得知他们是内蒙古人，是专门进京扒窃的，他们从故宫一直跟随这伙外国人（后来得知是法国游人），准备到八达岭长城择机实施扒窃，没想到，刚刚得手就“栽”在裴增军手里。

此后，裴增军带领反扒小组再接再厉，先后打掉3个扒窃团伙，涉及犯罪嫌疑人10多名，并配合北京东城分局在八达岭长城上抓获9名特大扒窃团伙，成为游客称赞、扒手闻风丧胆的火眼金睛的长城卫士。

由于工作出色，2007年5月，裴增军被任命为八达岭派出所警长，完成了从普通民警到中层干部的转变。

首都西北大门“铁门神”

2018年5月至2021年3月，裴增军到北京市公安局延庆分局康庄站派出所（康庄公安检查站）担任指导员、所长（站长）、一级警长。康庄检查站地处河北怀来县同北京市延庆区交界处，是首都西北大门的进京重要通道之一，是连接河北、山西、陕西、内蒙古、新疆的重要公路通道，是确保首都北京安全的一个重要通道查控关口。

2020年新冠病毒肺炎疫情暴发以来，裴增军带领全体民警和警辅人员，始终牢记习近平总书记“生命重于泰山，疫情就是命令，防控就是责任”的重要指示，坚决落实“疫情就是警情”的工作理念和“逢车必查、逢人必核、逢人必测”的防控和查控举措，在首都西北大门筑起一道坚不可摧的安全屏障，实现了疫情期间外围涉疫人员“零”进京、内部重点地区人员不出京、不漏一人一车的目标，同时还抓获了一批违法犯罪分子。

2020年6月11日，面对突如其来的疫情反弹，上级要求增加对出京人员的检查，同时要求康庄站派出所尽快建成出京防疫检查站。临危受命，裴增军没有退缩，他在延庆公安分局党委的支持下，积极协调京藏高速首发路产部门、电力部门、安检大棚施工方、网络支撑建设部门、核录设备安装部门和昌平交通支队，沟通情况，共商共建出京防疫检查站，争分夺秒，昼夜施工。

裴增军深知检查站基础设施建设安全问题是生命线，因此他在施工现场每天24小时全程盯办，绝不放过任何细微隐患。3天之后的6月15日上午，出京安检大棚搭建完成，他带领战友在大棚及周边巡回值守，排查各类隐患问题，彻夜未眠。6月16日深夜，狂风暴雨来袭，安检大棚顶部四角出现渗水痕迹，裴增军顾不上虚弱憔悴正在输液的妻子，第一时间赶到现场指挥开展处置工作，设置警戒区域、拍照上报分局、通知施工方火速抢修。在他的强力指挥下，所有抢险措施有力跟进，黎明时分险情终于排除了。这时，裴增军才深深地舒了一口气，缓过神来慌忙掏出手机和妻子视频询问病情。看着仍在输液的妻子委屈失神的双眼，听到妻子那句“忙你的去吧，我没事”的话后，一向很坚强的裴增军竟哽咽得一个字都说不出来。

在短短的3天内，裴增军挂帅建成并使用上出京查控安检检查站，为“外防输入、内防扩散”，为保卫首都的安全稳定，坚决抗击疫情、战胜疫情奠定了坚实的物质基础。

不仅如此，在康庄站派出所（康庄公安检查站）工作期间，裴增军还带头严格执法检查，不放过任何蛛丝马迹，让很多犯罪分子在此落网。

2020年4月初，乍暖还寒，春风料峭。11日早上6时，是车流量进京早高峰重要时段，也是带班领导每天要盯的时间节点。那天裴增军带班，7时，一辆江苏牌照的黑色轿车来到检查站的大棚下。不知什么原因，驾驶员没有把驾驶室玻璃放下来。裴增军疑窦顿生，于是伸手示意驾驶员把车窗玻璃放下来。司机好像没有听到一样，在车里用眼睛看着裴增军。裴增军警觉起来，再次示意和大声要求驾驶员把车窗放下来，关掉发动机，出示身份证接受检查。但是驾驶员仍然不予理睬，裴增军感到要出现问题，于是示意同事将此车前面的车辆停下来拦住此车，防止其闯卡逃跑。裴增军第三次靠近苏牌照的黑色轿车驾驶员侧面，用手再一次示意驾驶员把车窗放下来。驾驶员摆了摆手，好像说车窗坏了，放不下来，要求裴增军放他过去。

裴增军已经意识到碰到什么人了，于是他突然用手去拉开驾驶室的车门，随后命令驾驶员关掉发动机，下车接受核查。驾驶员不下车，说忘记带身份证了。让其报一下身份证证件号码，驾驶员表示想不起来了，不记得了，并说回家看望老爹，东西都忘家里了。

职业敏感告诉裴增军，肯定有问题！于是，他让同事将驾驶员带离车辆进一步询问，自己从车内找到一张张姓的身份证证件。经与驾驶员比对，身份证正是该驾驶员本人的。把此人身份证证件核录后，智慧管控系统立刻发出警报响声。报警声就是警情，裴增军立即将该驾驶员控制并带进候问室审讯。在事实面前，该男子承认自己就是江苏盐城市网上通缉的诈骗犯张某某。经过和江苏网上办案单位进一步核实，证实了张某某就是逃犯！

对于工作，裴增军总是一丝不苟，精益求精。2020年8月15日上午10时，康庄公安检查站安检大棚站前第三车道的智慧管控系统发出警报提示的声音。裴增军闻讯立刻赶到现场，看到一辆鲁字开头的山东牌照的中型越野吉普车，车道值守民警正在对该车驾驶员身份进行核实。因为没有发现可疑之处，准备对其进行放行。

裴增军对其身份证、驾驶证、车辆行车证和车辆发动机号进行检查，也没发现什么问题，而该车驾驶员急切地问："没问题为什么不让走，我还着急回家呢。"裴增军不为所动，他将驾驶员带回安检大厅进行沟通。对方说车是他通过一个人购买的，他本人是河北霸州人，做点土木工程，是一个朋友给不了工程款，用这车抵工程款的，他们还有买卖合同。听完驾驶员的陈述，裴增军感觉到该车存在经济纠纷或其他问题，于是他让驾驶员稍等一会儿，然后急忙核实这辆车的信息，结果这是疑似被盗抢车辆。经裴增军进一步核实这辆越野吉普车是山东一名男子贷款购买的，已经四易其主。依据网上显示的信息，山东籍男子贷款购买新车后，没有按照贷款合同还银行抵押车辆贷款，银行报警后，对该车进行立案网上查封。

问题弄清了，裴增军将驾驶员的相关信息登记后，将该车临时扣押在康庄公安检查站内，后来移交给山东省负责此案的公安部门。

据统计，自2020年1月1日至2021年8月31日以来，康庄检查站外围防控等级一直都是高等级查控任务，裴增军带领全站警力通力协作，核录检查进京车辆560余万辆，核录检查人员530万人次，其中查获重点疫区车辆2928辆、重点疫区人员3632人，劝返疫情重点车辆2681辆，流转社区重点疫情人员线索2327条，协助卫生防疫部门重点检查人员2621人，查获网上逃犯29人，查获网上通报被盗抢车辆76辆，查获各类违法犯罪人员4776人，在外围防控防疫工作和消除各类安全隐患方面都取得了突出的成绩，为首都的安全稳定做出了积极贡献。

2020年9月8日上午，裴增军作为全国抗击新冠肺炎疫情先进个人，荣幸地到人民大会堂参加了全国抗击新冠肺炎疫情表彰大会。他暗下决心：绝不辜负党和人民的希望，为维护首都安全稳定，竭尽全力，勇往直前。

（郭东亮）

刘越来，1976年出生于花盆乡（今千家店镇）前山村。从17岁开始，他当过首钢铁锹工，在星级饭店当过客服，尝试过办客栈，当过装卸工，练过地摊。2004年以后，他以陕西巷22号的上林馆为依托，建成独具特色的青年客栈——阿来客栈。目前，除了前门有6家客栈外，阿来把客栈还开到了北京洋桥、八达岭和云南大理，同时在国内外跟阿来客栈建立合作关系的客栈也达到了近百家。

刘越来

从放牛娃到身家亿元的董事长

——记北京阿来酒店管理有限公司董事长刘越来

北京前门大栅栏是寸土寸金的地儿，那里的每一条胡同都浸透着十足的老北京味儿。2004年，这里来了几个延庆的小伙子，他们经营的“The Leo Hostel”，俗称“阿来客栈”，在国际上非常有名，领头的大家都叫他——阿来，他的真实姓名叫刘越来。

打工仔梦想自己的客栈

阿来客栈布置得很温馨，餐厅、酒吧、影吧、书屋应有尽有，大厅悬挂着各个国家的小国旗，里面挤满了来自世界各地的外国人。刘越来热情地和客人打着招呼，问一问他们心情如何，玩得怎样，还有在客栈里住得如何。

1976年，刘越来出生于延庆县花盆乡前山村的一个农民家庭。大哥叫刘越岭，小妹叫刘如意，他排行老二，名叫刘越来，爸妈就是希望他能在城里有个稳定的工作，月月都能来钱。不幸的是，在刘越来15岁时，父亲刘振珠去世了，母亲韩宪琴含辛茹苦拉扯着3个孩子。

为了减轻家里的负担，1993年处于八达岭中学职高实习期的刘越来，放弃了自己的英语专业，决定要到首钢做一名铁锹工人，负责铲煤，靠力气吃饭。刘越来心里清楚：父亲不在了，家里少了顶梁的人，为了挣钱，再苦再累，自己都得忍着，确保每月能给家里交些钱，贴补家用。

虽说不是正式工，也是“月月来钱”，家里人都替他高兴，可刘越来在那里却看不到自己的未来。干了1年后，他瞒着家人，悄悄地离开了首钢，到北京海星大酒店当客服。北京海星大酒店主要接待外宾，刘越来一有机会就多干活儿：给外宾拿行李，介绍旅游线路，英语口语因此得到了很大的提升。他还掌握了外宾接待的整个流程，并且摸透了外国游客的心理。没多久，他从服务生干到了口语翻译。也就是在那个时候，刘越来交到了外国的朋友。

在阿来客栈书屋一角的书架上，摆满了外文书籍。刘越来抽出一本旅游日志，翻到扉页介绍说：“这个人叫Jason Jones，他现在是费城市的一个高层领导，当年我把他带到了大庄科长城，他站在长城之上，惊呆了！他喊了一声，‘这就是我要看的真正的长城’，因为那里没有游客，原生态，只能听到鸟叫，他特别喜欢。这是我在城楼上，他给我照的。后来他问我有什么梦想，我说我的梦想就是将来要拥有自己的客栈。”

两次创业站稳脚跟

拥有一家自己的客栈是刘越来最大的梦想。2003年，由于“非典”原因，很多商家打算往外兑店，刘越来却认为机会来了，他打算包下两间房开客栈。可当时刘越来只能拿出2000元钱做押金，而且房租只能半年一交，这远远超过了房东太太的底线，经过几次洽谈都拿不下来。

眼看着自己的梦想就要泡汤了，刘越来初生牛犊不怕虎的劲儿打动了房东邹福田，邹福田说：“我也是从部队到地方工作的，这么多年，我在营里也是带过不少兵，好兵、赖兵我一眼就能看出来，你是个务实又有魄力的年轻人，你好好干。”于是，刘越来接手了客栈。邹福田现在是刘越来酒店管理有限公司的下属单位——北京盛堂居宾馆的总经理。邹福田还清晰地记着刘越来刚接手旅店，满膀子都是力气的样子：“他根本就请不起装修工，就自己用报纸糊个小帽子，戴在头上，跟他妹夫俩人刷，只进行了简单装修，我问他会刷吗，他说会！”

没多久，客栈终于开张了。刘越来铆足了劲儿，准备要大干一场。经理、接待、服务生、修理工还有打扫卫生所有的活儿都是他一个人干。可毕竟是“非典”期间，客人少得可怜，没多久，客栈就开不下去了。第一次开客栈，刘越来赔掉了打工10年积攒下的所有积蓄。

赔了钱的刘越来，为了生计，又当过装卸工，练过地摊，可是他不甘心，不愿意就这样放弃，就想着“非典”一过，旅游环境好起来，自己还能东山再起。于是，他就在前门城门楼子底下客流量最大的地方，摆起了地摊卖矿泉水、地图、小豆冰棍儿。看着旁边喝着可乐、吃着肯德基的小青年，心里甭提多羡慕，可他连一瓶水都舍不得喝，为的就是攒钱，再开客栈。

1年后，不服输的刘越来再次开起了客栈，取名为阿来客栈，刘越来和朋友在北京前门的大栅栏里挑中了一家店面，把店租了下来。可谁知刚刚起步，就遇上了麻烦。正赶上雨季，下水道“跑”了，粪都排上来了，客人还在吃饭。餐厅出现这种情况，母亲韩宪琴看在眼里，急在心里：

“店里的事儿特多。一看困难这么大，我就说‘好老儿子，这么困难，咱们别弄它了’。我儿子说‘妈您放一百个心吧，这冒水、粪汤子咱就别想它是困难，咱们就想它往上给冒金子、冒银子哩！’”

为了心中的梦想，刘越来选择放弃所有的疑惑，孤注一掷往前冲。为了客人全住满，自己没有休息的地儿，一张长板凳就是自己的床，足够他好好地打一会儿盹儿了。由于睡眠不足，刘越来经常是带着黑眼圈，到北京站、北京西站去拉客人。就是凭着这样的勇气，刘越来在创业的道路上，迈开了第一脚。

因为阿来客栈名气越来越大，刘越来的名字逐渐被“阿来”取代，这让他感到很高兴，这说明他的客栈和本人都被顾客和朋友认可了。

前门闹市阿来客栈

刘越来认为，光吃苦不行，经营客栈还必须有理念，于是他引入了国际上最流行的青年客栈的概念：环保、节能，24小时太阳能供热，绿色环保，不用一次性餐具和洁具，避免资源浪费。除了迎合西方人的起居习惯，刘越来还着重打造起具有中国特色的客栈。在客栈的布置上，刘越来也十分精心，簸箕、八仙桌、首饰盒儿、老式摆钟等诸多老物件成了这里最受欢迎的中国元素。

位于陕西巷22号的上林仙馆，有着300年的历史。当年是王公贵族、达官显贵的休闲娱乐区。清末的时候，红遍京城的一代名妓侠女赛金花曾经下榻于此；民国初年，在这里挂牌的艺伎小凤仙帮助护国大将军蔡锷巧妙离京，到云南掀起了反对袁世凯的护国战争，为后人留下“美人助英雄”的佳话。刘越来把这里建设为自己独具特色的青年客栈。

很多外国人都是在互联网上了解到阿来客栈的，在他们眼里，阿来客栈就是特色的长城——八达岭古长城，刘越来把它叫作The Secret Wall。刘越来不但把外国的驴友带到长城，而且还会把他们带到自己的家乡延庆，甚至是千家店的小山村。让外国人真真切切地体验中国式的乡村生活，Touch Chinese life（直触中国生活）成为阿来旅游公司的一张特色名牌。

《中国旅游指南》对阿来客栈这样评论道：“阿来客栈非常小，但非常有特点，氛围非常好，员工把他们的客人当成是亲生父母一样。”就这样，阿来客栈在国际上一下火爆起来。在客栈暂住的一位旅客BEN，操着一口不太流利的汉语，向记者介绍说：“美国的大学同学，之前来过中国，他们都告诉我，‘必须来阿来客栈，这个地方特别好，有好的中国文化。’他们说，‘阿来是特别友好的人’，他是延庆的人，他请我陪他去延庆，那个地方是北京的农村，有着不一样的乡村文化，那边空气非常好，每个人都特别好啊。我很爱那里！”

除了前门的6家客栈外，刘越来把客栈还开到了北京洋桥、八达岭和云南大理，国内外跟阿来客栈建立合作关系的客栈也达到了近百家。在旅游管理方面刘越来积累了丰富的经验，眼光也十分独到。2016年，他在怀柔区雁栖镇石片村创办了小隐观山乡村酒店，在北京市乡村酒店的榜上有名。目前，刘越来担任着长城文化研究协会理事与延庆商业精英会副会长等多个社会角色。

实现父亲的遗愿

在老家的篱笆院旁边，刘越来仰着头看着儿时画在房檐下的墨花，人生的酸甜苦辣，一时说不清。那是家里3间大瓦房刚盖好的那年画上去的，画上去的是新家落成的喜悦与对未来好日子的向往，填补的是没钱装饰房屋外墙的贫酸。30多年一晃而过，家乡的贫穷与父亲的遗愿，一直深深地烙在了刘越来的心里。

指着离前山不远的小树林，刘越来回忆起小时候和母亲一起去放牛的故事：“我说‘什么时候回去啊？’我妈说‘你数车吧，数到有3辆车的时候，咱们就可以回了’，我坐在那比较认真地数，见过一辆车特别激动，‘哎哟，过一辆！’然后一直盼着第二辆车来，可是等到天都快黑了，也没数到这第三辆车。”

现在只要一有时间，刘越来都会回到这个生他养他的小山村，在老宅子附近转一转，这里有着自己儿时美好的回忆，更有鼓励自己继续前行的精神寄托。掐下一枝长满绿叶的桃树枝，刘越来感慨地说：“有时候总是幻想，如果爸爸还在那儿一坐，哪怕还是回到过去一无所有，我感觉也是一种幸福——人生只有失去的才是最珍贵的。我爸当年拿着这么长的烟袋锅，抽着烟，当时我10多岁的时候，我爸就像我现在这个年纪，他总是在想着做些什么事儿来改变一个地区，让自己家的亲戚能够就业，富起来。可是我爸没实现，我全实现了。”

目前，仅阿来酒店管理有限公司的员工就超过了100人，大部分人都是他从千家店前山村带出来的孩子，给他们上五险一金，各种福利待遇都有，刘越来对于他们来说，不仅是老板，更是自己的偶像。员工韩晓明一提起自己的老板无比的自豪：“我们的老板刘越来和我们是一个村里的，但是他是从小自己努力拼搏出来的。他从一个农村孩子，闯到了亿元身价的老板，是很不容易的一件事。所以，我觉得我们老板是一个非常非常成功的人士。回到村里也是，提到了刘越来是我们老板，我就特别自豪，特别骄傲！如果有机会，我将来也要像我们老板一样，成为成功人士。”

的确，17岁独身闯京城，经历一次次的创业失败，从在北京经营酒店，到涉足山西物流公司，再到在河北创办星河房产、在少林寺打造功德来素食，刘越来的事业越干越大。通过近20年的打拼，刘越来凭着真诚与不懈的奋斗，从山里放牛娃成长为身价亿元的多家公司的董事长，在刘越来的创业道路上，父亲榜样的力量一直鼓励他不断前行！

（付冬月）

邱波，1978年1月出生，3岁随父母落户延庆。1995年，以延庆文科第一名考入中国政法大学。1999年，大学毕业担任北京市二中院刑二庭书记员。现为北京市第二中级人民法院刑事审判第二庭副庭长，被誉为“铁案法官”，曾获评“全国模范法官”，北京市“青年五四奖章”“首都政法先锋”、北京法院“模范法官”和“双优法官”、北京市“先进工作者”等荣誉称号。

邱波

铁案法官　公正担当

——记北京市第二中级人民法院刑事审判第二庭副庭长邱波

担任法官20年来，他先后参与审理和独立承办各类大案、要案及新类型案件800余件，无论是难啃的疑难复杂“骨头案”，还是备受社会关注的“督办案”，他始终尊崇公平正义，坚持把一件件案子办成“铁案”，无一错案，无一被上级法院改判或发回。他独创“一线三极致”工作法，人送绰号“铁案法官”，办理的每一起案件都经得起法律衡量。

他叫邱波，现为北京市第二中级人民法院刑事审判第二庭副庭长。

使命担当　精准判案

1999年夏，邱波从中国政法大学毕业，成为北京市二中院刑二庭的一名书记员。邱波清楚地记得，他和师父白波承办的第一件案子，是一个故意杀人案。经过庭审后，案情还比较清楚，但为了查清被告人凶器的来源，白波带着邱波连夜奔波9个小时到外地找证人核实情况。带着满身疲惫，邱波疑惑地问白波：“这么做真的有必要吗？”白波严肃地对他说：“刑事案件，事关生死，半点儿马虎不得，我们一定要把每个案子都办成铁案。”这一幕给邱波留下了终生难忘的印象。

20年后，邱波总结自己的工作，无限感慨道：“回顾过往，是‘朱笔一落命攸关’的如履薄冰，是关乎国家利益的夜不能寐，是关乎首都稳定的夙夜在公，是关乎民心所盼的寝食难安。这20年来，以白波法官为代表的一大批优秀前辈，传承给我矢志奉法的初心和对公平正义的使命担当，给予我无穷的力量和信心，令我从容地面对压力和挑战。”

北京法院审理的各种刑事大案、要案和新类型案件相对较多，这类案子的判决几乎每一次都会引起全社会的广泛关注。所以，北京中级人民法院的刑事法官需要有更强的使命感和铁案意识，有责任、有义务把审理的案件办成铁案。

从事审判工作20多年来，邱波审理了京城女巨贪石某贪污案、深圳航空公司高管李某等人挪用资金案、北京市首例外国人职务犯罪案、山东石某故宫盗窃案、通州区住建委主任仇某受贿案、顺义区李桥镇巨贪镇长李某贪污挪用公款受贿案、房山区王氏兄弟等23人敲诈勒索案等各类大案、要案。

每接到一个新案子，邱波都会仔细、认真地研究案卷，以审慎和缜密的态度对证据链进行严苛的审查。邱波常说："我之所以这么做，就是怕把案子判错。错案对司法公信的打击几乎是毁灭性的，而避免错案最有效的办法，就是要让每一个证据都'开口说话'。"

10年前的夏天，邱波在延庆封闭办案，有名被告家属一路打听到他的驻地，带着一个大信封找到他，说是心意，放下就往外跑。他当即追出去，义正词严地拒收，并告诉对方，案件一定会被秉公办理，这种方式不仅是错上加错，更是对他的不尊重、不信任。邱波根据大量证据和法律相应规定，将该案从盗窃罪改为信用卡诈骗罪，降了一个量刑档次。被告人和家属心服口服，并为他们先前的行为向邱波表示歉意。

不畏权势 "老虎"低头

铁道部原部长刘志军、国土资源部原部长田凤山、中国建设银行原行长王雪冰、山西省原省委副书记侯伍杰……这些大"老虎"都是邱波审理或参与审理的。

审理大案、要案，法官要承受极大的心理压力和社会压力。

2006年年底，新华人寿保险公司原董事长关国亮，被保监会查出涉嫌违规使用资金130亿元。作为"国内保险业第一大案"，社会关注度极高。涉案130亿元财务账目流向极其复杂，当事人坚称自己无罪。

面对号称"保险业第一案"复杂的案情、各种"专家意见"和不实猜测充斥各大媒体，邱波沉心静气，坚持独立思考。接案最初的那一个多月里，邱波不看电视，不看报纸，也不上网，拒绝一切外界干扰，确保自己保持独立思维。在审查证据阶段，邱波发现证据链出现了裂缝。

邱波的同事陈丹介绍说，这个案子证据材料十分庞杂，社会关注度极高，整个合议庭的压力都很大。邱波不分昼夜地阅卷、审查证据，经常睡在办公室，头发都熬掉不少，一抓就掉一把。

他认真审查每份证据，核查每笔资金走向，在207册卷宗上做了数百张标记，分辨出“构成犯罪的证据”和“不构成犯罪的证据”两种类型，拨云见日，终于勾勒出案件的事实真相，准确公正地再现了当事人犯罪过程。

关国亮案件第一次开庭，仅质证就用了整整两天。庭审结束后，邱波独自回到法庭，坐在旁听席上，认真地梳理庭审和质证过程的每一个细节，生怕有一丝一毫的疏漏。

最终，合议庭根据铁的事实和铁的证据，依法做出判决，认定关国亮构成挪用资金罪，抹去了此前公诉机关指控的职务侵占罪，同案嫌疑人马某被无罪释放。宣判后，两人十分感谢法院的公正判决，检察院也未提出抗诉。当法槌声落定，各种臆断和猜测也由此噤声。邱波的公正审判赢得了各方赞誉。

审理高官职务犯罪的案件，邱波最深刻的感受莫过于这些高官强大的气场。有的时候，会不自觉地被他们说的话吸引，稍有不慎就会影响审判的公正性。凭借多年的审案经验，邱波始终能以法官的中立性和超脱性，无视高官们的“表演”，保证审判的公正进行。

追求极致　铁骨柔情

审的案件多了，邱波总结出一套自己的工作方法，即“一线三极致”阅卷法。这个阅卷法被同事们称为“邱波工作法”，并被大家争相效仿。

“一线三极致”阅卷法的“一线”就是接手案件后，首先要集中精力抽取案情发展的主线；“三极致”是对单个证据的审查精细到极致、对多个证据的审查比对到极致、对证据链的审查周延到极致。在刑事大要案开庭前，被告人一般都会被押在法院的暂看室。邱波还有一个工作习惯，每次开庭之前，都到暂看室和被告人聊一会儿。通过观察被告人的情绪和身体状况，邱波会鼓励被告人放下思想包袱，以最真实的自己面对庭审，并相信法院一定会给他们最公正的审判。

面对被告人的陈述，邱波坚持“三不原则”，即语言不打断、目光不漂移、笔下不停记。他常说：“法律是冰冷的，但公平和正义的阳光是有温度的。被告人从被羁押到最终刑满释放，几年甚至十几年的时间里，只有在庭审这短短几个小时中有机会说出他们自己心中想说的话，如果连这个机会都不给他们，我觉得于心不忍、于法不容。”

一位服刑人员说：“我虽然有罪，但邱法官对我很尊重，这个案子的判决使我感受到了法律的正义，让我心服口服。”

“铁案”是法官的追求，铁面无私是人们对法官的赞誉，然而“铁案”法官邱波也有铁骨柔情。邱波经常对周围同事说：“刑事法官要有敬畏之心，敬畏法律、敬畏生命，抱有悲悯情怀，才能达到教育、引导、感化的终极目的。”

被告人韩某因抢劫手机被一审法院判处有期徒刑3年。第一次开庭，邱波了解到韩某作案时刚满18岁。父母离异，缺少家庭温暖是他走向犯罪的主要原因。为此，他多次到韩家所在社区走访，了解到韩某平时表现良好，完全具备社区矫正的条件。最终，邱波说服合议庭，改判韩某有期徒刑3年、缓刑3年。宣判后，邱波将韩某领出看守所，等候在看守所门外的韩某亲属潸然泪下。

情为民系　勇于担当

2010年3月，备受社会关注的“蒙京华”非法吸收公众存款案正式移送北京市第二中级人民法院依法审理。该案被告人多达26名，涉案金额2.9亿多元，仅卷宗就多达933册。案子尚未正式开庭审理，众多的投资人就轮番聚集到二中院大门口，最多一次达400余人。上访群众每周五来，一到周四晚上邱波就开始失眠。面对投资人群体上访和众多媒体采访的压力，邱波认为，上访群众的异常情绪如果得不到控制，极易发生意外事故，引发社会动荡。面对群众的激动情绪，邱波没有选择后退，他拿着话筒来到大厅，站在上访群众中间，向他们讲解法律知识，安抚大家情绪。

邱波不厌其烦地接待来访的投资人30多次。精诚所至，金石为开。邱波用真诚化解了投资人心中的疑虑，也为圆满审结案件奠定了坚实基础。一审结果出来以后，被告人对判决结果不服，提起了上诉，但最终北京市最高人民法院维持了原判。

令邱波没有想到的是，这事还“不算完”，一位80多岁的老先生是这个案件的受骗人，也是邱波多次接访的对象之一，事后他给邱波打来一个电话，想跟二中院领导说一说，应该对邱波进行表扬，但是被邱波婉拒了。没想到事情又“闹”大了，老人家给市长热线打了电话，市长热线反馈给二中院，“邱波在群众接访中言语得当，对他的工作作风和工作态度很满意，确实应该表扬。”

法庭记录　范本标杆

曾经轰动京城的“黑纸变美元”涉外大案，两名被告人一个讲法语，一个讲西班牙语，主审法官和公诉人的每一句询问都必须经过两名翻译人员分别翻译，6天的庭审结束，邱波一字不落地记满了200多页纸。这是邱波工作严谨的一个缩影。

邱波从事审判工作20多年来，从书记员到法官，邱波秉承严谨细致的工作作风。他先后撰写了300多份判决书、400多份审理报告，最短的几千字，最长的达十几万字之多，共计上千万字，每一份判决书都思路清晰、逻辑缜密、适用法律准确、说理充分，多次在院里作为优秀判决书进行展评，被同事们视为标杆和范本。在审理中国股市第一案“中科创业案”的时候，他记录的卷宗材料，装满了十几个铁皮柜。当时，受办公条件的限制，很多案卷需要手写，由于握笔太紧，邱波的拇指和食指都变形了。他撰写的“蒙京华”非法吸收公众存款案判决书还被最高人民法院评为全国法院“两评查优秀法律文书”。

求学成才路　延庆是故乡

邱波出生于军人家庭，父母都在总参驻延某部队工作。在延庆，邱波度过了愉快的童年和小学、初中生活。老师给出的评价是这个孩子很聪明，就是“能淘猴”。初中毕业后，父母把邱波送到北京城里的一所中学读高中，但邱波对大城市的生活很陌生，感到很不适应，学习成绩直线下降。久而久之，染上了无节制抽烟、打扑克的坏习惯。因这些不良表现，邱波差点被学校开除。父母一看，这样下去不行，赶紧又把邱波转回延庆读书。

原本是一个老师和同学都喜欢的孩子，结果成了反面教材，邱波的心理压力很大，好在学校的老师和同学再次接纳了他。浪子回头金不换，邱波用一个学期的时间，把学习成绩赶了上来。

1995年，邱波以延庆区高考文科第一名的成绩，考入中国政法大学。1999年，以北京市“三好学生”的身份进入北京市第二中级人民法院。多年以后，邱波每每想起因为逃课以至于差点辍学的时候，更多的是感恩，感谢自己在最困难的时候，延庆的老师和同学给了自己信心。多年后，邱波说起第二故乡延庆，总是感慨颇深：“虽然已经离开延庆多年，每年回去的次数也少，但是每次路过八达岭，总感觉又回到了故乡，因为我成长的整个黄金时代是在那里度过的。”

走出大山的邱波，时刻不忘自己是一名延庆人，他的铁案故事也让家乡人民感到骄傲和自豪。都说法官的笔下有财产万千，有毁誉忠奸，有是非曲直，更有人命关天。一份判决书对于当事人来说，那是一家人、一辈子的大事。邱波用一桩桩铁案筑起一道公正的法治铁墙，用寸寸丹心赢得“铁案法官”这一神圣与光荣的称号。

（申兵堂）

许泽玮

许泽玮，1983年9月出生于永宁镇和平街。2006年毕业于北京航空航天大学，先后就职于中国农业银行、新浪网、搜狐网等知名公司。2011年创办91科技集团，为集团创始人、董事长、CEO。现任北京市十五届人大代表，厦门银行独立董事，中国科协全国委员会委员，全国工商联青年企业家委员会常务秘书长，北京团市委常委，北京市工商联常委，北京市延庆区工商联主席，北京市互联网金融行业协会党委书记。曾荣获中组部、人社部国家“万人计划”领军人才、科技部“科技创新创业人才”、共青团中央第二届2016“全国向上向善好青年”、2017年度“北京榜样”年榜人物、第二十九届“北京青年五四奖章”、第八批“北京市优秀青年人才”、北京市高层次创新创业人才支持计划领军人才、2017年首都劳动奖章等荣誉，2019年获中宣部“时代楷模”称号。

比尔·盖茨会见的延庆小伙儿

——记91科技集团董事长许泽玮

2014年6月17日上午，微软创始人、盖茨基金会主席比尔·盖茨来到位于中关村微软亚太研发大厦的微软创投加速器，与许泽玮探讨了金融科技对传统金融市场、新兴经济体系的改变与进化，以及对普通人生活带来的可能改变。许泽玮这个名字成为媒体广泛关注的新闻人物。

2017年“十九大”召开前后，中央电视台、《人民日报》等多家媒体密集地报道91科技集团创始人、董事长、CEO许泽玮的活动和事迹，引起了社会的广泛关注。

2018年12月18日，作为青年党员企业家代表，许泽玮参加了在人民大会堂举办的庆祝改革开放40周年大会。

2019年2月20日，中宣部向全社会发布北京榜样优秀群体的先进事迹，授予91科技集团董事长、党支部书记许泽玮等50名北京榜样“时代楷模”称号。

拥抱互联网　十年磨一剑

许泽玮，1983年出生于延庆区永宁镇和平街。许泽玮的爷爷许振凯是新中国成立后延庆县农村信用社的元老级人物，父亲许文珍在延庆农业银行工作，母亲韩锋锐退休前在延庆农村商业银行上班，一家三代跟金融打交道。每逢年底盘点结算的时候，父母便经常没白天没黑夜地加班，许泽玮一个人待在家里，总是想，能不能让银行结算变得简捷、快速，让父母多些陪伴自己的时间呢？

2002年，许泽玮考入了北京航空航天大学法律专业。父母希望他毕业后能成为一名公务员。2006年，许泽玮毕业后，在父母的强烈要求下，报考了石景山团委的公务员岗位，笔试、面试都是第一，可等到入职的时候，他选择了放弃。父母无奈，又为他联系到一家大银行工作，许泽玮经过认真思考，又放弃了。与这些岗位相比，他还是更喜欢互联网行业，先后应聘到搜狐网、新浪网的技术岗位。

许泽玮工作特别努力，“五一”“十一”长假，别人休假旅游，他就自告奋勇值班。他相信只有多付出，才会有所收获。2011年，许泽玮做到了新浪公司的中层管理人员，这一年他28岁，将近而立之年，前景一片光明。而就在这一年，他又放弃了这份别人羡慕的岗位，选择了自主创业。

2011年9月1日，许泽玮注册成立一家金融科技公司——91科技集团，91谐音“就要”，言外之意，这家公司想通过科技连通金融，提升金融行业的服务效率。为什么做出这样的选择？许泽玮解释说，根据数据显示，我国中小微企业数量已经突破6500万家，解决了1.5亿人的就业问题。全国新增就业和再就业的70%以上都集中在小微企业，但其中只有10%可以通过银行获得贷款。原因很简单，银行放贷找不到合适的客户，用钱一方又找不到合适的银行，信息的不对称造成供需双方交易的断档，银行和客户之间都需要一个中介来提供服务，金融科技公司可以在联系两家的同时，省去不必要的人力物力。许泽玮的自信来自成功掌握了互联网技术，积攒了丰厚的客户需求信息，更来自他对时政的关注，对政策的深刻解读，而政府对中小型企业的扶持，也成为公司发展的强大推力。

自主创业不是一件容易的事情，许泽玮回忆说：“创业有过艰辛的时候，在第二轮融资时，我见了169家机构，被167家拒绝，最后只有2家投了我们。虽然我们是摸着石头过河，但方向一定是清晰的，目标是明确的。”

2014年6月17日，比尔·盖茨会见了许泽玮和他的创业小伙伴。比尔·盖茨说，他想看看中国的创业者，这个创业者一定是通过技术解决了某些问题、改变了某些东西，而不是靠资源。由此，91科技集团成为比尔·盖茨第一个到访的金融科技企业。许泽玮送给比尔·盖茨一幅写着“旺财”的字幅，同时谢绝了比尔·盖茨的回赠——2亿美元的投资。许泽玮认为，在中国，金融类或准金融类公司的背后，只有人民币资本才真正符合中国人民的利益。同样的选择是，曾有高资产净值的客户提出要求，让配备专属理财客服。“这也是一个很关键的决策，公司是服务于一名拥有

3000万元的用户，还是服务于3000名每名只有1万元的用户。”许泽玮选择了后者。

于是，经过艰苦的努力，91科技集团在成长壮大的路上迈出了一串坚实的脚印：2014年7月，91科技集团完成第二轮融资，截至目前，已经完成5轮融资，估值超百亿元；2015年8月19日，中国第一张互联网理财银行卡由厦门银行和91金融联合发布，标志着91科技集团成功升级为并肩银行级的金融科技机构；2016年10月，国家科技部公布通过备案的第三批众创空间名单，91科技集团旗下91众创空间名列其中，荣升国家级众创空间；2017年4月，91科技集团旗下文化板块业务主体极扬文化完成融资1100万元，估值5亿元；2019年12月11日，极扬文化在北京金融街全国中小企业股份转让系统成功举办了新三板挂牌敲钟仪式，成为为数不多的上市新媒体企业；2020年9月，91科技集团与北京出版集团达成战略合作伙伴关系，共同探索开发少儿文化领域业务；2021年7月，许泽玮参加经济形势专家和企业家座谈会，为中小企业融资难向总理建言献策。

2017年4月，创业者孙刚成功地拿下一笔订单，但完成订单的资金缺口是110万元。一个月内，他跑了十几家银行，没一家肯贷款。后来，孙刚找到91科技集团，资料审核的一周内，就拿到了利率合理的银行贷款。这笔“及时雨”帮助他成功地拿下第一单生意。这就是91科技集团的追求目标和价值所在，做传统金融机构与中小企业的“纽带”，服务中小企业和实体经济。

2020年，考虑到疫情期间，很多中小企业可能因资金链断裂造成失业、破产，许泽玮经过多家走访和实地调研，向北京市相关部门提出了要关注中小企业生存状况和后续发展等20多条建议，并获得肯定；同时，他还做出决定，从当年2月3日开始，针对中小企业，24小时不间断为它们全力服务，耐心解答中小企业的融资问题2000多个，服务5000多家，帮助这些中小企业解决了50多亿元资金。

截至2020年，91科技集团累计服务中小微企业5万余家，为它们解决了超1000多亿元资金周转需求，为上万名青年创业者解决了资金掣肘问题。

不愿一枝秀　但求百花开

在残酷的商业竞争中，很多人选择了保守成功秘密，他们怕“教会徒弟，饿死师父”。许泽玮则反其道而行之，他觉得一花独放不是春，百花齐放才能春色满园，他要用自己的经验和能力帮助更多的年轻人走向成功创业之路。

作为延庆人，许泽玮成功不忘初心，不忘回馈家乡。他通过在延庆开展业务，为延庆金融界注入活力，为延庆中小企业发展提供资金支持；他设立奖学金，鼓励妫川学子努力成才；他开展精准扶贫，定期举办“91科技集团慈善行”等公益活动，为困难家庭献爱心。

2015年5月，在许泽玮的主导下，1100万元规模的北京延庆青年成长基金正式成立，已经为30多名青年创业者提供低息或无息贷款，为更多有志青年提供了创新创业平台。同年7月9日，由青年成长基金赞助的北京延庆青年创业大赛开赛，许泽玮担任创业导师，给选手们提出了很多中肯的创业建议。

2016年12月26日，许泽玮当选为第二届延庆区工商联主席、商会会长。他积极履职，通过开展企业调研，通过召开驻延国企与非公企业洽谈会，以及“走进延庆，献计冬奥”等活动，推动延庆企业健康稳步发展。

国家提出“大众创业　万众创新”发展战略后，许泽玮积极响应，作为自主创业的“80后”一代，他深知年轻人创业的步履维艰，他想通过分享自己的经验和感受，来推动更多的人，尤其是青年人，迈进创业的“高速跑道”。多年的创业经历，让许泽玮从一个创业者慢慢成长为了创业导师，他认为自己有一份责任，将自身创业实践的心得经验尽可能地传授给更多人，让有志青年的梦想照进现实。2015年，许泽玮创立91众创空间，就是要帮助更多的创业者，解决创业过程中遇到的难题，为大众创业、万众创新贡献力量。目前，经过5年多的发展，91众创空间已经打造了科技金融产业基地、旅游文化产业基地、VR产业基地等，成为一个国家级的孵化器，既为北京科技中心建设贡献力量，也助力青年的创业成长。许泽玮透露，现在91科技集团服务了将近四五千个企业。

除此之外，许泽玮受聘兼任北京航空航天大学法学院兼职教授及工业和信息化法制研究院研究员、北京航空航天大学经管学院研究生指导教师、北京市团市委“新青年创业学堂”讲师、中国银行业首家创客中心“北京银行中关村小巨人创客中心”首期创客导师、北京航空航天大学企业家俱乐部副会长等职务。他先后在清华大学、北京大学、中国人民大学、北京航空航天大学、中央财经大学等多所高校进行100余次创业分享；受邀出席“香港青少年的生涯规划”分享会，鼓励香港青年人北上内地创业，将香港优势与内地庞大市场结合。

许泽玮把自己“干事创业”的经历分享给更多的“创客”，就是希望帮助更多人实现“创业梦”。他积极推进91科技集团与北京航空航天大学、对外经济贸易大学、北京外国语大学等多所院校结成战略伙伴关系，帮助解决大学生就业问题，并个人出资创立“许泽玮奖学金”，全力支持青年学子成长。

红色基因　家国情怀

2017年2月28日，《人民日报》发表文章《91金融党建力量与企业活力一起迸发　为互联网企业装上“红色引擎”》，专题报道91金融党支部的党建工作。该文章被中组部共产党员网、中宣部党建网等各大党媒纷纷转载，主流新闻门户在首页或其他重要位置进行推荐。

2014年9月30日，91金融党支部正式成立，是科技金融行业第一家成立党支部的企业。

2015年5月，91金融团总支委员会成立，目前公司党员总人数近40名，团员136名。在接受《人民日报》采访的时候，许泽玮说，公司自觉“向党靠拢”是出于对党员身份的天然认同，党组织的发展不仅为企业发展带来了政治引领和先进文化，也为企业管理提供了抓手。91科技集团党支部一直以党建工作为引领，带动企业先进文化建设，同时用企业文化建设扩大党建工作成果，实现党建与公司发展的双赢。

2017年9月10日，为进一步推动北京市互联网金融行业党组织建设，经党员大会选举，中共北京市互联网金融行业协会委员会选举出第一届委员会成员，许泽玮当选为党委书记。

作为一位具有家国情怀和社会责任感的年轻企业家，许泽玮始终和国家同呼吸、共命运。他积极响应“精准扶贫”号召，在2016年、2017年、2018年、2019年连续4年举办“青少年英才北京行”活动，积极推进贵州威宁县石门乡与北京延庆区大庄科乡“红色文化+绿色产业精准帮扶结对子”，组织贵州六盘水小朋友集体前往北京延庆“红色大庄科”接受爱国主义教育，赴新疆墨玉捐千套衣服，并与共青团中央、北京航空航天大学对贵州石门青少年英才开展赠书交流活动，助力福建三明、新疆墨玉等地近百位青少年看首都、游长城、进大学，为梦想插上翅膀，也让企业员工在与偏远地区青少年的互动交流中接受教育，更加积极地投身精准扶贫事业中。

许泽玮自2011年创立91科技集团以来，多次受邀赴天安门参加国家重大活动，包括“9·3”胜利日大阅兵、中华人民共和国成立70周年阅兵仪式，以及烈士纪念日活动，也曾自发组织来到天安门开展活动，将红色基因深深植入企业文化和管理中，让党建成为企业持续发展的“红色引擎”。

致富不忘桑梓情，许泽玮带领91科技集团与北京市延庆区井庄镇合作打造了91金融冰雪欢乐园，不仅为周边农户提供100多个就业岗位，也吸引5万多游客参与冰雪项目；同时，91科技集团与北京市延庆区大庄科乡合作开发红色旅游项目，依托当地的红色资源，发展“红色大庄科”北京市首家体验式党建教育基地，帮助当地居民实现持续增收，打造京津冀“红色文化+绿色产业”促进精准扶贫的示范基地，以实际行动支持世园会、冬奥会建设。

许泽玮表示，未来91科技集团将不忘初心，牢记使命，不断奋斗追梦，为实现中华民族伟大复兴的中国梦贡献智慧和力量。

（郭东亮）

王长庆，1981年出生于大榆树镇簸箕营村。2002年进入陕西国力队开启职业足球生涯，2006年1月加盟北京国安足球俱乐部，2009年跟随北京国安足球俱乐部获得中超联赛冠军，2013年1月转会至上海申花足球俱乐部，2015年7月后效力北京控股足球俱乐部。2017年，37岁的王长庆正式退役。2020年10月，他和朋友联合创立“聚+”足球学院，继续为中国足球发光发热。

王长庆

闪耀中国足坛的延庆人
——记足球名将王长庆

2010年3月9日，亚冠联赛第二轮比赛，中国北京国安队远赴日本，客场对战川崎前锋队。在大雪弥漫的湿滑赛场上，北京国安队上半场和对手踢了个1∶1。为扭转被动局面，下半场主教练洪元硕派出一名队员登场。正是这个队员，在比赛的第65分钟和第87分钟，两次射门进球。最终，北京国安队在客场3∶1战胜了日本川崎前锋队。这场经典的“雪夜斩川崎”，此后一直为中国足坛津津乐道。对于那个打进两个球的队员，国安球迷也不吝赞美。他们比照葡萄牙球星C罗，给他起了个好听的名字——C庆。

这个球员的名字叫王长庆，一个从小在延庆农村长大的孩子。

从偷着踢球到全运会成名

王长庆祖籍是延庆区大榆树镇簸箕营村，真正接触足球是在小学。那时候，父母工作很忙，王长庆下午放学就去小饭桌，跟一帮小孩儿在操场上踢球玩。刚开始，只是为了打发时间，可是慢慢地，王长庆发现，自己真的喜欢上了足球。

从二年级开始，王长庆开始在学校里学踢足球。他知道踢球在父母眼里是不务正业，所以没敢告诉他们。直到父亲发现他放学回来裤子总是撕坏，逼问他怎么回事，他才告诉父亲，说自己每天下课都在学校里练习踢足球。不出所料，父母都反对他踢球：一方面，王长庆每天下课后才能练习踢球，很晚才能回家，这让工作繁忙没有固定时间接送他的父母非常担心；另一方面，父母也怕长期练习踢球耽误他的学习。作为家中独子，王长庆深知父母的顾虑，因此他向两位老人保证：一方面会尽量早回家，另一方面学习成绩会始终保持在班级前列。

父母看到儿子的努力与坚持，也慢慢转变了态度，开始支持他踢足球。那时，王长庆先在校队踢，后来老师带他去宣武体校踢比赛。当时正在进行各区体校之间的比赛，第一场宣武对海淀。王长庆上去踢了一会儿，结果一下进了5个球。因此，宣武体校特别希望王长庆能够加入他们的学校。进入专业体校之后，王长庆的足球天赋很快得以施展，不久就成了他所在的北京芦城体校的核心球员。在2001年的第九届全运会上，他和其他两名小将并称为北京九运队里的“三小天鹅”，而王长庆更是北京队的队长。踢前腰位置的他在全运会上打进3球，一战成名。

异乡难圆足球梦

第九届全运会之后，王长庆所在的青年队面临解散，身为北京人的王长庆自然想到北京国安队踢球。可是，按照当时的转会制度，成绩靠后的队先进行摘牌，于是王长庆被摘到了陕西国力。

在遥远的大西北，望着异乡的明月，虽有着难以排解的孤独和寂寞，但是王长庆没有一刻松懈，而是迅速成长起来。他深知，一名职业球员，无论身在何处，都要把球踢好，用自己在赛场上的表现去赢得尊重。

他刻苦训练，珍惜每一次出场机会，认真对待每一场比赛。最终，他赢得了陕西球迷的认可，并逐渐成为球队的绝对主力，是国力锋线上的一名“影子杀手”。然而，由于球队长期拖欠球员薪水，队内人心涣散。2004年，耿直的王长庆选择了打官司讨要薪水。也正因如此，王长庆遭到俱乐部的封杀，长达19个月没有踢过正式比赛，只能靠在北京踢野球保持状态。

助国安中超夺冠

就在王长庆在异乡无球可踢的时候，曾在国青队对王长庆有所了解的国安主帅沈祥福希望王长庆能够回到北京，加盟国安队。但国力俱乐部开出了天价转会费，让这桩转会一度陷入僵局。几经周折，最后按照中国足协裁定的25万元转会费，王长庆成功回到了家乡，正式加盟北京国安队。

他从小的梦想就是为家乡球队效力，渴望在家乡球迷面前一展风采，为北京争光。终于，在2006赛季，阔别赛场19个月的王长庆再次回到了北京熟悉的绿茵场。前两场比赛，他收获1个进球1次助攻，用不俗的表现回击了一切质疑。在国安队的训练中，王长庆总是最拼命的那一个，每天训练都最早出现在球场，在训练中也毫不惜力，被队友戏称为“拼命三郎”。论年龄，王长庆在国安队中排行老四，队里的人都亲切地喊他“四哥”。

2009年，王长庆第一次代表国安打亚冠，在北京工人体育场对战澳大利亚纽卡斯尔喷气机队。比赛中，王长庆发挥出色。凭借犀利的边线突破、精准的下底传中，以及不知疲倦地满场飞奔，王长庆多次将对手后防搅得大乱。开场仅7分钟，他就助攻国安外援前锋瑞恩·格里菲斯破门，为国安队首开纪录。最终，国安队2：0战胜对手，王长庆也成为中超赛场上唯一入选当期亚冠最佳阵容的球员。这场比赛，也让很多球迷记住了王长庆这个国安球员的名字。

2009年10月31日，中超联赛第30轮的比赛全部结束，王长庆所在的北京国安首次夺得联赛冠军！此时的王长庆不仅实现了中超冠军的梦想，个人的竞技状态也达到了巅峰。这也为后面的“雪夜斩川崎”打下了坚实的基础。

C庆雪夜斩川崎

2010年，王长庆所在的北京国安队以中超联赛冠军的身份再次出战亚冠联赛，而王长庆创下的“雪夜斩川崎”的神话，成就了他足坛生涯最辉煌的时刻。

2010年3月9日，亚洲足球俱乐部冠军联赛（简称亚冠联赛）小组赛第二轮比赛，中国北京国安队远赴日本，客场对战川崎前锋队。在比赛开始前，日本川崎市突然下起了大雪，湿滑的场地加上恶劣的天气，给比赛带来了不小的困难。上半场45分钟比赛，双方打成1：1平，下半场主教练洪元硕派出王长庆登场。正是这次换人，成为改变比赛走势的关键。在比赛第65分钟，王长庆接到队友传球后，没有调整，而是顺势来了一脚推射。正是王长庆这一脚精彩的射门，打破了场上的平衡，比赛节奏重新落入国安队的掌控中。

如果说第一脚的推射是与队友合作的结果，那么王长庆在第87分钟的进球则完全是个人能力的体现。在前场得球后，前方一片开阔地，当时王长庆的身边根本没有任何日本球员。面对这样一个单刀球，他本可以突入禁区之后再选择射门，毕竟这样把握更大一些，但他却选择在禁区外直接用右脚吊射。川崎前锋队的门将川岛永嗣是日本最优秀的门将之一，但面对王长庆这脚“天外飞仙”，也只能望球兴叹，看着足球飞入网窝。这粒进球堪称亚洲顶级赛事中经典之作。赛后，王长庆欣喜地说：“因为那种场地，带不起球来，影响速度，后卫很快能追上，当时正好看守门员要出击，我就直接吊门儿了。”雪中足球比赛不但具有极大的偶然性，而且对于球员场上比赛能力也有着相当高的要求。细细回味王长庆的这两粒进球，我们不难发现，正是其对比赛的观察入微，使其成为影响本场比赛结果的决定性人物。最终，北京国安队在客场3∶1战胜了日本川崎前锋队。这场雪中激战也被奉为经典，一直为足坛津津乐道。

那几年正是葡萄牙球星C罗的高光时期，也正是王长庆的巅峰时期，国安球迷比照C罗，给他起了个好听的名字——C庆。用北京球迷的话说，长庆的名字里有个“C”字，再一个就是他踢球比较霸气，很有C罗的感觉。

北京球迷中间还曾流传着一句话：“C庆不进球，进球必是世界波。”世界波是精彩进球的概括，因为只有距离远的射门才能使球画出漂亮的弧线，所以世界波一般指的是远射。由此可见，北京球迷对王长庆的喜欢和认可。

不和足球说再见

2012年11月3日，在寒冷的冰雨中，国安主场1∶0绝杀卫冕冠军广州恒大，全场沸腾。然而表现抢眼的王长庆在赛后泪洒工体，因为这是他在国安的最后一场比赛。由于合同到期，在国安效力7年的他不得不告别北京球迷，再一次出走他乡。

面对众多球队的橄榄枝，他选择了最有诚意的上海申花。作为职业球员，他加盟申花后依旧是全力以赴，即使面对老东家国安，也全力以赴，毫不手软。尽管在场上不得不与国安对阵，但是京城球迷依然认为他是大家最爱的京城“四哥”——C庆。

2014年7月10日，上海绿地申花主场迎战广州恒大。王长庆突然瘫倒在地上，陷入昏厥状态。好在只是虚惊一场，经过紧急处理，王长庆很快恢复神志，并坚持踢满全场，但是关心他的球迷依然捏了一把汗。

异乡的月终没有故乡的圆。经过两年半的异乡漂泊，2015年7月，王长庆再次回到了北京，加盟中甲球队北京控股足球俱乐部，身披6号战衣，正式宣布“回归故里”！即使已到职业末期，他依然是那个不容小觑的王长庆！北控队的教练斯塔诺曾经这样评价他：“他在场上是一个多面手，能够踢各种位置，技战术突出，场上作风也比较硬朗。”

2017年，37岁的王长庆正式退役。从初露锋芒到叱咤球场，也曾迷茫困惑，也曾多次负伤，几经坎坷，王长庆终是那个傲立球场、永不言败的足坛战将。“一种信念在支撑着我，因为对于足球是打心底喜欢，现在有了家有了孩子，更多了一种责任，也希望我的足球生涯能延续下去，不论再困难，也希望能多坚持一天。”王长庆曾不止一次这样发自肺腑地说。

足球是王长庆生命中不可分割的一部分。2020年10月25日，退役三年后的王长庆终于兑现了自己回馈足球的承诺。那一天，他和前北京队球员赵阔、资深足球解说员魏翊东联合创立的“聚+”足球学院启动仪式在位于大兴区亦庄新城旧宫镇的“聚+”球场隆重举行。中国足坛元老级人物金志扬、郭瑞龙、沈祥福，前国安球员曹限东、杨晨、南方、杨璞、徐阳、徐亮、隋东亮、杨智等亲临现场见证。

说起办校初衷，王长庆坦言：“小时候能遇到洪（元硕）指、沈（祥福）指这些优秀启蒙教练，让我受益匪浅。我们希望将更多优秀教练员聚集在一起，他们会为青少年学员提供更多帮助。未来除足球外，我们也在规划将更多球类项目聚合到一起，这也是我们将球场和学院起名为‘聚+’的原因吧。”

作为教练，王长庆时常抓住机会秀一把足球。2021年5月30日下午，北京市首届“社区杯”八人制足球赛中年组和青年组的决赛及颁奖典礼在天坛体育中心结束。代表大兴区出战的旧宫镇足球队4：2力克代表东城区的建国门街道队，成功获得中年组的冠军。王长庆在比赛中上演帽子戏法，成为球队逆转获胜的最大功臣。

王长庆宝刀不老，再次让人们想起了那个叱咤风云的京城“四哥”——C庆。

（申兵堂）

陈建新，1992年出生于旧县镇三里庄村。18岁时因交通事故导致高位截瘫，不得不与轮椅终身相伴。之后经延庆县残联推荐到北京市残联体育培训中心学习击剑，后来转练轮椅冰壶。在2018年平昌冬残奥会上，他和队友团结协作，为中国代表团勇夺一枚宝贵的金牌，实现了我国在冬残奥会上金牌零的突破。随后，他又和队友们团结拼搏，获得了“2019年世界轮椅冰壶锦标赛”冠军和“相约北京·2021年世界轮椅冰壶锦标赛”冠军。

陈建新

奥运冠军是这样炼成的
——记中国著名轮椅冰壶运动员陈建新

第十二届冬残奥会中国体育代表团：

欣闻北京运动员陈建新、王蒙在第十二届冬残奥会轮椅冰壶比赛中，与队友团结协作，顽强拼搏，出色发挥，为中国体育代表团勇夺一枚宝贵的金牌，实现我国在冬残奥会上金牌零的突破，为国家赢得了荣誉，为首都增添了光彩。在此，特向第十二届冬残奥会中国体育代表团和获奖运动员致以热烈的祝贺！衷心祝愿中国体育健儿再接再厉、再创佳绩！

中共北京市委

北京市人民政府

2018年3月17日

2018年3月17日，对于延庆人民而言，是一个万众欢腾的好日子，而对于延庆小伙陈建新来说，更是一个终生难忘的好日子，因为这是一个实现零的突破的好日子，更是一个彪炳史册的好日子。

这一天，平昌冬残奥会轮椅冰壶决赛，中国队通过加局，以总比分6：5战胜世界劲旅挪威队，创历史夺冠！这也是中国自2002年参加冬残奥会以来夺得的首枚金牌！

中国轮椅冰壶队里的陈建新是地地道道的延庆人。在国际赛场上，这个26岁的小伙子充分展现了延庆青年的迷人风采。

冰壶再造新人生

1992年，陈建新出生在旧县镇三里庄村。2010年秋季的一天，18岁的陈建新因为一场车祸，导致高位截瘫，不得不终身与轮椅为伴。一年后，陈建新从医院回到了家里。那段时间，他把自己彻底地封闭了起来，不想吃不想睡不想说话不愿见人，因为他感到精彩的人生可能就此已经结束了。

在最艰难的时刻，亲人们用尽办法安慰鼓励陈建新。看到家人日夜为自己寝食难安、不知所措，陈建新突然明白了：他要自食其力，减少亲人们的痛苦和压力。

自己只能在轮椅上生活，还能干点儿什么呢？

不久，经延庆县残联推荐，陈建新到北京市残联体育培训中心学习，练习击剑项目。2014年，北京市成立轮椅冰壶队，这也是北京市首支残疾人冰雪运动队，更是北京市为2022年冬残奥会着力培养的一支队伍。因为在击剑上的出色表现，陈建新被邀请加入了冰壶队，到位于怀柔区的中奥体冰壶运动中心培训学习。

轮椅冰壶是残疾人冬季体育运动发展最快的项目之一。轮椅冰壶也是唯一不需要会滑冰就可以参加的冰上项目，是残疾人冬季体育运动发展最快的项目之一。由于轮椅冰壶对技巧性要求很高，此项运动也被誉为“冰上的国际象棋”。

轮椅冰壶比赛中，一名队员在前方使用推杆推出冰壶，一名队员在后方固定轮椅，两人配合完成比赛。赛场上良好的发挥需要队员们在平时无数次的磨合才能实现。

在国家冰壶训练基地，陈建新和队友们每周有5天要进行封闭训练，包括冰上训练和体能训练。冰场里温度很低，人待在那里就像在冰箱里一样。对于下肢瘫痪的人来说，没有感觉的腿和脚特别容易冻伤。陈建新的脚就被冻伤了好几次，长满了冻疮。可是，为了完成训练任务，提高自己的技术和能力，他选择了默默坚持，进冰场时会多穿好几双袜子，还要往鞋里贴暖宝。休息的时候，陈建新和教练经常在营垒区使用冰壶进行布局，对比赛进行平面推演。他也会和室友下国际象棋，体会“冰上的国际象棋”的文化内涵。更多的时候，他会观看国际强队的比赛视频，从中学习冰壶的技术战术。

为了提高技术水平，争强好胜的陈建新坚持周六、日不休息，春节不回家，争分夺秒刻苦训练。他还刻意让人把轮椅推到爬坡处，锻炼臂力以及身体与轮椅的配合程度，颇有些破釜沉舟的感觉。在训练场馆练上半天儿，回到宿舍后的陈建新还要举上几个小时的哑铃，到互联网上观看经典视频，研习轮椅冰壶的“排兵布阵”。

大赛崭露头角

陈建新和队员们的付出是值得的。北京轮椅冰壶队刚组建3个月，便成为2014年轮椅冰壶全国锦标赛上的一匹黑马，一举夺得第四名。当时，北京队在半决赛遭遇了多次代表中国出战冬残奥会的黑龙江队。尽管以2分之差落败，但彻底改写了黑龙江队长期称霸国内轮椅冰壶赛场且大比分战胜对手的历史。

2015年6月11日至16日，全国第九届残疾人运动会暨第六届特殊奥林匹克运动会轮椅冰壶比赛在上海松江大学生体育中心国际滑冰馆举行。陈建新所在的北京队参加了这次比赛。比赛正值暑天，南方湿热的天气让陈建新很不适应。此时，他已经坐到了指挥的位置，在比赛现场发挥着教练的部分职能，因此当队员们开始烦躁不安时，他的压力很大，血压一度蹿到了180。

越是参加重大比赛，越是要经受得住考验。一方面要打好比赛，另一方面安抚好队员情绪也至关重要。教练茹霞望着陈建新微笑了一下，做了一个手势。陈建新立刻明白过来，脑子开始回忆起教练告诉他的套路和阵法。于是，他来到比赛场地内，一边和队友们开玩笑，一边告诉大家该怎么出招。最终，北京队力克黑龙江队，斩获金牌，这也是北京轮椅冰壶队第一次在全国赛场上夺金。在冰壶运动中，陈建新感受着从未有过的自信与快乐，在冰冷中酝酿着更大的梦想！

教练茹霞介绍说，陌生人觉得陈建新有些“高冷”，熟人说陈建新有些“话痨”，而对于队友们来说，陈建新则是一个“开心果”“幸福果”，在关键时刻总能创造出意想不到的“奇迹”。

2017世界轮椅冰壶锦标赛于3月4日至11日在韩国江陵举行。来自中国、加拿大、芬兰、德国等10个国家的代表队伍参加了本次比赛。刚刚入选国家队的陈建新以二垒身份参加此次赛事。经过多日的激烈角逐，中国队获得第四名的优异成绩。陈建新和队友让中国队从此跻身轮椅冰壶运动世界强队之林。

平昌夺冠扬国威

时隔一年之后，2018年3月17日下午1点30分，电视正在直播平昌冬残奥会轮椅冰壶决赛最后一场加局赛，身为三垒的陈建新推出了自己本次比赛的最后一壶。“有了！有了！”随着电视机传出陈建新的呼喊，他打出的冰壶稳稳地落在了大本营内。这一壶最终成为中国队获得冠军的制胜一壶。顿时，比赛现场和国内在电视机前观看的观众一片沸腾和欢呼。一直站在比赛现场的中国轮椅冰壶队主教练岳清爽手持两面国旗跑进赛场，递给队员们，然后紧紧地与陈建新拥抱，两人泪洒赛场。

岳清爽满含热泪称赞陈建新他们：“孩子们真的很棒，顶住了压力，真的不容易，我从中看到了这帮孩子的凝聚力。”

颁奖后，中国残联主席张海迪来到赛场中央，祝贺中国轮椅冰壶队取得优异成绩。她说：“一个人心里有祖国，为祖国而战，就是最大的荣光。我们这次胜利为2022冬奥会、冬残奥会奠定了良好的基础。”

合影留念时，张海迪的手与陈建新的手紧紧握在一起。和自己崇拜的偶像合影握手，是陈建新梦寐以求的愿望。陈建新多次对人说过：“当初我腿伤残废之后，就一遍又一遍看张海迪的励志故事，决心改变自己，成就一番事业。现在能够近距离见到心中偶像，更加激励了我的奋斗之志。”

载誉归来新征程

2018年3月26日，载誉归来的奥运冠军陈建新参加了延庆区的新闻发布会，宣读了《致全体市民的一封信》，号召发起“人人当好东道主，同心同向迎盛会”活动，表达了办好2022年冬奥会延庆赛区的强烈愿望。

3月29日，延庆区举办“2017延庆榜样”颁奖典礼，特别表彰了妫川娇子陈建新，为他颁发突出贡献奖。颁奖词说，中国轮椅冰壶人的坚持和付出，值得参加2022年冬奥会的每一个选手发扬光大。2018年4月2日，陈建新受到北京市委书记蔡奇、市长陈吉宁的亲切接见。不久，陈建新获得第五届北京市残疾人“自强模范”的荣誉称号。

陈建新知道，如此高规格的表彰奖励，既是奥运冠军的荣誉，也是因为延庆是2022年冬奥会的重要赛区。国家为了这次冬奥会，斥巨资建设滑雪滑冰场地场馆，延庆区市政设施和环境也得到了极大提升。作为一名运动员，他为家乡的巨大变化倍感自豪。

奥运金牌是荣誉，也是历史，更是新的起点。

2019年4月13日，在苏格兰举办的“2019年世界轮椅冰壶锦标赛”上，中国队战胜东道主苏格兰队获得首个世锦赛冠军。

2021年10月30日，“相约北京·2021年世界轮椅冰壶锦标赛”决赛在国家游泳中心“冰立方”进行，中国队经过加赛局鏖战，击败瑞典队，第二次夺得世锦赛冠军。

这两个冠军的取得，都有陈建新的一份功劳，也距离他北京冬残奥会轮椅冰壶冠军的梦想又近了一步。

陈建新说：“每个人都有梦想，有梦想就要去追求。只要精神不垮，灵魂就能站起来。体育运动给了我第二次生命，我要活得更加精彩。既然双腿不听使唤，就得让双臂像翅膀一样，让自己飞翔起来。我更希望在2022年冬残奥会上，在自己家门口，为国家争光，为家乡争光。”

巍巍海陀山，京北第一峰。海陀戴雪，是京郊著名胜景，这里将见证北京2022年冬奥会最精彩的比赛。激情与岁月一起燃烧，梦想与荣光一同绽放，延庆人民翘首以盼，期盼陈建新在2022年北京冬残奥会上，携手队友们为国家再写辉煌，让五星红旗伴随着《义勇军进行曲》在奥运赛场上高高飘扬。

（申兵堂　郭东亮）

历史深处的妫川轿子

* 此部分均为申兵堂撰写。

妫川大地，历史悠久，物华天宝，人杰地灵。

有人天生异志，弱冠之年带来汉字书写革命。

有人追随圣主，出仕外交，据理力争。

有人出身市井，却成横刀立马之将军。

有人潜心修道，帝王封其教为正统。

有人艰难上位，广施仁政，益兆万民。

有人官居尚书，清廉如水，两袖清风。

有人不畏权贵，整肃法纪，抓铁有痕。

有人沦为乞丐，皇榜夺魁，荣膺总兵。

有人题名金榜，建功立业，位列妫川群英。

上述诸公均为妫川骄子、历史人物之翘楚，岂能湮没于历史长河之中？

是故不才翻阅浩繁卷帙，发其事，撰其篇，展其事，列其传，弘其志，颂其功，播其名，以慰先贤，以飨读者，以励后人。

中国汉字改革家——王次仲

2015年7月31日下午5点57分，国际奥委会主席巴赫在国际奥委会第128次全会上宣布，北京获得2022年第24届冬奥会举办权。作为冬奥会滑雪项目举办地的海陀山，受到了全世界的瞩目。而远在秦汉时代，海陀山脚下就出现了一位了不起的大人物，他以弱冠之年，为中国汉字的书写带来了革命性的变化，千百年来，深深地影响了中国书坛，他就是上谷郡延庆人王次仲。

王次仲，名王仲，字次仲，一说是秦朝人，一说是东汉人。由于年代久远、文字记录不详等原因，王次仲的出生地和所创书体都存在争议，他也成了谜一样的大人物。

哪里人　何必争来又争去

王次仲是哪里人？上谷郡人。上谷郡始建于战国燕昭王二十九年（前283），因建在大山谷上边而得名。秦统一全国以后，将全国分为三十六郡，上谷郡的郡治在沮阳县（今怀来县小南辛堡镇大古城村北）。那是否就可以说王次仲一定是怀来县人呢？

记载王次仲传说的典籍很多，如距今1300余年的《晋书》、距今1000多年的《仙传拾遗》、距今700余年的《真仙通鉴》、距今1000余年的《太平广记》、距今200余年的《日下旧闻考》。这些典籍都说王次仲是上谷郡人，就是没有说明他是上谷郡哪里人。

上谷郡下辖多个县，其中治下有沮阳县（怀来）和居庸县（延庆）。当前的争论焦点是，有人说王次仲是怀来人，也有人说王次仲是延庆人。那么，王次仲到底是哪里人呢？

延怀盆地，山水相连，历史上两地经常互相归属。例如，有些村镇在不同朝代可能分属两地管辖，甚至名称也大不相同。多种原因夹杂在一起，因此王次仲到底是哪里人，一时间根本搞不清楚。

延庆一方普遍认为王次仲在海陀山下张山营一带出生，怀来一方多认为王次仲在怀来县大古城村附近出生。如果典籍中的记载无误，那么上述两种说法中，有一种说法肯定是错误的，因为一个人怎么会在两个地方出生呢？除非历史上有两个王次仲！我们说王次仲是延庆人，理由充分。

延庆区作协副主席张义经过长期研究发现，王次仲是延庆人的一个重要证据是北魏郦道元提供的。他在《水经注》中说："有粟水入焉。水出县下，城西枕水，又屈径其县南，南注沧河。又西右与阳沟水合。水出县东北，西南流，径居庸县城北。西径大翮、小翮山南，高峦截云，层陵断雾，双阜共秀，竞举群峰之上。郡人王次仲，少有异志，年及弱冠，变苍颉旧文为今隶书。"

文中"水出县下"中的"县"，是指现在的延庆古城村东（汉代置夷舆县），今尚有古城遗址；"沧河"是妫水河的古称；"居庸县"是指现在的延庆区。概括而言，这段文字说的是延庆山水和人文典故，人就是王次仲。《水经注》详细记载了我国1000多条大小河流及有关的历史遗迹、人物掌故、神话传说等，是中国古代最全面、最系统的综合性地理著作。《水经注》成书距今约1500多年，可见王次仲故里为延庆的历史记载是多么久远。

张义善于发掘史料，他根据日本出版的《唐土名胜图会》中的有关记载，也能推断出王次仲就是延庆人。《唐土名胜图会》是清嘉庆年间在日本出版，由岡田玉山等编绘、记述北京及其周边的山水名胜和历史人文的版画集。这本书于日本文化二年刻成，正当我国嘉庆七年（1802）。岡田玉山，原名岡田尚友（1737—1812），字子德，号玉山，他是日本大阪著名的画工，也是木刻能手。《唐土名胜图会》全书共分为6卷，其中第六卷为直隶州县。在"延庆州"部分有一幅图，名为"大翮山"，内容是王次仲冲出槛车化为大鸟落下二翮的故事。这是迄今为止关于王次仲传说所见的最早图画形式，距今已经200多年，而且是出自日本人的著作。可以想见，早在200多年前，王次仲的故事在延庆地区必定流传甚广，而且根基甚深，否则这张图画不会出现在“延庆州”这一章节。由此可证，延庆就是王次仲的故里。

造新字　楷隶还是八分体

王次仲创造了新的文字，这是不争的事实。但是他创造了何种书体，历来颇有争议。争议主要有3种：隶书、“八分书”、楷书。

有人认为，王次仲是隶书的创始人。《水经注》中说：“郡人王次仲，少有异志，年及弱冠，变仓颉旧文为今隶书。”清乾隆《延庆州志》载：“王次仲，性能窥测造化，变通无穷，隐上谷居庸山中，不为禄仕。上古仓颉观鸟迹创出大篆书，历代用之，然其文繁复，难以学习。次仲用其意更为隶书，简略径直，可速成奏章。”《延庆州志》不仅认为王次仲是隶书的创始人，还对他创造隶书的原因及其价值做了分析。

有人认为，王次仲是“八分书”的创始人。唐张怀瓘在《书断》中曰：“王次仲即八分之祖也。”张怀瓘《书断》卷上《八分》引用北朝书法评论家王愔《文字志》说：“次仲始以古书方广少波势；建初中，以隶草作楷法，字方八分，言有楷模。”张怀瓘还赞王次仲道：“点画发动，体骨雄异，作威投戟，胜气扬波，赏逸尚奇，探灵索妙。”

有书法家分析认为，“八分书”是楷书的雏形，而王次仲是“八分书”的创始人。

有人说王次仲是楷书的创始人。《晋书·卫恒传》书：“上谷王次仲，始作楷法。”宋《宣和书谱》记载：“字法之变，至隶极矣。然犹有古焉，至楷法则无古矣，东汉章帝建初（76—84），有王次仲者，始以隶书作楷法，所谓楷法者，今日之正书是也。”清康熙五十一年（1712）知县许隆远主编的《怀来县志》记载：“王次仲，上谷郡人，始为楷法。”

以上三种典籍认为王次仲是汉字楷体的创始人。

还有研究者认为，王次仲不一定是书法家，因为我们没有看到他的作品，他只是创造出了汉字。不管王次仲创造了何种书体，也不论他的书写水平有多高，有一件事是肯定的，那就是王次仲弱冠之年带来了文字的改革，其创造的文字简化使用，更方便书写、阅读和流通，这是不争的事实。人都说三十而立，王次仲20岁就能创造出一种新书体，该是何等的奇才！

蔑强秦　化鸟折羽腾空去

中国古代，没有文字之前，人们结绳记事。上古时期，仓颉观看鸟迹创制的象形文字，“自黄帝至夏、商、周三代不改”。文字发展至秦朝时期，时人使用小篆，书写烦琐，难以辨认，不易流通。

王次仲创造的新书体，方便易学，对我国文字发展史来说是一大进步。当时秦始皇正在统一度量衡和文字，篆书难以书写和辨认，得知王次仲创造了书写方便的文字，想让他把新文字写出来，进而推广到全国使用。

秦始皇对待知识分子比较残暴，焚书坑儒对于读书人来说是抹不去的梦魇。再者，王次仲出生在燕国，燕国又刚刚被秦国所灭，王次仲说什么也不愿意出仕为秦始皇效力。

秦始皇两次派人来请王次仲出山，王次仲都没有搭理他。秦始皇可不像刘备那样求贤若渴，三顾茅庐。第三次，秦始皇直接派人来抓王次仲，将他用槛车押往咸阳。临走的时候，秦兵对王次仲的父亲说：“到了咸阳，你儿子要给皇上效力还算罢了，如果不识抬举，就连你抓去一块杀了。”

第二天，王次仲被押到居庸关。想到秦始皇残暴无道，怒气中生，他恨不得蹬碎囚车，肋生双翅，飞回家去。说来也怪，他想什么来什么，立时觉得浑身上下有了无穷的力量，一晃肩膀，囚车散了，瞬息间，变成了一只大鹏，一展翅便冲上了天空，直向西北方向飞去，飞到家乡上空。他想到秦兵还会再来抓老父亲，便拔下两根羽毛化作两座山峰，把他家挡在深山背后了。这两座山峰就是今天延庆的大海陀和小海陀。所以，海陀山又叫落翮山，大海陀名为大翮山，小海陀名为小翮山。

显然，这只是一个传说，不足为信——人怎么能幻化成大鸟呢？如果王次仲真的化成大鸟飞走了，他创造的新文字又怎么能传下去呢？那历史的真实情况又是怎样呢？

窃成果　下作“狱友”苦肉计

真实的情况是这样的：王次仲被抓到咸阳，怒目而立，还是不肯演示新文字的书写方法，就被下了监狱。于是，秦始皇命令丞相李斯处理此事。李斯知道皇上的心思，便安排一个狱卒程邈每天去牢房看望照顾王次仲。厚道的王次仲被程邈感动了，把他当成了好朋友。

有一天，李斯突然来到监狱宣布：“程邈身为狱吏，居然同情犯人，实属同流合污，犯了大秦律条。皇上有旨，关入死牢，秋后和犯人王次仲一同问斩。”程邈和王次仲关进一个牢房里，王次仲看到程邈为自己落得如此下场，心里很不好受。又过了些日子，程邈说：“次仲兄弟，反正咱们也活不长了，等着也烦，你把你新创的文字拿出来让我看看什么样？”王次仲同意了。于是，程邈让狱卒拿来竹简和刻刀，让王次仲把新文字都刻了下来。等到秋后问斩的时候，王次仲已经把新文字全都刻在竹简上了。

不料行刑的那一天，王次仲觉得台上的监斩官有些眼熟，仔细一看，原来是和自己待在一起的“死囚”程邈。程邈得意地说：“对不起了，兄弟，我也是奉命行事，如今任务完成了。”王次仲这才知道上了当，无奈悔之晚矣，世界上哪有卖后悔药的。

就这样，王次仲被秦始皇杀害了，他所创造的新文字被程邈“剽窃”

了。后来人忌讳正直善良的人无辜被杀，就编出他化成大鸟，落羽化海陀的故事，也是饱含了人们对暴秦的蔑视憎恶和对王次仲的美好祝愿，希望他在天界成仙。

《水经注》记载：“上有庙则次仲庙也，右有温汤，治疗百病。”文中所提的“温汤”就是今天的松山塘子浴，供奉王次仲的庙宇就在温泉附近。可见，至少1000多年前，人们就开始祭祀王次仲。

世界四大文明古国，唯有中国文明一直没有间断。其中，汉字起到了无可替代的作用。汉字以独特的魅力成为中华文明的载体和基础，也是世界文明宝库中独一无二的艺术瑰宝。作为一名中国人，最爱写的字当然是先生教的方块字。王次仲作为中国汉字发展史上一个里程碑式的人物，对中国古老文明的传承贡献甚大，值得后人永远铭记。

铁嘴铜牙——成淹

天下事分久必合，合久必分。在东晋末期到隋代统一全国前的一段时期，是南北朝。其中，北朝经历了北魏、东魏、西魏、北齐、北周的政权更迭，南朝则经历了宋、齐、梁、陈4个朝代。南北朝之间时战时和，各个政权之间有纷争，外交部门就得上演重头戏。在北魏年间，一位延庆籍的外交家成淹走上了历史的舞台。

上谷郡的"官六代"

延庆人朴实厚道不假，可您要认为延庆人笨嘴拙舌，那您可错了。在延庆历史上就出现了一位能言善辩的外交家——成淹，此人铁嘴铜牙，引经据典，出口成章，善打"口水仗"，往往是"怼"得对方一愣一愣的，根本没什么机会反口。

《魏书·列传六十七》这样记载："成淹，字季文，上谷郡居庸县人也。"延庆区当时称居庸县。成淹的祖上五代都曾做官，成淹是名副其实的"官六代"。史书说他"好文学，有气尚"，也就是说，成淹这个人勤勉好学，文学底蕴深厚，说话办事有理有据有节。

成淹幼年的时候，随父亲成洪流落到了南方，后来在宋朝做事。皇兴元年（467），北魏大将军慕容白曜南征，攻打到山东东阳、历城境内。宋朝任命成淹为龙骧将军，率军抵抗。成淹抓住了这个机会，到了山东境内就向北魏投降了。

有人可能会有疑问，一个有气节的人怎么会投降呢？以当时的情况来看，成淹身处南朝，等于到了别的国家做事，为南朝打仗并不能算是真正意义上的报效国家。当时北魏国力正处在上升期，正是为国效力的好时期。另外，成淹的家乡在延庆，漂泊南朝的他也时常思念家乡和亲人。不过正是这段特殊经历，成淹经常被人“揪住小辫说事”。

成淹来到北魏的都城平城（今山西大同）后，献文帝任命他为著作郎。当年十一月隆冬季节，献文帝要到漠北去北巡，群臣一致反对，可献文帝根本听不进去。成淹上了一篇《接舆释游论》的奏折，献文帝读完以后，对尚书李欣说：“卿等诸人不如成淹《论》通释人意。”于是取消了北巡的计划。也就是说，别人说话献文帝不爱听，只有成淹在奏折中分析了北巡的不利，摆事实，讲道理，说中了问题的要害，取得了献文帝的信服。

伶牙俐齿外交家

皇兴五年（471），献文帝拓跋弘传位于拓跋宏，是为孝文帝，太和十四年（490），太皇太后冯氏去世。此时，南朝的宋已被齐代替，南北朝有了睦邻外交。第二年的二月，齐国派裴昭明、谢峻前来吊丧，可是裴昭明、谢峻二人坚决不穿丧服，一时僵持不下。孝文帝派成淹前去“谈判”。裴昭明见了成淹，劈头就问：“贵朝让使者穿丧服吊唁，出自什么典故？”成淹立刻反击到：“不穿华贵衣服，不戴高大帽子，这是《论语》中孔子的举止；鲁国的季文子到晋国行聘礼，临行前还要查找遇到丧事的礼节，有人说这没必要。季文子说，外交方面要多多准备才好。今天你们从江南来就是为了吊唁，还问穿丧服吊唁出自什么典故，真是莫名惊诧！”裴昭明说：“如今南北的礼节不一致，我朝高皇帝（指萧道成）治丧，你们派使者李彪去吊唁，就没有穿丧服，为什么今天要苦苦相逼？”成淹说道：“当时李彪去的时候，就带上了丧服。你们国家不遵循古代礼制，皇帝去世一个月，就开始恢复喜庆，大家就开始穿上华贵的衣服。李彪是客人，没有主人命令，怎么能穿上丧服列在队伍中？当今我朝圣上行仁孝，遵循礼法，治丧期间，住草棚，喝稀粥，贵朝的事情怎么能和我们相比呢？”裴昭明又说：“我们来的时候没带孝服。”成淹说：“这好办，我们借给你。”裴昭明还是不情愿：“我们来的时候，皇帝并没有说让穿孝服，回去之后要受处罚怎么办？”成淹说：“这也好办，你们按照我国的礼法吊丧，是为你们国家争光，怎么会受处罚呢？除非你们皇帝不是正人君子！”裴昭明、谢峻二人碰了一鼻子灰，只好乖乖穿上孝服行丧。

事后，孝文帝称赞道：“成淹是真正的人才。”并擢升他为侍郎。考虑到成淹家里贫困，孝文帝还赏赐给他一百匹绢。

不过事情还不算完。太平十六年（492）正月，齐国派邢宗庆等三人出使北魏，孝文帝派成淹接待。此时两国已经发生了战争，因此邢宗庆上来就质问成淹：“南北和好已经很长时间了，你们为啥派人攻打我们，这是一个大国对待邻邦的态度吗？”成淹答道：“做天子的，做大事不能拘泥于小节。你们齐国的先主原来还是刘宋的部将，为啥还要推翻人家的政权呢？”邢宗庆等一时哑口无言，三人互相使了眼色说道：“你不就是以前从南朝投降到北魏的那个人吗？你是于禁式的人物，今天怎么做起了鲁肃？”于禁原为魏将，后投降关羽，关羽败了之后投降东吴，再后来又归魏，对方之言就是讽刺成淹是一个爱投降的小人，为啥今天又像鲁肃一样来做外交的“和事佬”。成淹听了对方的挖苦，不急不躁地说道：“我舍弃南朝小朝廷，投奔北朝大朝廷，乃是效法当初陈平、韩信归顺汉高祖，怎么会是于禁之辈可比！”对方哑口无言。

同僚“抬杠”留美谈

对外，成淹据理力争；对内，同僚们也别想把成淹说倒。

太平十七年（493），齐国大将王肃的父亲兄弟被齐主所杀，王肃从建业（今南京）来投奔北魏。孝文帝安排成淹陪王肃出去旅游一趟，安抚一下王肃受伤的心灵，也顺便熟悉一下工作环境。王肃早就听说成淹是个爱“抬杠”的人，所以就想验证一下人们的议论，顺便摸一摸成淹的“底牌”。当时二人来到河南朝歌，王肃问：“这是什么地方？”成淹答：“商纣王都城朝歌。”王肃问：“这里还有商纣王的顽民吧？”成淹答：“早都前往南方去了。”王肃说：“听说有迁往山东地界的，想必那里一定有商纣的顽民所在。”言外之意，成淹曾经在山东居住过，意思是说他是商纣王的顽民。成淹哪能听不出这弦外之音，他了解到王肃就是徐州人，就立刻反击道：“山东不是商纣王管辖的地方，要说今天徐州来的那个人，倒极有可能是商纣王的顽民。”说罢，二人在马上哈哈大笑起来。

王肃跟成淹较劲是自讨苦吃，一时成为笑柄。后来这件事传来传去，就传到孝文帝的耳朵里。孝文帝找来王肃，让他把在朝歌与成淹的对话再给“情景再现”一下。王肃面露难色：“一次就够了，哪里还能再来第二次呢？”说罢，君臣二人又笑了起来。王肃借机向孝文帝进言：“成淹能言善辩，请皇上提拔他。”孝文帝故意打哈哈：“要是因此提拔了他，别人岂不更会羞辱你？”王肃说：“臣对成淹很是佩服，臣能委屈自己成就别人也不错嘛。”看着王肃一脸窘态，孝文帝又一次大笑起来。不久，孝文帝擢升成淹为谒者仆射，掌管朝廷的礼仪和传达命令，并赐给他一套官服和一套御用车马，相当于送给他一辆顶配豪车。

龙鳞圣听也敢逆

北魏孝文帝是一位颇具胆识的政治家和改革家，根据国家发展需要，于太平十八年（494），把首都从山西大同迁往河南洛阳，遭到了守旧派的强烈反对，很多人被罢官治罪。迁都的路上，成淹请求孝文帝赦免这些官员。孝文帝说：“此事已定，再莫多言，谁再说就将谁斩首！”成淹并没有退缩：“从前周文王向农牧民请教政务，晋文公还听取赶车人的意见，今臣劝解您，就是希望您能成为周文王、晋文公一样的贤明的人。”孝文帝听取成淹的意见，赦免了那些戴罪的官员，给予成淹以奖赏。

孝文帝带领迁都大军到达徐州，命令成淹和闾龙驹二人督造船只，通过泗水渡过黄河，逆流而上到达洛阳。成淹上奏道：“黄河水流湍急，不宜从此地渡河。”孝文帝批复：“当初国都在大同，没有漕运，百姓疾苦。

迁都洛阳，为的是交通便利，我们逆流而上，为的是消除士兵对于黄河的恐惧之心，哪有半途而废的道理？所以今天不采纳你的意见。我知道你是出于公心，所以今天命令你掌管羽林军。”

由此看来，成淹是皇帝的宠臣，更是诤臣。他的所作所为不是拍马屁捞好处，不是哗众取宠博虚名，而是为了国家利益。因此，即使冒着生命危险，他也要劝解皇上“走正道”。只不过，成淹同其他大臣不同，没长着迂腐的榆木疙瘩脑袋，劝人的成分拿捏得恰到好处。由此可见，成淹不光会“耍嘴皮子”，还很会办实事。

能臣理政 两袖清风

迁都大军到达洛阳以后，修建宫殿成了难题，黄河水流湍急，运输建筑十分艰难。成淹建议孝文帝搭建浮桥。孝文帝很是赞赏，并当着文武百官对成淹提出口头表扬，还赐给锦帛百匹，并执掌左、右二都水事。

成淹为官清廉，虽身居高位，却节衣缩食过日子。当时孝文帝迁都时，成淹家贫，连路费都没有，还是孝文帝派人给他搬的家。而成淹长期工作在外交战线，四方贡品屡有赠送，成淹坚决不收。成淹管理过国家的军事和水利建设，但从来没有一丁点儿的贪污腐败行为，以至于吃饭和穿衣都不宽裕，这就是为什么孝文帝总是赏赐他绢帛的原因之一。

此外，成淹还坚持真理，刚正不阿。献文帝朝发生了一起冤案，大将军慕容白曜被冤杀。到了献文帝执政中期，当时还是著作郎的成淹，给献文帝上了一道1000多字的陈情表，为慕容将军洗去冤屈。表中以乐毅、章邯、邓艾等历史名将为隐喻，表达对战功赫赫武将受到冤屈的不满之情。

当年汉武帝杀李陵全家，司马迁为李陵将军说情，结果遭受了腐刑。而同为史官的成淹敢于为慕容将军说情，让孝文帝否定他的老爸，是把脑袋别在了裤腰带上，足可见其刚正无畏。好在孝文帝不是汉武帝，不光为慕容将军平反昭雪，还对他的后人予以安抚。

太平二十三年（499），北魏孝文帝去世，次子元恪即位，即宣武帝。皇叔彭城王元勰上奏道："成淹是三朝老臣，早年归国后，每件事做得都很成功，皇帝应该重用他。"于是成淹在原来职务不变的情况下，又被授予骁骑将军、辅国将军等职务。

景明三年（502），成淹请求外放，朝廷同意了他的奏请，在保留原有职务和待遇的情况下，派他到平阳郡（今山西省临汾市）当太守。后来成淹返回朝中病逝，朝廷给予他极高的哀荣，谥号为"定"。谥号是东亚国家君王大臣和后妃们去世后，根据他们的生平事迹与品德修养，给予一个寓含表扬或批评的称号。"定"字本意为国家安稳的局面。《康熙字典》在《谥法》中解释说："纯行不差，安民法古，曰定。"

成淹的一生，勤于国事兢兢业业，外交工作担当有为，说辩能力铁齿铜牙，渊博学识、博古通今，为官品质清廉刚正。一个"定"字，饱含了北魏对成淹的高度称颂。

参考资料：

1.《二十四史·北史》。

2.《魏书·成淹列传》。

3.《魏书·慕容白曜列传》。

延庆土生土长的好皇帝——元仁宗

辽、金、元三代，是延庆古代历史上的辉煌时期。皇帝们常到自己的“龙兴之地”草原上去转转，在延庆走出了“三朝御路”，还在延庆修建了很多行宫、园林、驿站，走得累了，就在延庆吃点喝点。每逢盛夏，皇族亲贵们还会带上老婆孩子到延庆消夏避暑。沈家营镇上下花园一带就曾经有元朝的行宫，至元二十二年（1285），元朝的第四任皇帝元仁宗孛儿只斤·爱育黎拔力八达就出生在这里。他是一位在延庆出生的大有作为的好皇帝。

黄金血脉好出身

对于元仁宗孛儿只斤·爱育黎拔力八达的名字，内蒙古艺术研究所的老师这样解释，孛儿只斤是姓氏，是成吉思汗家族的黄金姓氏，也叫博尔济吉特，大清孝庄太后就出自这个家族；爱育黎拔力是音乐的意思；八达是好的意思，也可能是虚词。现在孛儿只斤汉化为“包”或者“宝”，孛儿只斤·爱育黎拔力八达译成汉语可能为包鸣宇或者宝佳音，从字眼上看很是吉祥，饱含着长辈对孩子的成长期望。

爱育黎拔力八达的曾祖父是元世祖忽必烈，大元的开国皇帝；爷爷叫真金，是曾祖父的太子，可惜于忽必烈之前去世，没有那皇帝命；奶奶叫阔阔真；父亲是真金的二儿子，名叫答剌麻八剌；母亲弘吉剌·答己，来自盛产美女的蒙古部族。他还有个哥哥，名叫海山。

爱育黎拔力八达在长辈的疼爱中长大。奶奶阔阔真是一个有远见的人，当爱育黎拔力八达到了入学的年龄时，就给他及其哥哥海山请了一位名儒李孟为师。李孟是一位了不起的人物，就是他奠定了爱育黎拔力八达的儒学思想基础。“师父领进门，修行在个人。”兄弟二人都在同一起跑线上，谁能成事，自己奋斗去吧。

艰难曲折登大位

至元二十九年（1292），爱育黎拔力八达的父亲去世。至元三十一年（1294），曾祖父忽必烈驾崩，传位给爱育黎拔力八达的伯父孙铁木儿，是为元成宗。孙铁木儿的皇后是伯牙吾氏。爱育黎拔力八达的这位伯母可不是一个善茬儿，她看着爱育黎拔力八达一天天长大，生怕将来跟儿子争夺皇位，就建议元成宗把爱育黎拔力八达哥俩都撵出了元大都。海山被发配到漠北阿尔泰山戍边，爱育黎拔力八达和自己的母亲则被赶往河南，而恩师李孟主动随爱育黎拔力八达母子一同前往。

在河南，少了朝中的钩心斗角，爱育黎拔力八达得以潜心研习儒学。李孟为他讲述历代帝王成败之理、治政得失，并为他出谋划策，网罗人才，充当幕僚，以备将来启用。有李孟这样的高参在侧，爱育黎拔力八达想不成事都难。

再说朝中，伯牙吾氏机关算尽，可是天不遂人愿。大德九年（1305），爱育黎拔力八达的堂兄弟、皇太子德寿死了。大德十一年（1307），元成宗也死了。这样一来，元朝的皇位就悬空了。伯牙吾氏联合左丞相阿鲁台密谋迎立安西王阿难达为帝，而右丞相哈剌哈孙认为阿难达是旁支，不合祖制。于是，哈剌哈孙向朝廷请病假，闭门不出，暗地里却捎口信给海山，让他赶紧从漠北带兵发动政变，同时联络河南的爱育黎拔力八达回京。

此时，爱育黎拔力八达却犹豫了。他觉得朝廷局势晦暗不明，一旦进京，很可能有去无回。恩师李孟站了出来："要是皇后他们得逞了，非赐死我等，与其等死，不如铤而走险。"一语惊醒梦中人，爱育黎拔力八达星夜兼程潜回大都，与右丞相哈剌哈孙取得联系，先发制人，一举拿下了皇后和左丞相一党。与此同时，哥哥海山带兵来到了大都城下。

历经坎坷的爱育黎拔力八达已变得年少老成。他审时度势，自己的嘴皮子显然干不过哥哥的枪杆子，于是拥立哥哥海山做皇帝，自己甘当国家二把手来监国也不错。海山和他相约“兄死弟及”：“等我死了，你来当皇帝。”

可是海山并没有给弟弟做个表率，而是亲信宠臣小人，滥发纸币，借机敛财，增加赋税，搞得朝野一片混乱。海山的生活作风更是一团糟，沉溺酒色，纵欲过度，结果在位不到4年就一命呜呼，将烂摊子丢给了爱育黎拔力八达。

至大四年（1311），26岁的爱育黎拔力八达登基，是为元仁宗。想起走过的路，他感慨万千：9岁被贬河南，“蹲点”12年，韬光养晦；“见习皇帝”当了4年，忍辱负重。既然胜利果实来之不易，那就好好珍惜吧！

改革除弊谱新篇

先帝不创业而中道崩殂，朝政疲敝，此诚危急存亡之秋也。元仁宗如何力挽社稷于不倒呢？

治乱世须用重典。元仁宗首先从反腐败入手，整顿吏治，把那些祸国殃民的前朝余孽抓起来问罪；精简机构，该撤掉的撤掉，该合并的合并，绝不能出现“九龙治水”的现象；减裁冗员，吃空饷的人都给我回家抱孩子去，占着茅坑不拉屎，想都别想，朝廷不养吃空饷的；赶紧叫停那些耗费国力的“面子工程”，停止修建场馆楼台等娱乐设施，巧立名目修建办公用房更不允许。

元仁宗还倡导“以民为本”的发展理念，减去农户不必要的服役，让从“面子工程”上解放下来的农民回到田地里去发展生产力；打击地主和污吏，防止他们隐瞒土地亩数，偷税漏税，或者把赋税转嫁给贫农。他下令编印《农桑辑要》《栽桑图说》等书籍，送书下乡，向农民传授科技，科学种田。他深知“汗滴禾下土”的辛苦，很少出游打猎，即使打猎也不允许将士们践踏庄稼；他更不会无端发动战争，让人民休养生息。

与此同时，元仁宗推行多年的政治夙愿，把“以儒治国”方针写入

“宪法”，并坚持在自己执政期间不动摇。他首先以军队为抓手，儒化部队，祖辈们马上得了天下，上马治军，下马治国，如今治理天下，光靠“只识弯弓射大雕”怎么行？他找人把《贞观政要》《大学衍义》等经典著述翻译成蒙文，让蒙古将士好好研读，写读后感，学好的提拔奖励。元仁宗还很重视法律的制定和修补，以此来加强蒙古贵族的特权限制，让他们把权力牢牢关进制度的笼子里。

元朝从忽必烈开始，科举考试由于各种原因始终没有恢复。既然前辈们没能做好这件事，自己就得扛起来。皇庆二年（1313），元仁宗一道恩旨传下：明年八月开科取士，三年一考。他还指定将朱熹集注的《四书》作为所有参试者的标准用书。元仁宗这一招很绝，满足了汉人知识分子做官的愿望，免得他们说三道四，维护了自己中原正统的地位，促进了各民族的团结融合，具有超出元代本身的历史意义，因此也被后来的明清两代基本沿袭下来。

一系列果断的改革，让元仁宗一朝很快出现了新的气象。不过您不要以为元仁宗是一位激进的改革家，他是一位很懂中庸之道的皇帝。在继承和创新的问题上，他的分寸拿捏得恰到好处。例如，在开科取士中，他规定：等第殿试的名额每次不许超过100人，这样就给蒙古贵族子弟的晋升开了“绿色通道”，给他们留下了很大的“绿色发展空间”。这样一来，既不扰乱现存的官僚体制，也不激化蒙汉之间的矛盾。

以上这些政绩可不是开玩笑，在明朝宋濂编写的《元史》等书籍中都有记载，明清史学家都给元仁宗以很高的评价。

朝堂不忘桑梓情

延庆曾经是元仁宗父亲的一块领地，山美水美人更美。元仁宗的父亲经常带着蒙古亲贵穿越关沟七十二景，来到妫河边露营，燃起篝火，吃些烧烤，河边撸串太过文雅，牵过牛羊杀掉，取下头盔，割下牛羊肉放在里边煮，大口喝酒，大块吃肉，这也给延庆留下了一道名菜“锅盔牧骨”。大家玩高兴了就多住些时日，以至于把孩子都生在了延庆。

元仁宗是一位慈孝的好皇帝，还很感恩。他很感念自己的出生地缙山县，得给家乡人民做点事。于是，延祐三年（1316），他下令把缙山县改为龙庆州，第二年又把怀来并入了延庆州。从字眼来看，龙庆寓意吉祥，天子降生，延庆是龙兴之地，当然值得庆贺。在这以后700年的岁月中，不管政权如何更迭，延庆称谓如何变化，都带有一个“庆”字，这是元仁宗给家乡取名留下的一个印记。

自打元仁宗升缙山县为龙庆州之后，延庆人都很有面子。

“哪来的？”

“州里来的。”

“你们那里出过什么名人？”

“当今圣上，我们龙庆州是龙兴之地。”

一听说元仁宗要来延庆，家乡人民毫不吝啬地拿出了一切可以拿出的御用贡品接待他，为他换上马营的良骥和车房的豪车组成的车骑，东西杏园出鲜杏让他消暑解渴提神，让他免除一路的劳累，羊坊的肥羊用来制作全羊宴。家乡产出的瓜果蔬菜，他吃得放心，吃得开心。

元仁宗不光为延庆的优质农产品代言，还为延庆的生态旅游做宣传。不管工作多忙，他都会到自己的出生地——龙庆州花园村里看看。当时的流杯池行宫就建在那里。元仁宗带领亲贵衣锦还乡，催生了延庆的旅游热。他是继大辽萧太后之后，为延庆旅游做宣传的第二位志愿者。（延庆也曾经是大辽萧太后的后花园）。元仁宗经常带人来延庆，促进了当地的基建，也加强了地方的治安，为此他还提高了延庆的驻军规格，龙庆州的人民正是在这位元仁宗皇帝的庇护下安居乐业。元代文学家周伯琦在《龙庆州》诗中说：“缙云山独秀，沃壤岁常丰。玉食资原粟，龙州记渚虹。……谁信幽燕北，翻如楚越东。”足以证实当时延庆是多么繁荣。

延祐七年（1320），35岁的元仁宗孛儿只斤·爱育黎拔力八达病逝，在位9年，走完了辉煌而短暂的一生，很好地完成了历史赋予他的使命，也赢得了生前身后名。多少年后，人们还都记得元仁宗对延庆的好。20世纪，新中国著名新闻工作者邓拓写诗“蒙元帝主此投生，北国风光映故城”，饱含着对元仁宗的赞誉和对延庆的赞美。

元仁宗去世以后，他的儿子元英宗即位，朝廷又陷入争权夺利的混乱局面，“以儒治国”的既定国策没能得到很好推行。宫斗内耗加速了元朝的垮台，城门失火，殃及池鱼。元大都一乱，龙庆州在劫难逃。洪武元年（1368），明朝大军攻下通州，元顺帝亡国败走妫川，遁回漠北，龙庆州又面临战乱。

长亭外，古道边，夕阳西下，谁家断壁残垣？只待明主扫北，再降甘霖泽久旱，独山月下，续写国泰民安。

参考资料：

1.《元史·仁宗本纪》。

2.《元史·李孟传》。

3.《延庆史话》，徐红年著，陕西旅游出版社2004年1月第1版。

真大道教的开创者——郦希成

真大道，初名大道教，是金初中国北方兴起的三道派之一，创始人为刘德仁（1122—1180）。刘德仁，号无忧子，沧州乐陵（今属山东）人。他宣称金熙宗皇统二年（1142）某日，有一须眉皓白的老叟乘青犊车过其家门，摭《道德经》要言授之，并嘱其“善识之，可以修身，可以化人”。他传教38年，于金大定二十年（1180）去世。此后，继任掌教者依次为二祖陈师正、三祖张信真、四祖毛希琮。传至五祖郦希成时，大道教经历道内派系纷争，而又终归一统，并受到朝廷封赏，赐名真大道教。郦希成作为真大道教发展史的中兴人物，对真大道的发展产生了深远影响。

天生异志　天降大任

郦希成（1182—1259），北京延庆人，其身世颇具传奇色彩。

据《郦希成本行碑》记载，郦希成出生在妫川一个有名望的大家族。一天晚上，乡民们看见郦家大院有火光，赶快跑来救火，可到现场啥也没有，只听见屋子里传来婴儿的啼哭声——郦希成降生了。

郦希成三四岁时，样子看上去有些敦厚呆笨，反应慢，不灵活。他不和其他小朋友做游戏，干什么事情都慢半拍，老人和小孩都敢蒙骗他。所谓的蒙骗，也就是逗他一下，偶尔拿他取乐。可没过几年，郦希成长得高大威猛，英俊伟岸，和以前简直判若两人。大家对他又惊讶，又崇敬。

等到入学之年，郦希成决心入道，父母也不能阻止他。当时，大道教在北京及周边传播广泛，郦希成就加入大道教，潜心修道。有一次，三祖张信真见到他深感惊讶，心里默念，此人日后必堪大用。

后来，大道教三祖张信真传位于四祖毛希琮，立下了临终遗言：“郦希成从气质上看就不是一个平庸之人，日后必能光大我教。在你之后，你要把掌教之位传给他，千万不要违背我的遗言。”这就是说，三祖张信真在弥留之际，指定了隔代继承人。

元太祖十九年（1224）盛夏，四祖毛希琮病重。当时，郦希成已经升任教门举正，相当于一个省的总负责人，正在山东泰山传教。毛希琮命人火速召来郦希成，遵照三祖教务张信真的遗嘱，将掌教之位传给了他，是为大道教第五代宗师。

祸起萧墙　相煎何急

《重修隆阳宫碑》记述说：“（郦希成）既承其法，拂袖有深山之隐。”这段话让人颇为费解，为啥刚刚掌教，就要归隐山林呢？是他厌倦了道教事务，还是有其他难言之隐？《先天宫记》的记述给出了答案：“五祖当教之日，值大元立国之初，法令未行，逆魔乱起，始终一十五载，遭逢十七大魔。”

所谓“逆魔”“十七大魔”是指教内出现了与之抗衡的反对派势力。原来，郦希成升任掌教前后，大道教分裂为两个派系。郦希成坚守祖训，不尚符箓，由于这一派以大都天宝宫为中心，所以被称为天宝宫系；与之相对的一派，由于以大都玉虚观为中心，因而被称为玉虚观系，由李希安统领。郦希成和李希安这两位师兄弟，由于所倡导的教义不同，二人的关系不用说，肯定好不到哪里去。在这种派系纷争的严峻局面下，郦希成即使合法继承掌教之位，也坐不稳。可能是为了避免矛盾分化，平衡各方面的派系实力，郦希成有了归隐山林之意。

王恽《游妫川水谷太玄道宫》诗文记述反映了当时的斗争之尖锐：“初，大道郦五祖者，逃难此山。众追及，弃衣钵石上而匿，其物重，众莫能举。众（以）为异，遂请主其教，今道院盖郦生所创也。”这些记述为我们还原了这样一件事：郦希成被人追杀，跑回到老家的深山，反对者们依然没有放过他，想要夺下他的衣钵，欲置之死地。眼看着反对者们就要追上了，郦希成把衣钵放在了一块大石头上，自己躲藏起来。反对者们看到石头上的衣钵，喜出望外，因为得到衣钵就意味着取得了掌教的合法凭证。然而，当反对者们想要拿起它时，衣钵就像粘在了石头上一样，根本拿不起来。反对者们认为这是一件灵异事件，郦希成绝不是一个简单的人，掌教非他莫属，于是只好风风光光地把他请了回去继续做掌教。

《先天宫记》则说“以五祖道德崇高，威灵显赫，魔不胜道”，经过15年后，“寻乃自平”。不管什么原因，郦希成经过15年的斗争之后，终于克服玉虚宫一系以外的其他反对力量，回到燕京天宝宫，登上了大道教掌教的宝座。时间在元太宗十年（1238）左右。

受封朝廷　是为正统

元代的宗教政策比较宽松，大道教的两个教派都被朝廷认可。不过，朝廷还是要分清主次，对郦希成天宝宫系给予更高的认可。据元王之纲《大元创建天宝宫碑》记载：“宪宗皇帝即位之四年（1254），特降玺书，赐名真大道。”

朝廷的圣旨在大道教之前加一个“真”字，是为了区别以前大道教的玉虚观系。郦希成代表的天宝宫系取得了国家的认可，取得了正统地位。另外，朝廷还赐给郦希成“太玄广惠真人”的封号和一套冠服，并赐给他的30个侍从每人一件道衣，相当于给了他30个公务员的编制。

为啥郦希成能取得朝廷的认可呢？这与他坚守祖训、不尚符箓有关。真大道教提倡的立教宗旨和教义教规有关。

真大道教以《道德经》为宗旨，提倡“苦节危行”，坚守节操，行为谨慎，俭朴慈悯，含垢忍辱，避俗出家，摈弃酒肉。真大道教不崇尚符箓，不奉祀鬼神，只是早晚祭拜天地，守气养神，不言成仙。

真大道教的9条教规：一、视物犹己，勿萌戕害凶嗔之心；二、忠于君，孝于亲，诚于人，辞无绮语，口无恶声；三、除邪淫，守清静；四、远势利，安贱贫，力耕而食，量入为用；五、毋事博弈，毋习盗窃；六、毋饮酒茹荤，衣会取足，毋为骄盈；七、虚心而弱志，和光而同尘；八、毋恃强梁，谦尊而光；九、知足不辱，知止不殆。

对于这些教规，郦希成要求教徒们严格遵循，不得逾越。由此可以看出，大道教是以老子思想中的清静无为、少思寡欲、和光同尘、知足常乐、慈俭不争为教义，以禁世欲、禁杀生、禁饮酒、止邪念为戒律，以朔望礼拜、祈祷治病、召神劾鬼、自力耕作、苦节危行为教规，以不求他人施舍，不崇尚符箓，不涉金丹飞仙之术为教行。

由此可见，真大道教系统地吸收了儒、墨、道家的仁、义、忠、孝、勤、俭、无为、寡欲的思想以及佛教的五戒十善的相关内容，是以道家为主、兼济儒佛等诸家思想的产物，是战乱时期北方民众及士大夫为求生存而提出的适应社会生活准则的宗教，是当时民众精神依托的对象。真大道的作风之平实，在道教诸派中实属罕见，《元史》称其为“其教以苦节危行为要，而不妄取于人，不苛侈于己者也”。这对于维持稳定的社会秩序有着积极的作用，因此真大道能够受到朝廷的封赏也就是情理之中的事情了。

光大其教　道化妫川

真大道教虽说受到朝廷封赏，但是依然保持做事平和中正的态度，对待弱势群体保有怜悯的目光，还经常施舍粥药给穷苦人民。这在当时战乱频繁、人民生活十分困苦的情况下，是很受欢迎的，这也使得真大道在社会上声名远播。

郦希成掌教之前，大道教只在山东、河北、北京一代传播。《先天宫碑》上说：“自戊戌（1238）以来，化因以洽，南通河岳，北极燕齐，立观度人，莫知其数。”在郦希成掌教期间，真大道由原来的河北、山东，发展到了河南许州（今河南许昌）一带。

《郦希成本行碑》又说："自巴邛汲洛，逮燕齐碣石，遐陬异域之人，凡崇向者莫不恪恭奉承，望尘下拜。"由此可见，郦希成掌教时，大道教已从山东、河北传到了河南、四川等地，信徒很多。郦希成大大推动了真大道教的传播和发展。

郦希成掌教36年，其间他的足迹遍及大江南北，直至偏僻异域。真大道在延庆也有很广泛的传播，今延庆区大观头、小观头、金刚寺和水峪仍留有郦希成所建庙观遗址或遗踪。

大观头村位于延庆区刘斌堡乡，延琉路边上，西有小观头村，东有周四沟村，原是真大道的天成观，元代盛极一时。郦希成掌教后，在老家延庆修建天成观，就在今天的大观头村。

对于当时，郦希成在修建天成观之前，如何考察选址，《天成观》碑文有明确的记述："（郦希成）亘出幽燕之北，登缙山之上，见其山也，揖太行而接居庸，襟桑干而抵开平（元上都），峦岫回环，善结造化之妙，峰水清秀，能呈雨露之华，山有仙髻之奇，村号神峰之异，谚云：下关头者，乃金国兆成之要地，推之于古实缙云氏之故都也。乃曰：此虽古圣人之所居，然自今有大圣人（指元仁宗）降生于斯贵地也。遂偕举师赵希松辈，爰卜胜地，将建庵观，以栖羽客（道士），依仙髻山之阳，斧其荆棘，披其草莱，询于父老曰：此古之道院名天成观也，兴于辽圣宗朝，废于烽火，复成于金世宗代，又毁于兵革。太玄甚悦，委希松率道侣因其故地以创之，至宫室堂厨及墙垣地土，各有攸归，仍其名焉（仍名天成观）。戒其门人躬事耕耨供给衣饭。然其观门前临通道，车驾岁幸上都，咸瞻敬之。"

文中的仙髻山，也名双髻山，在永宁东北20里，绝顶双峰并峙，状若髻然。神峰山在永宁东北20里。永宁一带金元时名神峰乡，神峰村即大观头村。按照此段描述，郦希成曾在缙阳山上考察，俯瞰妫川大地。通过占卜，他推算出以后这里会出现一位皇帝。

郦希成在考察中得知，大观头村原来有一道观，名叫天成观，在辽圣宗时很是兴旺，后毁于战火，在金世宗的时候又复建，后来又毁于战争。得知此事后，郦希成喜出望外，于是委托赵希松等人在原址修建天成观。大家披荆斩棘，不辞劳苦，宫室堂厨和墙院都已经建成，郦希成安顿大家住下来，靠自食其力，日出而作，日落而息，修身养性。新建成的天成观门前的通道还可以直达元上都，来往行人瞻仰后肃然起敬。

《天成观》碑文还记述道："西有香水园，为花囿。当乙酉仁宗皇帝诞祥于此，朝廷嘉之，升其邑为龙庆州，真人之语验矣。及龙飞九五，驻跸于香水园，真人进仙原之果，嘉禾之饭，帝喜食之，厥后岁以为常奉，历代宗师皆至是观。"

按照此段文字描述，当年郦希成的推断应验了，延庆真就出了皇帝元仁宗，诞生于香水园，即今天的上下花园一带。元仁宗当上皇帝后，驾幸延庆老家，此时郦希成已经去世了。天成观里，郦希成的徒弟们将延庆的土特产进贡上来。元仁宗吃过之后，大为满意，大加赞赏老家的美味，于是封进贡的道士为"常奉"，也就是按时向朝廷进贡延庆土特产。

郦祖驾鹤　大道归一

郦希成掌教36年，是真大道教辉煌发展的36年。元宪宗九年（1259），郦希成走完了77年的精彩人生。

郦希成弟子众多，其中三人最为出色，分别是孙德福、李德和、岳德文，即后来的六祖、七祖、八祖。六祖孙德福于宪宗九年（1259）掌教，此时正当全真教在朝廷组织的佛道大辩论中失败，真大道得到大发展。至元五年（1268），元世祖命孙德福统辖诸路真大道，赐铜印。孙德福仙逝后，李德和继承掌教，是为七祖。元成宗元贞元年（1295），八祖岳德文掌教时，朝廷赐大道正宗始祖刘德仁以下四代真人称号，大约从此玉虚宫一派并入天宝宫真大道。真大道教传至九祖张清志时仍很兴旺，后逐渐走向没落。元末明初，真大道逐渐并入全真教。

郦希成是真大道教史上的开创人物，是大道教的中兴人物。后人认为他是始祖刘德仁的化身。相传，大道教师始刘德仁在弥留之际，曾作歌颂栗子李子的文章，又说后50年栗枝皆正，郦与栗李谐音，50年后，掌教之人正是五祖郦希成，弟子们都说刘德仁的预言很是准确。《创建天宝宫碑》说："无忧（刘德仁号）之厌世也，谓门弟子曰：'后五十年，吾复来此。'"也就是说，刘德仁告诫弟子，50年后，他还会转世来此地掌教。按此推算，时间大约应在了郦希成的身上。综上两条，真大道教的道士们认为郦希成为始祖刘德仁的转世化身，应该是弟子们对两位祖师的神化崇拜。

参考资料：

1.《元史》。

2.《延庆史话》。

3.《延庆五千年》。

誓将敌国牢底坐穿的殉节将军——毕资伦

延庆，地处华北平原和西北草原的交会带上，历来为兵家必争之地。1123年至1215年，延庆前后92年的时间处在金朝的统治之下，当时延庆名叫缙山县，位于金统治的中心区，县治就在今天的延庆老城。

金章宗完颜璟于大定二十九年（1189）登基，为金朝第六位皇帝。《金史》记载他出生于沽源县金莲川，而《万历永宁县志》说他出生于延庆香营乡。金章宗到底出生在哪里，此处暂且不论。金章宗文治武功，颇有建树。大凡有作为的皇帝，都有雄心。他即位12年后，为争得正统地位，对宋朝发动了大规模持久性的征战，史称“泰和南征”。在金兵南征期间，有个延庆人应征入伍，这个人就是在金朝历史上赫赫有名的战将，他叫毕资伦。

柳编匠成立毕家军

《金史》记载：“毕资伦，缙山人也。……资伦长身，面赤色，颧颊微高，髯疏而黄。资禀质直，重然诺。……出身至贫贱，结柳器为生。”这几句给毕资伦做了简介：毕资伦是延庆人，个儿高，红脸儿，高颧骨，胡须少而发黄；性格质朴，为人耿直，重承诺；出身低微，用柳条编点生活器具，挣点零花钱贴补家用。“买盐的喝淡汤，编草席的睡凉炕。”穷则思变，毕资伦扔下了手中柳条，拿起了刀枪，上了战场，后退役按例授予进义副尉。

崇庆元年（1212），金朝大臣术虎高琪为城防使，把缙山县改为镇州，并设元帅府于此，又把退役的毕资伦招进了军营，提拔他为城防军千户。第二年，蒙古大军攻打镇州，术虎高琪决定撤离。毕资伦按照命令，撤退至昌平。在昌平一带，他收编散兵游勇和安抚难民数千人，因转战有功，先被提拔为都统军，后又擢升都总领，拥兵1万多人，人称“毕家军”。

“泰和南征”第一功

后来，毕资伦随主帅仆散阿海南征，行军到一个叫梅林关的地方被宋军拦住去路。毕资伦自告奋勇，于黎明前出奇兵，一鼓作气拿下了梅林关。后主帅阿海继续南下，让部将王禄留守梅林关。

没想到这个王禄是个不提气的主儿，他当守将没几天就把梅林关给丢了，又让宋军夺了回去。

阿海南征回来到达梅林关城下，一看傻眼了，退路被宋军堵住了，要是宋军来个前后夹击，麻烦可就大了。阿海急切地问道：“谁能取梅林关，我赏给他一个元帅的职务。”毕资伦又是第一个出班领命：“末将愿往。”仆散阿海问道：“你需要多少人马？”毕资伦答道：“有我本部人马足矣。”

毕资伦还真给力，迅速攻克梅林关，南征大军得以还朝。毕家军立下了“泰和南征”的第一军功，毕资伦被授予遥领同知昌武军节度使、宣差总领都提控，统率本部兵马驻扎在安徽泗州。

此后，长江两岸，旷野城郭，山野丛林，都有“毕家军”横刀立马的身影。毕资伦迎来了军旅生涯的巅峰时刻。

成也王禄　败也王禄

喝酒不开车，开车不喝酒。酒驾特别危险，行军打仗也一样，尤其是坐在指挥位置的将领。毕资伦手下有一个部将，名叫王禄，就是把梅林关给丢了的那位。他丢了梅林关，却让毕资伦再立军功。不过此人成事不足，败事有余。他是一个喝酒没够的主儿，不管别人能不能喝好，每次都得把自己喝好。

兴定五年（1221）春节，恰巧王禄小孩满月（有说生日），可谓是双喜临门。王禄的酒瘾又犯了，不光自己喝，还命令部下一律都来陪酒——他倒是能与将士同甘共苦。正当大家喝得东倒西歪的时候，出大事了。泗州城外伺机而动的宋军龟山统制时青乘机攻破西城，还在睡梦中的王禄被杀死了，宴会瞬间变成了葬礼。毕资伦看到大势已去，决心以死殉国。他跑到泗州南城上，纵身一跃，跳了下去。

毕资伦毕竟是行伍出身，只是摔伤，被赶来的宋兵抓住了，五花大绑去见宋将时青。时青见到毕资伦，第一句话就是："毕将军这是怎么了？我知道你是一个大英雄，可英雄得相时而动，如今金朝国势衰弱，如果你向我投降，我绝对不会亏待你。如果你不投降，等见到我们刘元帅，你的小命就玩完了。"时青的劝降可谓话里有话，软硬兼施。毕资伦眼睛都没眨一下，破口大骂："时青贼人，你听我说，我出身贫贱，就是一个编筐的，南征的时候得了一个小官，如今已是将军。不幸丢了国家城池，一死也不能报答国家，能向你投降求生吗？白日做梦吧！"时青看到毕资伦火气太冲，就把他下了盱眙县城（今江苏下辖县）的大狱——关你几天再说，看你嘴皮子有多硬。

当时和毕资伦一起被捕的还有临淮县令李某，后来被释放了。李某回到金朝后，就把毕资伦的事情给传开了。殊不知，口头传播是最容易以讹传讹的，传来传去，演变成毕资伦大骂时青后被杀了。金朝的统治者有感于毕资伦的气节，就把他12岁的小儿子牛儿收为皇后位奉阁舍人，算是给"烈士家庭"一个安抚，给他"死去"的老爹一个告慰。

宁死不降　投江殉国

金人都以为毕资伦殉国了，而他却在狱中忍受着生不如死的煎熬。宋人怕他再寻短见，就用铁镣牢牢锁紧，并在镣铐上拴上了铃铛，只要毕资伦一动弹，狱卒就能听到。后来毕资伦被转送到镇江府大狱，狱卒稍稍给些衣服食物，既不饿死冻死，也别想舒舒服服。看到毕资伦情绪稳定下来了，时青又来劝降，以高官厚禄来诱惑。毕资伦要么大骂，要么沉默不语。双方就这样打起了心理战，一打就是14年。其间，宋军想尽各种办法来劝降。

宋军导演了一场“表演秀”，请来了投降的原金朝主将纳合买住，让他“现身说法”，表演给毕资伦看。纳合买住出场后，先向北叩头哭诉，意为辞别旧主，并说如今形势变了，自己只好投降了。毕资伦实在看不下去，指着纳合买住的鼻梁骨骂道：“纳合买住，金朝从来不曾有负于你，你怎么不去死呢？还来摆出这么一副嘴脸！”纳合买住的脸青一阵红一阵，不敢抬头去看毕资伦，“演出”被迫中断。

天兴三年正月初十（1234年2月8日），蒙古大军和宋军联合攻打蔡州（今河南汝南）。次日城破，金哀宗自缢身亡，金朝灭亡。狱卒把这个消息试探性地告诉了毕资伦。那一刻，毕资伦彻底崩溃了。14年来，支撑他的精神支柱彻底垮了。他向狱卒说：“容我祭拜一下我们的皇上吧，之后我就投降。”牢头自然喜出望外，赶紧向上峰报告，同时吩咐杀牛宰羊，摆放在镇江南岸候着。

毕资伦踉跄地走出牢门，举起干枯的手遮住那刺眼的阳光，一切都是那么陌生。14年了，日盼夜盼，盼来的竟然是这么一个消息。皇帝自尽了，国家亡了，老家延庆早就沦陷了，孩儿已经26岁了，他还活着吗？“毕家军”还能重组起来吗？自己该何去何从呢？真的要投降吗？毕资伦跪倒在地，颤巍巍地捧起一把土，向北叩拜，伏地大哭，趁看守士兵不备，纵身跳入滚滚江水之中……

滚滚长江东逝水，世上再无毕将军。宋军怀着极其复杂的心情四处传扬着毕资伦的殉节义举，甚至建议为他修建祠堂。毕资伦用生命捍卫了尊严，赢得了所有人的尊敬。

赢得生前身后名

元好问，金末元初大文学家，“问世间情为何物，直教生死相许”等传世名句就出自他手。元好问还是一位出色的史学家。金朝灭亡后，始终留心故国的元好问听说了毕将军殉节，非常感慨，为其列传，将其事迹编入《金史·列传六十二·忠义四》，使得这样一位光鲜的延庆籍人物没有被湮没在历史长河中。

大家可能会有疑问，毕资伦不就是一个将军，一刀杀了算了，为啥挖空心思劝降？要知道，毕资伦是金军南征的一面旗帜，只要他投降，很多人就会效仿，打仗打的就是军心民心。就像后来明朝的兵部尚书洪承畴一样，他的投降在很大程度上让大清实现了“天下归心的面子工程”。毕资伦正是看穿了敌人的阴谋，宁死不降。说到这里，我们很自然能想到南宋宰相文天祥。他抗元兵败被俘后，服毒自杀未遂，后被辗转押到元大都的牢狱，始终不肯投降，4年后被杀。毕资伦和文天祥有着共同的价值观念，富贵不能淫，贫贱不能移，威武不能屈；他们的处境相同，“山河破碎风飘絮，身世浮沉雨打萍”；他们的选择也一样，“人生自古谁无死？留取丹心照汗青！”

“生亦我所欲也，义亦我所欲也。二者不可得兼，舍生而取义者也。”孔曰成仁，孟曰取义，柳编出身的毕资伦将军，估计没怎么受过圣贤的熏陶，可其浓浓的家国情怀，不得不令后人折服慨叹。生死相依的爱国情怀，视死如归的气魄，铮铮殉节的坚贞，当是超越国家和民族界限的。其舍生取义的价值观，对于今天我们发扬“成风化人”的社会教化作用，仍然意义重大。

参考资料：

1.《金史·列传六十二·忠义四》。

2.《延庆史话》。

3.《北京市延庆县军事志》。

卓绩有声的户部尚书——李衍

在延庆，一说到历史上的尚书大人，便会想起两个人：一位叫赵羾，一位叫李衍。赵羾曾任明朝的礼部尚书，因朝鲜使臣礼节问题，被永乐皇帝责罚来开发延庆，后升任兵部尚书。赵羾原籍山西，后迁到了河南，而李衍是明朝的户部尚书，是一位土生土长的延庆人，二者不可混为一谈。今天我们要说的是李衍的故事。他在30多年的宦海生涯中，在治民、理财、赈灾、水工、边备等方面均卓绩有声，屡受朝廷嘉奖，并造福一方百姓。

拾金不昧　获资读书

李衍，祖籍山东历城，其先人被贬广西南丹，后改编为隆庆州民。李衍的曾祖父叫李义，祖父叫李均美，父亲名叫李亨，是个老实巴交的农民。李衍于永乐十九年（1421）出生在隆庆州中西南隅。

传说，有一天清晨，李衍的父亲李亨出门捡粪，看到路边有一个马褡子。马褡子是一种搭在马背上的口袋，下垂的两头可以装东西，也叫“捎马子”。

李亨走上前，打开马褡子一看，吓了一大跳，里面全是银子。一马褡子银子可不是一个小数目，要是换算到现在的人民币，怎么也是几十万、几百万。

李亨从来没见过这么多钱，拿着这些他可以幸福一辈子，但是良心也会受到谴责一辈子。不是自己的钱财不能要！李亨不是一个贪图钱财的人，后来他把这些钱都物归原主了。丢银子的人是一个公职办差人员，拿回银子，自然是千恩万谢，但是李亨就是不接受对方的感谢。

丢银子的人看到李亨有一个儿子李衍，很聪明，很好学，就是因为家庭经济条件不好，不能入学，于是就出钱供李衍读书。由于感恩供他上学的人，李衍学习格外用功。

人都说善有善报，李亨一个善举换来了儿子的显贵一生。一个连学费都交不起的贫苦孩子，日后成了省部级高官，并为朝廷和社会做出了很大贡献。

三十而立　出仕兵部

李衍参加顺天府乡试，排名第十一。景泰二年（1451），参加辛未科会试中举，得贡士第一百九名，此后参加殿试得中进士，排名第三甲第七十七名，这也是李衍在全国科考中的排名。此时，他已经30岁。古人讲“三十而立”，李衍考中进士，确实是三十而立。

李衍中进士后，授任兵都主事。成化二年（1466），擢升河南右参议，成化十一年（1475），升江西右布政使，没多长时间，便转往都察院担任副都御史；成化十六年（1480）升户部右侍郎；成化二十年（1484），转左侍郎，次年升任户部尚书。

提督四川　平乱治水

李衍在提督四川松潘期间，发现河道两岸荒田弥望，人迹罕至，好不容易找来一个当地人询问：“为什么不种庄稼？”乡民们说：“当地的蛮人常来袭扰，打砸抢烧，我们吓怕了，哪还敢到地里去耕田呢？”

李衍实地查勘之后，在要害处构建屏障，修建桥梁、墩堡、栅栏，并在要害点设立了伏击，人们暂时安定下来了。后来果然有蛮人来袭，李衍立即带领参将们一同而上，往返几次后，擒杀数百人，蛮人吓得逃跑了。李衍打疼了蛮人，他们认为李衍是上天派来的神仙，是不能够得罪的，于是远远地避开，有多远就跑多远。李衍指导当地军民，开垦荒地4000多顷。耕者有其田，乡民们开始安居乐业，人人称颂这是李衍给他们创造的美好生活。

都江堰因年久失修，人民生命和财产都受到了威胁。朝廷每每拿出重资，发动4万多民夫修筑，耗时许久，还是没能修成。山高皇帝远的地方，官吏贪污、渎职不作为，找各种理由向朝廷伸手，得来的巨款进了私人的腰包。李衍巡视都江堰工事，将不法官吏治罪，清理出他们贪污的工款，并将拖欠的农民工工资补齐，人人干劲十足，工程进度大大提高。不到一年，都江堰的修复工程就圆满完工。

巡抚河南　罢陈出新

李衍在副都御史任职期间，巡抚河南，割除陈规陋俗，罢免赃官，清除冤狱，制定九等差役法。后来黄河泛滥，水淹开封城，李衍见城内东南角低洼，亲自上阵，带领官员日夜疏浚，开封城免受水淹之灾。有鉴于黄河水患不断，李衍驻节所到之地，要求农户种桑树若干株，枣树若干株，并以完成的数目作为下属官吏考绩升降的标准，使当地生产有所发展，也为固沙防水起到了一定作用。

巡视关山　加强兵备

升任右侍郎后，李衍巡视山海关，整顿兵备，大量置办弓弩，射程可达300多步；置办飞石飞木各数十万，可发射50多步；削平山坡，削尖山头成陡壁，东西绵延数百里，以防关外满族骑兵。李衍将边防工事绘制成图，进呈皇帝预览。皇帝嘉奖李衍整顿山海关边备有功，赐给他宝钞4000贯[①]。

① 明朝纸币宝钞，四贯钱折合一两黄金，4000贯纸币折合黄金1000两。

声东击西　平抑粮价

李衍在担任礼部左侍郎兼尚书政事时，河南、山东、河北连年大旱，作物没啥收成，各州县府衙的库粮基本上都运输到边防去了，当地没啥存粮，于是粮价暴涨，一斗米卖到了数百钱。李衍听说此事后，上奏请求拨付钱粮给江苏太仓，指定由太仓米输入边防，其他州县也可以到太仓购米。围魏救赵，声东击西，此招数很快奏效。灾区米价逐渐趋于平稳，当地百姓的饥荒得以缓解。

关中久旱　及时“行雨”

李衍奉命总督三边军饷和赈济灾民时，当时关中地区连年久旱无雨，生计成了大问题，人人性命朝不保夕。

李衍到任后，马上以钦差的身份要求当地开仓放粮，当地百姓勉强得以存活。

李衍在走访中了解到，灾区深受旱灾，老百姓没粮食吃，只要宰杀牲畜，牛马损失严重，就是老天降雨了，也没法耕种。李衍早就考虑到了这一点，他事先就绘制成叫作“木牛”的耕具图样，发到各州县，命人按照图样制作。“木牛”就是一种适合平地、坡地、山地使用的木犁。恰巧天降一场透雨，两三个人拉着这种木犁抢播抢种，老百姓能有一定收成。

靠天下雨，得看老天的眼色，最好是自已当“龙王”。李衍指导当地修筑渠道200多里，引渭水灌溉，当年便获得了大丰收，救活了很多老百姓。当地人称李衍就是皇帝给他们派来的“活菩萨”。

掌印户部　致仕回乡

李衍重视农桑，整饬边备，肃清官吏，于成化二十一年（1485）升任户部尚书。皇帝提拔他担任户部尚书，更有大用。但是李衍担任户部尚书后不久，却急流勇退，向皇帝请辞回到隆庆州，在城西北买地置园，同朋友们吟诗喝酒。其间，有人问他官方政事，他闭口不言，或者顾左右而言他。

按照现在的话讲，李衍很讲原则，很遵守组织生活纪律，不该说的一律不说，或者有些难言之隐确实不能说。不过有一件事，李衍却开口了，那就是向朝廷举荐太子，皇帝觉得他“居庙堂之高则忧其民，处江湖之远则忧其君”，虽已致仕，仍加赐爵一品官。

孝宗弘治八年（1495）十月十一日，李衍逝世，享年74岁。弘治九年二月十五日，皇帝派遣隆庆州知州姚继，以宣布皇帝上谕的形式，祭于致仕户部尚书李衍，祭文曰：

卿，发身贤科，擢升部属，累迁方伯，操守弗谕，进副宪台，巡抚得体，迨陟司徒之职，特司军国之储。委任方隆，遂乞休致，优游桑梓，享有余年，一疾告终，良深嗟悼！

一份来自朝廷的悼亡信，极尽哀荣，这是朝廷对他多年为国体民的无限褒奖，也为自己的人生画上了一个圆满的句号。

李衍去世后，葬于州城东北李家坟，建有李尚书墓。碑题“户部尚书李公神道碑”，碑记1000多字，记述了他一生的功绩和后人对他的评价：“……公性简直，与人不能委屈，又好面折人过，虽遇权贵人，亦不能掩护，于权贵人多怨公，公将用辄为其所抑，其去也，亦已是云。”从这些描述可以得知，李衍生性耿直，得罪了很多权贵，权贵们排挤他，不让他发挥才能，实现政治理想。也正是这个缘故，李衍选择辞官回家。

李衍娶妻黄氏，继娶梁氏、任氏，都被朝廷赐予“淑人”的荣誉称号。李衍有4个儿子，长子李鹤，任顺天府知事；次子李熊，为隆庆州学生；三子李鸾；四子李凤。他还有4个女儿，长女嫁给了延庆人辛礼，辛礼也是一位进士及第。

和李衍一样，李衍妻子黄氏祖上也是发配到隆庆州的编民，黄氏后人也曾靠科举获取功名。黄钟是李衍爱人黄氏的侄子，曾任山西巡抚。李衍和黄钟被隆庆州乡民合称为“李尚书、黄都堂”。

参考资料：

1.《明实录》。

2.《延庆史话》。

3.《延庆五千年》。

4.《北京档案》。

安能摧眉折腰事权贵——黄钟

明朝官员叫黄钟的有3人。一位是曾任六安知府的黄钟，原籍福建沙县；一位是曾任苏州知府的黄钟，江西省靖安县人，后来恢复祖姓，改名况钟；第三位就是曾任山西巡抚的黄钟，北京市延庆区人。这3个“黄钟”都是好官，都为当地人称道。今天我们主要介绍的是延庆老乡黄钟。

对于黄钟的名字，史书上有写成黄锺，也有写成黄鐘。锺是鐘的简写，不作盛酒的器皿和粮食的测量工具讲时，锺和钟是通用的。为了方便叙述，本文中统一称为黄钟。

曾祖遭贬 谪居隆庆

明永乐十二年（1414）赵羾重建隆庆州时，大量的被贬官员被发配到延庆，赵羾本人当时也是以贬官的身份来搞“延庆大开发”。当时，延庆几乎一半的村庄都是贬来的官员。这些被贬官员要么被降级到延庆录用，要么一撸到底成了普通人。黄钟的祖上就是被贬官员之一。

黄钟的曾祖黄澄，原籍江西章贡，曾任钧州太守（今河南禹县），后被贬谪隆庆州。黄钟的祖父黄昶，父亲黄宁，均为隆庆州编民，落户州城西南隅，大概在今天康安社区的位置。

明《隆庆志》载：“黄昶，字孟昭，本州西南隅人。读书好礼，喜施药饵，恒以其财济人之贫乏者。”这段记录告诉我们，黄钟的祖父也是一位知书达理的人，常施舍钱财周济穷苦人，特别是为看不起病的人提供免费的医药。没事的时候，黄家人还邀请宾客喝酒，借此抒发思乡之情。

黄钟本义盛粮食的器皿，寓意家道殷实，富足幸福。然而，往往事与愿违。黄钟的祖上乐善好施，而到了他父亲黄宁这一辈，已经成了普通人，生活窘迫，甚至为了生计捉襟见肘。福无双至，祸不单行，黄钟4岁的时候，父母去世，黄钟只好跟随伯父生活。伯父家也很贫穷，每天吃糠咽菜，偶尔弄到一点米，都让黄钟吃。黄钟很感激他们的恩德。黄钟6岁时，就流着泪告诉伯父，希望读书，将来有所成就，以报答伯父母。然而伯父太贫穷，拿不出学费。

城隍托梦　蔡公救孤

有一天，隆庆州的州官蔡公做了一个梦，梦见城隍爷对他说："你所管辖的地盘上有一小儿，日后要做大官，现在贫穷不能上学，然而他祖上都曾周济穷苦人，已经感动了神明。你现在应该帮助他完成学业。这孩子白天来庙中玩耍时，踩过我的肩头。"第二天，州官蔡公到城隍庙中，果然看见城隍爷的肩膀上有小孩子踩过的痕迹。蔡公召集在庙中玩耍的孩子们寻问，才知道是黄钟所为。蔡公问他为什么去踩城隍爷的肩膀，黄钟说是上去掏麻雀，然后问他家里情况，知道了他家中的贫穷状况，与梦中城隍所说一般无二，黄钟就是应梦孩儿。蔡公每月供米一石（大约60斤），让孩子的伯父养他。蔡公又自掏腰包，为黄钟请来一位高明的教师，教他学业。

过了3年，蔡公卸任离去了，这时黄钟才10岁，已经能做文章，而蔡公竟一点也不泄露梦中的预言。后来黄钟真的中了进士，还真的当上了顺天府丞。蔡公辞官回来，特意来看黄钟，才将梦中之事告诉他。黄钟拜谢，以老师的礼节接待他。在这之前，黄钟的伯父已过世，伯母已嫁了别人，黄钟拿蔡公当亲人，孝敬供养胜过亲生父母。

很显然，这个故事有虚构的成分。州官蔡公救济黄钟一家可能是真的，史书上说，黄钟很小的时候，就被收为隆庆州的学员，是个读书的好苗子，得到政府公职人员的照顾，是能讲得通的。史书记载："黄钟，字伯魁，幼能文，为隆庆州学生员。"城隍托梦是假的，是后人附会的。过去的人爱讲宿命论，认为有本事的人一定是上天派下来的，爱说状元的前身是文曲星君，是能得到神灵暗中相助的。黄钟是个有本事的人，困窘之时，一定是能得到神灵相助，自然也就成为后人编写故事的对象。

那历史上真实的黄钟又是怎么做官的呢?

科考出仕 政坛清风

黄钟，字伯魁，号复斋。正德六年(1511)，黄钟考中进士，授户科给事中。明代的给事中分吏、户、礼、兵、刑、工六科，是朝廷在都察院系统之外设立的纪检监察体制，辅助皇帝处理政务，并监察六部，纠弹官吏。按照今天来说，黄钟所任的户科给事中，类似于在国家机关工委的纪检职务，专门负责检察户部工作。

当时，明武宗朱厚照计划修缮乾清、坤宁二宫，负责施工的官员做预算，经费大得惊人。黄钟奉召重新核算，预算减少了一半，并发现了施工方存在的问题，多年的陈习陋弊被纠正。明武宗按照黄钟所奏报施工，使得修缮宫殿减少了大笔费用。

正德十五年(1520)，明朝历史上发生了一个重大事件，那就是宁王朱宸濠在江西南昌造反，后被王阳明一举消灭。在平叛的过程中，陕西都指挥神周拥兵自重，不肯出力。神周和江彬结为一党。江彬在明朝历史上，是个有名的佞臣，是正德皇帝跟前的红人，一手遮天，神周多年来得到江彬的保护。黄钟不畏强权，也不管神周的后台多硬，上奏弹劾神周平叛不力，让他受到了相应的惩罚。

要说不畏强权，黄钟还有一件事值得称道。兵部尚书彭泽总督川陕军务，在讨伐平四川贼寇和西北的防御中立了大功。佞钱宁和王琼很是妒忌，就向皇帝瞎说，诬告彭泽有罪。黄钟在得知情况后，向朝廷上奏实情，为彭泽开脱，最终彭泽冤情得以大白于天下。

后来，黄钟升任顺天府丞，从三品。明朝的顺天府是首都的最高地方行政机关，在这个地界上，住的都是有头有脸的大人物。有功劳的大臣骄纵蛮横，佞臣太监恣意妄为。他们的狗腿子更是狐假虎威，仗势欺人，敲诈勒索，时常会因为一点小事，伤人性命。

每每遇到作奸犯科之人，黄钟亲自前往，或者命人抓来嫌犯，审核定罪之后，依法处置。所犯死刑之人坚决处死，谁来讲情也没用。

黄钟正是因为任上公正严明，不徇私情，后被擢升南京光禄寺卿。

嘉靖十年（1531）二月，黄钟被加封为山西巡抚，加都察院右副都御史衔。巡抚是中国明清时地方军政大员之一，又称抚台，是巡视各地的军政、民政大臣。

黄钟刚到山西不久，就向皇上弹劾了一个人。他在奏折中说："山西连年灾盗不断，老百姓生活困难。太监周缙镇守一方，刚刚两年就耗费大量的钱粮，最近因偏头关出事被召回，我请求让他到贵州地方职务，并且永远不要提拔和更换，也算是治了他的罪了。"皇帝按照黄钟的要求，把周缙赶到了贵州。

黄钟到任山西不久，山西的各项事业便为之一新。嘉靖十一年九月乙丑（1532年9月），黄钟上奏，请求退休。退休后，黄钟回到延庆养老，闭门谢客，人们很少能见到他，有人怀疑，这可能和他的职业有关。黄钟长期在纪检监察部门上班，掌握着国家机密，以至于保持低调内敛。

延庆人常说"李尚书、黄都堂"，这黄都堂便是黄钟，李尚书便是李衍。其实，李衍是黄昶的女婿，黄钟管李衍叫姑父。

参考资料：

1.《明实录》。

2.《畿辅志》。

3.《清稗类钞》。

4.《延庆史话》。

5.《延庆五千年》。

乞丐武状元——黄大元

喜欢看电影的人都知道，前些年有部电影名叫《武状元苏乞儿》，讲的是广东提督之子苏灿在考取武状元时，眼看着武状元就要拿到手了，却遭人揭发考试作弊，煮熟的鸭子飞了不说，还被发配到市井上当乞丐。后来，他得到丐帮长老真传，终成一代帮主，报仇雪恨，重振家风。

今天我们要说的是，在延庆的历史上，有过这么一个人，真的得了一个武状元。和影片中的苏乞儿一样，他也曾经是一个乞丐。不一样的是，他中状元之前就是一个地地道道的乞丐。

小荷才露尖尖角

话说清朝末年，距离延庆170多千米有个张家口市怀安县，怀安县柴沟堡镇有个李信屯村，黄大元就出生在这里。从名字上就能看出，李信屯是一个军事城堡。加之地处塞外，当地习武风气很浓，出过很多武术人才。黄大元，字鼎三，自幼酷爱武术，三天不耍摆几下就手痒痒，按照现在话说，就是熊孩子一个，属于三天不打上房揭瓦的主儿，父母管也管不住，得找个人来管管他了。娶个童养媳妇吧，家里又太穷，该咋办呢？

父母了解到，道光间庚子科出了一位武举人——柴沟堡的贾致和。于是，黄大元经人保荐，到贾举人家里学武术。还别说，黄大元天生就是一块练武的料儿，跟贾举人学武，打下了扎实的童子功，在怀安县的童试考试中，得了个第一名。

孩子学有所成，父母心里踏实了，也想着孩子也能和老师一样，考个功名弄个铁饭碗啥的（考中秀才不管分配工作）。可就是这个时候，黄大元的父亲去世了，家里失去了顶梁柱，别说老师的学费给不起，生计都成了问题。在这种情况下，黄大元只好出去讨饭了。

流落延庆遇恩人

流浪的路上，黄大元没有加入丐帮，而是一路讨饭流落到延庆境内的上水磨村。当时，一处院子里传出了刀枪棍棒的声音，生就喜武的黄大元停了下来。原来这是一家武馆，主人名叫杜诗。杜诗看到门外的孩子实在可怜，赏了他一碗饭吃。黄大元吃完饭以后，不愿离去。杜诗就给他提供了一个就业机会，让他到武馆里看看摊，打打杂。就这样，黄大元由一名乞丐变成了外来务工人员。

做完了日常杂务，黄大元就冲着院子里的兵器发呆。杜诗示意黄大元耍几下，黄大元毕竟有过童子功，一套家伙事儿练下来，博得了学员们的阵阵喝彩。

历史上的年轻人不外乎这么几种：人聪明，就是不好学，聪明用不到正道上，就像王安石笔下的方仲永；再就是人不聪明，但是很勤奋，属于笨鸟先飞一类，就像关汉卿笔下那位陈母教育出的3个状元儿子；还有一种人就是又傻又懒，打死也学不会，天生不是那块材料儿。那么黄大元属于哪一种人？上述3种都不是，他属于第四种人，既聪明，又好学。

杜诗看黄大元是一个可造之才，就将他收为义子。不过黄大元并不以少爷自居，而是更加勤勉用功。杜诗对黄大元视如己出，让黄大元和自己的儿子一同习武，还特意请来延庆有名的先生来教书。既上文化课，又上体育课，按照现在的话说，就是文化课加特长的培养模式。黄大元得到这样的学习条件，真是天上掉下来一个大大的馅饼，砸在了自己头上，能不用功吗？头悬梁锥刺股不见得，但是闻鸡起舞可是常有的事。门前的三里河湿地一带就是黄大元耍枪弄棒的好去处。

冬去春来，妫河岸边的柳树黄了又绿，绿了又黄，黄大元已经从当年毛头小子成长为壮实的好后生，该出去闯荡闯荡了。

谁料皇榜中状元

杜诗带着黄大元进京赶考，走到关沟五贵头处一座关帝庙停了下来。父子二人在关帝庙许愿，如果能够得中，就重修庙宇，再塑金身。

花开两朵，各表一枝。话说主考官在夜间做了一个梦，梦见一只黑老虎叼着一块骨头冲上了点将台。第二天考试比射箭，黄大元一紧张，就把骨头扳指衔在口中。主考官一看，正合梦情，于是点黄大元为武状元。黄大元感念关老爷帮自己圆梦，就把关沟里老爷庙给粉饰了一番。

这个故事怎么听着这么邪乎，是真的吗？

告诉你吧，半真半假。黄大元修庙是真，靠做梦得状元是假，要是那样，什么事也不用干，天天捂个被子睡觉就行了。

先说，黄大元不光修关帝庙，还在那里修了一座魁星楼，中国有传统说法——魁星点状元。黄大元修魁星楼正是敬天敬神，一种感恩的表达。那为什么民间非要杜撰出来这么一个传说呢？在封建社会，人们思想愚昧，认为凡是做成大事的人一定是上天的照顾，要么本人就是哪个星宿转世，黄大元中了武状元后，乡民都说他是武曲星君转世。

当时，和黄大元一起参加考试的还有一位，是永宁镇上磨村的国姓男子，因嘴巴大能伸进一个拳头，得名国大嘴。那天去考试，国大嘴让黄大元为他牵马坠镫，乡民们说："你让武曲星君给你牵马，你还能考上？"结果，这名国姓男子真的落榜了。其实，能不能成功，不怨天，不怨地，只看自己努力不努力，没有人能够随随便便成功。

一举成名天下知

纵观历史，没有哪个人是随随便便成功的。舜帝成名之前就是乡下野孩子，耕田的出身；傅说当丞相之前就是一个泥水匠，夯土垒墙的；胶鬲出仕之前就是个鱼贩子；管仲再英雄也被下过大狱；孙叔敖在当楚国二把手之前，还在海边“赋闲”；百里奚在当秦国宰相之前就是一名逃犯，是秦国用五张羊皮赎回来的。还是历史老师讲得好：“天降大任于斯人也，必先苦其心志，劳其筋骨，饿其体肤，空乏其身，行拂乱其所为，所以动心忍性，增益其所不能。”

我们再来看黄大元，从乞丐到武状元之间的华丽转身是怎么完成的呢？

同治二年（1863），朝廷开科殿试。同治皇帝偕文武大臣亲临考场，殿试分三场。第一场步射，黄大元以36步6箭中完成了规定的要求。之后，他又拉开十力之弓，开弓如满月，射箭似流星，射一箭正面中靶心，再射二箭侧斜射圆心，射三箭回头望月穿中心，干净利落地拿下第一场。第二场舞刀花，他抡起120斤的大刀，挥舞得呼呼生风，十几招后仍面不改色，气势如虎。众考官看得齐声喝彩。第三场石锁较力，一个彪形大汉勒马向石锁飞驰而来。说时迟那时快，黄大元一个海底捞月，将百余斤的石锁抄起来，继而套住马拽着绕场一周，然后轻松地将石锁掷了出去，令皇帝与众考官惊叹不已。黄大元夺得头名状元。

我们回头来看黄大元的成绩单：咸丰五年（1855）八月，考取武秀才第一名；咸丰八年（1858）三月，在直隶省乡试中，中武举，排名为亚元；同治二年（1863）春，经兵部会试，被录取为第一名，为会元。加上这次得中状元，黄大元考了4次，得了3个第一，1个第二，离“连中三元”只差那么一点点。

朝廷开科取士，就是要把人才挖出来。同治皇帝当即传谕：“封黄大元为御前头等侍卫，留在朕的身边工作。去，把黄状元得中的喜报给我送到延庆州去。”

皇恩浩荡生门户

得中状元的喜报传来后，延庆州一下炸锅了。快去看看吧，城北杜诗的干儿子中状元了，快去道喜吧。官绅们免不了送礼随份子，说上一通冠冕堂皇的话。老百姓没钱也没关系，他们不是要狮子吗？走，看热闹去，说不定讨个喜糖吃吃呢。

这个时候，黄大元的母亲惊呆了：“我儿子中状元了，这是真的吗？”好不容易缓过神来，又犯愁了，家徒四壁，没有一分钱送给报喜的差官。“没关系，儿子不是认了一个有钱的干爹吗？我是状元的娘，我怕谁，以后谁还敢斜眼来看老娘。”事实还真这样，以前黄大元母亲讨饭，整天披散着头发，乡民叫她“挠头鸡”，而今不敢了，那得叫“披头凤凰”——真是一群势利小人。

黄大元的义父杜诗被政府奉为座上宾，还到处做演讲，分享他的育儿经验，一时间荣耀之至。冷静下来的杜诗感慨良多，万万没想到，当初一个善举成就了一个小乞丐金榜题名。因此，他也为自己的慧眼识珠欣慰。这就叫“种福得福如此报，妫川自古厚德家”。

按照传统说法，中了状元就是天子门生了。黄大元成了皇帝的学生，可他没有忘记延庆义父杜诗和怀安的启蒙老师贾致和。生育养育都是恩情，黄大元送给贾致和一块匾，上书“观德雅化”4个大字，落款为“天子门生、金殿鳌头、御前侍卫黄大元印”。贾致和去世后，他还亲自写了祭文，以示哀悼，当然这是后话。

一朝登上天子堂

杜家多热闹，咱先不表，咱们还说黄大元。自从他当上了这一等侍卫，可就没那么随便了，皇宫大内可不是家门口的菜园子，干什么都得规规矩矩的。

俗话说，高处不胜寒，伴君如伴虎。在皇帝身边做事，可是一项高风险的职业。办差出点岔子，皇上一个不顺心，杀头是小事，满门抄斩也有可能。好在黄大元战战兢兢，如履薄冰，没出一点岔子。

不过，替皇上办事，也不是一无是处。黄大元中状元之后，同治皇帝下诏“敕造状元府第”。按照现在话说，就是享受福利分房，更何况还是一座别墅。另外，逢年过节发奖金，帝后过生日发红包，外出办差还有出差补助。这些，黄大元都明白，什么都是皇上给的，自己只能用心办差来报答。

这里，我们有必要普及一下“侍卫”知识，侍卫是专指帝王左右护卫的武官，诸葛亮不是在《出师表》中说“侍卫之臣不懈于内”嘛，然而侍卫的官级各朝各代不太确定，发展到清朝，侍卫是有品级的。一等侍卫正三品，一般都由皇亲国戚的后代担任。雍正五年（1727）定制，武进士一甲一名授一等侍卫，二名、三名授二等侍卫。

按此规定，黄大元当的这个一等侍卫，可是正三品，相当于现在的厅局级。当时清廷大内一等侍卫也就是50多人，您说黄大元牛不牛？工作体面，那些大臣都得让着点，不看僧面看佛面。乡亲们都得敬着点，一说起，人家儿子在紫禁城里上班呢。和一把手走得近，表现机会多，提拔得快，表现好的会受重用，明珠、索额图、隆科多都是侍卫出身。

醉卧沙场震朝野

自1840年鸦片战争以来，中国逐步沦为半封建半殖民地社会。清政府软弱无能，贪腐成风，军费都拿去修园子、过生日，军队没啥战斗力，列强把大炮架在一个岛上，打到哪里，哪里就成了他们的殖民地。清政府割地赔款，民不聊生，纷纷起义。

同治年间，东南沿海匪患严重，广东境内屡有海盗窜犯，危及官署，骚扰村舍，边防告急，加急文书雪片似的传到了紫禁城。同治皇帝只好忍痛割爱，派黄大元南下剿匪安民。

黄大元南下剿匪先任广西副总兵，后提广东总兵。黄大元带兵有素，多次把海盗赶到了海里，两广地区社会治安很快为之一新。一提黄大元三个字，老百姓点赞一片，海盗则是毛骨悚然。黄大元断了他们的财路，他们欲除之而后快。广东地区沟壑纵横，地形复杂，在一次野战中黄大元不幸牺牲，以身殉国。一同牺牲的还有两个延庆人，一个是上水磨村的杜芬，另一个是西屯谢姓的年轻人，估计都是黄大元的发小。

黄大元殉难后，朝野为之震惊。同治皇帝传旨，将他的遗体送回家乡厚葬。广东人民为其举行隆重的哀悼，自发到街上送行。

大元精神耀延怀

黄大元葬在哪里了呢？有人说葬在怀安，而延庆人认为是在北山下上芦凤营村北的状元坟，一个人怎么会葬在两个地方？要么一处说法有误，要么一处为衣冠冢。黄大元到底葬在哪里，有待考古部门进一步研究。不过，从侧面也可以看出，两地人民对黄大元都很怀念，都希望他葬在自己的土地上。

明代儿童启蒙读物《增广贤文》这样说：“自古英雄多磨难，从来纨绔少伟男。”是的，“未曾清贫难成人，不经打击老天真。自古英雄出炼狱，从来富贵入凡尘。醉生梦死谁成器，拓马长枪定乾坤。挥军千里山河在，立马扬威传后人”。

有人为黄大元的战死感到惋惜，认为黄大元的死有些不值得，其实不然。1840年鸦片战争以后，风雨飘摇的清王朝如同大海上的一叶孤舟，迟早都是要亡的，又岂能是黄大元一人说了算呢？相反，他的离去正是预示了一个王朝背影的即将消失。然则食君之禄，忠君之事，黄大元南下剿匪平乱，才不失英雄之气，男儿豪情。都说士为知己者死，更何况黄大元为百姓乎！其“武死战”的精神可歌可泣，亦可悲可叹。

人过留名，雁过留声。历史是公正的，延庆的历史和怀安的历史都记住了他。笔者认为，生于斯地，长于斯地，此地便是他的故乡，更何况黄大元在延庆成长，取得学籍，并成功中举。怀安说黄大元是怀安骄子，我们说黄大元是妫川骄子，二者都不为过，他的英雄故事当为两地人民永远传颂。

参考资料：

1.《清史稿》。

2.《延庆志》。

3.《延庆五千年》。

4.“张家口历史文化丛书”。

科举盛开功名花

妫川科举群英谱

中国封建王朝通过设立各种科目公开考试选拔官吏，由于采用分科取士的办法，所以称为科举。科举创始于隋，形成于唐，完备于宋，强化于明，至晚清趋向衰落。

科举考试有着严格的等级，第一考为县级部门考试，又叫童试，通过此考，考生取得考试资格，成为生员或秀才；第二次为省级部门考试，又叫乡试，考中成为举人，中举者取得做官的资格；第三次为中央礼部组织的全国性考试，称为会试，考中者为进士；第四次考试为殿试，皇上亲自出题，并亲自确定前三名，第一名状元，第二名榜眼，第三名探花。

科考是件苦差事，有人就“考废了”，比如文学作品中的孔乙己和范进，但是不少人功成名就。“学而优则仕”，学子们一旦考中，不光有了学历，还给分配工作，端上铁饭碗，成就一番事业。靠读书来改变命运的学子们“两耳不闻窗外事，一心只读圣贤书”，追求的是“十年寒窗无人问，一举成名天下知”。

妫川如画　一时多少豪杰

延庆区地域虽小，自古以来却是人杰地灵。据初步统计：仅明清两代考中进士27人，举人156人，贡生589人。其中任知县品级以上人员达410余人。根据档案史料部门不完全统计，明代隆庆州境内就有280多人分别担任各地知府、知州、知县和朝中官员。清代顺治十一年至清光绪四年，234年间，延庆州境内又有320余人科考及第和担任职务。学子们刻苦攻读，考取功名，光宗耀祖，成就事业，封妻荫子，并为社会做出了重要贡献，青史留名。

明成化、弘治年间，隆庆州社会安定，地方殷富，人才辈出，可谓是妫川如画，一时多少豪杰。延庆知州杨惟相撰写《重修儒学碑记》中说：“延庆古上谷首郡，山川之秀，甲于宣云，而学宫雄势实踞之故。昔士产其间多英彦，大司徒建牙，观风使者及粉署藩臬二千石绳绳相望。”大司徒指户部尚书李衍；二千石，是汉代对郡守的通称，汉郡守年俸为二千石。聂友良、苏明、苏乾、黄钟、辛礼、范庆、刘璋都是二千石官吏。有意思的是，明清两朝，延庆有两对父子均考取了功名，一时传为佳话。今天，将历史上“延庆籍考生”的事迹罗列出来，以激励更多的妫川学子刻苦奋进，立志成才，梦想成真。

高山顶上　宁静致远好读书

神仙院位于龙庆峡谷北侧石壁上，已有900多年的历史。明清年代，这里香火旺盛，游人众多，文人墨客曾留下百余篇诗文佳作，但古老的寺庙已在早年毁于风雨雷电和历代战火。直到20世纪90年代，延庆依照史料修复。

现在的神仙院成了龙庆峡景区的一处旅游景点，早在明清时期，这里是妫川学子们刻苦用功的地方。

成化二十三年（1487）丁未科，在隆庆州神仙院攻读的举子一榜中了4名进士，其中隆庆州籍3名，山西籍1名。山西那名进士姓王，本地3人分别是：

辛礼，字用和，初授安徽广德州知州。辛礼是永宁卫副千户武略将军辛刚之子，此人是明朝户部尚书李衍的大女婿。

范庆，字天锡，初授户部员外郎，后升湖广郧阳府知府。

刘璋，字德润，初授知县，升户部郎中，外调江西南康府知府。

明清州城 谈笑往来有鸿儒

现在，延庆区儒林街道儒林苑、康安社区一带，明清时期荟萃了一大批饱学之士，所以，今天取名儒林。

苏明，字视远，弘治十八年(1505)，40多岁始中进士，任山东黄县知县，苏明性情刚直，疾恶好善。他主政黄县期间，行风严肃，赏罚公平，官吏和百姓都很敬畏他。苏明到任4个月后，听闻母亲去世，便回乡奔丧。服丧期满，补安徽南陵县知县，在上任的路上去世。

苏明教子有方，善于育人，很会传道授业解惑，其子苏乾聪颖过人，对于父亲的教导心领神会。有意思的是，苏明与儿子苏乾于弘治十四年(1501)同科中举，而中进士却晚于儿子苏乾3年。

苏乾，字体健，少年在学府有名，按照现在的话说，就是学霸。弘治十五年(1502)会试，对策优异，拟点进士第一甲第一名(状元)，因为他是边人(边关地区)，受身份的限制，被改为第二甲第一名(传胪，全国总排名第四)，官拜兵部武库司主事，迁职方司员外郎，升郎中等职务。

苏乾熟知国防政策，深谙用兵之道。兵部尚书刘大夏等人每次上朝回来，都会向苏乾询问情况，苏乾的回答准确翔实，被上级采纳，进而被实施。

逆党刘瑾妹夫礼部司务孙聪，仗势欺人，一时间权欲熏天。孙聪欲拉拢苏乾，结成逆党，苏乾不为所动，不与之同流合污。

苏乾能文能武。在陕西担任参议时，盗贼猖狂，他亲披甲胄，带领官军擒贼捕盗，并消灭了他们。后来地方上发生了灾荒，他想尽一切办法赈济，多人得以存活。

苏乾43岁时隐退，77岁病故。他博通经史、骚雅、诗赋，真草隶篆无不精妙，延庆乡民称之为“小东坡”。明朝成化十一年(1475)，隆庆知州李龘聘请山西举人谢庭桂撰成《隆庆志》十六卷，可惜没有刊印出来。嘉靖二十七年(1548)，经知州王尚友邀请，苏乾在前志稿的基础上，续修成《隆庆志》十卷，嘉靖二十八年（1549）付梓，这是延庆地区最早的地方志。

延庆老县城苏子街即因苏乾命名，街口还曾建有牌坊。从春秋时代起，“子”字多用作文人士大夫的表字，如孔子、孟子、荀子等。苏乾被人称作“苏子”，足可见其学问之深、贡献之大、影响之远。

数风流人物 还看永宁

永宁历史上曾有永宁卫、永宁县等建置沿革，成为隆庆州东部经济、政治、文化中心。明清两朝历史上，永宁地区出进士、举人至少39人。其中，明永乐十年，永宁卫罗通考中进士，后来当上了大明朝的兵部尚书，相当于今天的国防部长。笔者根据目前查找的资料，再列举几位功名人士。

聂友良，字益之，永宁人，明天顺八年（1464）进士，受封陕西道监察御史。当时京城大明门下商贾云集，酒楼茶肆林立，严重影响了交通。聂友良给出了一个好主意被皇帝采纳，在路中央安装一个木栅栏，分开上下车道，很好地维护了交通秩序。

聂友良后外调监督大同储蓄，清除一切积弊，还朝疏奏边政十事，均合机宜，上命行之。聂友良调往南京等地担任监察干部，他打击地方地方奸佞墨吏，废除行政弊端，提高办事效率，同时还举荐惠政爱民的好官。聂友良最后做到了浙江按察司副使的官职，相当于今天的浙江省高级检察院的副检察长。

李德淦，号梅岩，永宁人。幼年家贫，刻苦攻读。清乾隆六十年（1795），考中进士，曾任安徽宁国府泾县知县。后因运粮到成都，途中所得歌咏，作《蜀道纪游二卷》。

李德淦为官期间政简刑清，深受皇帝赏识。为表彰父母教子有功，嘉庆皇帝于嘉庆十四年（1809）正月初一特颁布圣旨，赠李德淦父亲李中时为文林郎，母亲魏氏为孺人。现在这道圣旨收藏于延庆区档案馆。（文林郎不是职官，而是散官，清朝时为正七品文官所授的散官名，没有实际职务，只是级别；孺人，明清时为七品官的母亲或妻子的封号。）

永宁城南街曾建有过街牌坊一座，造型华美，气势轩昂，牌坊题有“高岗鸣凤坊”，是明朝孝宗皇帝为胡氏四世胡忠的赏赐。永宁城南街路东胡家宅门原来挂有“九世贡元”“十代文魁”两块匾额，“九世贡元”是指从胡家四代胡忠自明朝弘治十五年（1502）中举，出任江苏常州知府开始，到十二世胡先瀛、胡先达均有功名。“十代文魁”是指从胡家四代胡忠开始，到胡镛出任湖南道台，在文治方面均有大作为。

胡先达，永宁人，清朝道光壬午年（1822）考中进士，曾出任江苏、贵州地方官。他是永宁民间义学的创导者，后因病告退回到永宁，购买被废官署，创办义学。清道光十四年（1834），他为扩大办学规模，奔走劝学，义务捐赠，将永宁义学升级为“缙山书院”。

胡镛，原名源泽，字听泉。胡先达之长子，年3岁出继伯父胡先鸣为嗣。少年得中举人，道光年间任湖南澧州安乡县知县，调武进县知县。咸丰年任湖南长沙府善化县知县。同治年为湖北补用道候补知府加四级。光绪年赐花翎二品衔加二级分发湖北遇缺即补道。实任湖南辰永沅靖道道员，卓绩有声。

胡镛在回乡省亲时，发现延庆、永宁城墙年久坍塌，倡导大家捐资修筑，并带头捐款，后来历经七年，修筑完成。等到庚子事变（1900），义和团举事后，八国联军入侵北京。幸运的是，延庆的官民依赖坚固的城墙，没发生兵乱，乡民都称颂这是胡镛的庇护。

许汝霖（1859—1930），永宁人，7岁入私塾，丧父后，母亲将他抚养成人。许汝霖17岁考中秀才，20岁到宣化府考中举人。后因科举官场黑暗，考卷被调包，许汝霖得知后，不再参加科考。义和团在永宁举事，邀请他担任文书。1900年10月，八国联军抓捕义和团，许汝霖被抓往北京，途中侥幸逃脱。后来潜返永宁，开办学校，他思想开明，破例招收女学员，为延庆女学教育的先驱。

李卓云（1881—1952），1904年考中秀才，品学兼优，清末在日本留学时曾与汪精卫同班，还是同窗好友。归国后，得知汪精卫投靠日本人，愤然将他与汪精卫的照片等付之一炬。1940年，汪精卫任伪国民政府主席时，大力网络汉奸亲信，亲自修书，并派陈公博恳请李卓云任教育部长，但他坚辞不受，陈公博无奈恼羞成怒："阁下不出任，我将无法向汪主席交代，你必须随我去见汪主席！"李卓云也不搭理他，敲起木鱼，口念心经，陈公博只好败兴而去。

漫长的科举路上，青史留名的妫川学子，远不止上述这些。仅鉴于资料有限，笔者水平有限，不能逐一列举他们的事迹，实为遗憾。

虽说现在提倡素质教育，科举早就被废除了。但是举子们悬梁刺股的求学意志，为国为民的奉献精神，坚定的信仰，清正的品质，高尚的人格，是永远值得学习和称颂的。

参考资料：

1.《延庆史话》。

2.《永宁镇志》。

跋

雄伟八达岭，巍巍海陀山，缠绵妫水河，秀美龙庆峡。延庆山川壮丽，历史悠久，人杰地灵。

2010年，延庆报社成立10周年之际，将在《延庆报》上《妫川骄子》栏目上刊登的23位人物事迹进行整合，结集出版，名为《妫川骄子》。此书一经出版，在社会上引起较好反响。

2014年，延庆电视台推出同名纪实性专题节目《妫川骄子》，截至2017年7月告一段落，先后摄制播出节目50期。由于电视和网络传播受众普及面广泛，因而节目的影响力更大，甚至传播到了大洋彼岸，其知名度和美誉度由此可见一斑。节目结束后，有不少热心观众建议将节目中介绍的人物结集出版，以示纪念。为此，我们将节目中推出的事迹比较突出、影响力和示范作用比较明显的33位人物事迹重新整理完善，形成了该书的主体部分，同时也进行了丰富和完善。这些人物按时间顺序大概分为三大部分：第一部分为“战场归来的英雄”，介绍为争取民族独立解放，为建设新中国做出贡献的老前辈；第二部分为“社会主义建设的楷模”，介绍在新中国建设和改革开放初期做出突出贡献的模范人物；第三部分为“改革开放弄潮儿”，介绍改革开放以来在各行各业做出突出贡献的时代骄子。

此外，我们将申兵堂同志撰写的延庆籍古代8位历史名人简略事迹，以及其他在延庆历史上留下美名的妫川骄子概述附录在后，增加了该书的深度和广度。

当然，书中有的人物事迹由于种种原因挖掘得还不够深入，特别是古代人物介绍限于史料匮乏，有的人物历史上本就有争议，过多的争论点不在本书内容的讨论之内；再就是，延庆2015年撤县设区，而很多人物恰恰跨越了这两个阶段，读者在阅读时会产生延庆行政名称前后不统一的感觉。希望读者谅解。

榜样的引领力量是无穷的。我们出版这本书主要有以下几个目的：一是学习革命前辈为了革命理想舍生忘死的优良传统和工作作风，不忘初心，牢记使命；二是通过介绍新中国成立以来，特别是改革开放以来各个行业涌现出来的妫川骄子，借以讴歌新中国成立70多年来方方面面翻天覆地的伟大成就；三是希望本书成为延庆干部群众，特别是青少年了解家乡、热爱家乡、奉献家乡的乡土教材，增强文化自信和历史自信，为推动延庆实现跨越式发展做出应有的贡献。

借此，我们向为本书做出贡献的作者和参与者表示感谢。对于那些不便采访、不能采访的60多位妫川骄子，我们在此表示敬意和歉意。

激情与岁月一同燃烧，梦想与荣光一起绽放。讲述骄子故事，共享出彩人生，衷心祝愿延庆涌现出更多重量级的妫川骄子，在中华民族的伟大复兴中大展宏图。

郭东亮

2021年12月26日于冠山居